ДИАЛОГ

Schülerbuch für
den Russischunterricht

2

Kompetenzstufe A 2
des
Ref

Herausgeberinnen
Dr. Heike Wapenhans
Dr. Ursula Behr

Autorinnen
Dr. Ursula Behr
Dr. Rima Breitsprecher
Natalja Götz
Elke Kolodzy
Antje Meschke
Jana Pessozki
Roswitha Stahr
Dr. Heike Wapenhans

Beratung
Monika Schuster
Dr. Gudrun Seemann

Cornelsen
VOLK UND WISSEN

Verwendete Symbole

M	Muster	E D S	Übung zum sprachenübergreifenden Lernen (Englisch, Deutsch, slawische Sprachen)
↗G3	Verweis auf grammatischen Anhang im Arbeitsheft		Übung ist auf der Audio-CD
↗L3	Verweis auf Lerntipps im Anhang des Schülerbuches	♪	Lied
	Partnerarbeit	❖	grammatische Strukturen
	Gruppenarbeit		Wortfelder
P	Projektarbeit		Phonetik
	Dossier	A	Aussprachebesonderheit
	Lesetext	↔	Vergleiche
	Wortschatztruhe	E	Verweis auf Englisch
~	ersetzt Stichwort	F	Verweis auf Französisch
↗	Verweis auf anderes Wort	!	Aufgepasst!

Verwendete Abkürzungen

Deutsch:

m.	männlich	jmd.	jemand
s.	sächlich	jmdn.	jemanden
w.	weiblich	örtl.	örtlich
Sg.	Singular	ugs.	umgangssprachlich
Pl.	Plural	ungebr.	ungebräuchlich
Nom.	Nominativ	unveränd.	unveränderlich
Gen.	Genitiv	uv.	unvollendet
Dat.	Dativ	v.	vollendet
Akk.	Akkusativ	vgl.	vergleiche
Instr.	Instrumental	Wt	Wortschatztruhe
Präp.	Präpositiv	zeitl.	zeitlichw
Adv.	Adverb	zielger.	zielgerichtet
Abk.	Abkürzung	1. P.	1. Person
Imp.	Imperativ	[ ]	Klammer zur Kennzeichnung der Aussprache
Inf.	Infinitiv		
Komp.	Komparativ		
Prät.	Präteritum		

Russisch:

ср.	сравни́
упр.	упражне́ние

Inhaltsverzeichnis

Die folgenden Angebote sind nicht obligatorisch abzuarbeiten. Die Auswahl der Übungen und Übungsteile richtet sich nach den Schwerpunkten des schulinternen Curriculums.

Добро́ пожа́ловать в Росси́ю!

Jedes Jahr besuchen viele deutsche Schülerinnen und Schüler ihre Partnerschulen im Ausland, so auch in Russland.

1. Hat eure Schule auch Partnerschulen in anderen Ländern?
2. Was können deutsche Schülerinnen und Schüler bei einem Besuch der Partnerschule in Russland erwarten?
3. Worauf könntest du persönlich besonders neugierig sein?
4. Was würdest du mit deinen Gästen bei einem Gegenbesuch gern unternehmen?

Скóро приéдут ребя́та из Гермáнии.

jemanden willkommen heißen | sich nach Abfahrts- und Ankunftszeiten erkundigen

Привéт, ребя́та! Добрó пожáловать в **Диалóг 2**!
Ich freue mich sehr, euch wieder zu sehen und mein Wissen auch weiterhin mit euch zu teilen.
Heute möchte ich euch meinen Freund **Карандáш** vorstellen.
Er heißt so, weil er ein Maler ist. Er ist gerade von einer Reise aus Deutschland zurückgekommen und hat viele Bilder mitgebracht.
Viel Spaß und natürlich viel Erfolg!

1 Прочитáйте и разыгрáйте диалóги.

Setzt andere Orte und Verkehrsmittel ein.

Незнáйка: **На чём** мóжно доéхать до Москвы́?
Карандáш: Тудá мóжно доéхать на **пóезде.**

2 Прослу́шай разговóр по телефóну.

О чём говоря́т Нáстя и Свéта? Отвéть на вопрóсы по-немéцки.

Was möchte Sweta wissen? Welche Antworten bekommt sie von Nastja?
Wie möchte Sweta in Erfahrung bringen, wann genau die Schüler aus Deutschland in Kaluga ankommen?

– Алló!

– Привéт, Свéта!

– Да. Я **получи́ла от** Áни **из** Дрéздена e-mail.

– Поня́тно! А потóм?
Когдá нáши **гóсти** приéдут в Калу́гу?

– А когдá **прибывáет** э́та электри́чка?

– Лáдно. Я посмотрю́ в Интернéте **расписáние**.
А нóмер **платфóрмы** я знáю. Платфóрма нóмер 1.

– Нáстя, э́то ты? Привéт! Э́то я, Свéта.

– Ты **знáешь**, когдá **приéдут** ребя́та из Гермáнии:
Áня, Мáрко, Жани́н?

– Ужé сегóдня вéчером ребя́та приéдут в Москву́.
Оди́н **день** они́ хотя́т **посмотрéть** гóрод

– **Зáвтра** вéчером. На **электри́чке** *Экспрéсс.*

– Я ещё **тóчно** не знáю.
Из Москвы́ онá **отправля́ется** в 19:10.

3 Пра́вильно и́ли непра́вильно?

Прочита́йте ещё раз разгово́р по телефо́ну (упр. 2). Разыгра́йте диало́ги.

М *А:* – На́стя зна́ет, когда́ прие́дут ребя́та из Герма́нии. Пра́вильно?
Б: – Да, пра́вильно.

Б: – На́стя говори́ла с А́ней по телефо́ну. Пра́вильно?
А: – Нет, э́то непра́вильно. Она́ получи́ла от А́ни e-mail.

– В Калу́гу прие́дут ребя́та из Герма́нии.
– Снача́ла ребя́та из Дре́здена хотя́т посмотре́ть Москву́.
– Све́та зна́ет, когда́ ребя́та прие́дут в Калу́гу.
– Электри́чка *Экспре́сс* отправля́ется из Москвы́ в 9 часо́в 10 мину́т.
– На́стя не зна́ет, когда́ электри́чка прибыва́ет в Калу́гу.
– На́стя и Све́та хотя́т вме́сте посмотре́ть в Интерне́те расписа́ние поездо́в.

Пра́вильно?

4 Спроси́те и отве́тьте.

↗ G 1

Скажи́те, **куда́** ребя́та иду́т и́ли е́дут.

М – Ребя́та **е́дут** в Калу́гу?
– Нет, они́ е́дут в Москву́.

Ребя́та **иду́т** в банк?

Ребя́та е́дут на по́чту?

Im Deutschen verwendest du nach **fahren** und **gehen** auf die Frage *wohin?* den Akkusativ. Im Russischen ist das auch so. Hier benötigst du die Präpositionen **в** oder **на**.

Ребя́та иду́т на остано́вку авто́буса?

5 Сравни́ и запо́мни.

Lies die Sätze. Vergleiche die Endungen der Verben.

жить

– Где ты жи<u>вёшь</u>, А́ня?
– Я жи<u>ву́</u> в Дре́здене.
– А На́стя жи<u>вёт</u> в Калу́ге.

идти́

– Куда́ ты ид<u>ёшь</u>, Бори́с?
– Я ид<u>у́</u> на вокза́л.
– Артём то́же ид<u>ёт</u> на вокза́л.

6 Разыгра́йте ми́ни-диало́ги.

а) Спроси́те и отве́тьте, кто куда́ идёт.

М
– Куда́ идёт Ма́рко?
– Он идёт на стадио́н.

б) Спроси́те и отве́тьте, кто на чём е́дет.

М
– На чём е́дет А́ня?
– Она́ е́дет на велосипе́де.

7 Расписа́ние электри́чек

↗ L 11

а) Посмотри́те расписа́ние электри́чек и отве́тьте на вопро́сы.
Achtet auf den Gebrauch der Präpositionen.

Москва́. Ки́евский вокза́л.

> Das Wort **идти́** wird im Russischen auch für Verkehrs- und Transportmittel verwendet.
> **Э́та маршру́тка идёт до вокза́ла?**
> **Трамва́й идёт в депо́.**

1. Когда́ отправля́ется электри́чка *Экспре́сс* из Москвы́?
2. Когда́ она́ прибыва́ет в Калу́гу?
3. Ско́лько **вре́мени** (часо́в и мину́т) э́та электри́чка идёт от Москвы́ до Калу́ги?
4. Когда́ ребя́та из Герма́нии прие́дут в Калу́гу: у́тром, днём и́ли ве́чером?

Москва-Киевская	9.10	13.17	19.10	20.41
Апрелевка	9.52	14.00	Э	21.29
Нара	10.22	14.27	к	21.56
Обнинск	10.58	15.03	с	22.32
Суходрев	11.35	15.42	п	23.11
Родинка	11.43	15.49	р	23.18
Сляднево	11.49	15.55	е	23.24
Муратовка	12.08	16.14	с	23.42
Азарово	12.25	16.30	с	23.58
Калуга 1	12.33	16.38	21.45	0.06

б) Fragt euch gegenseitig nach Abfahrts- und Ankunftszeiten.
Sagt, wie lange man unterwegs ist. Nutzt dabei die Fragen und den Fahrplan.

8 Прослу́шай и прочита́й диало́г. Отве́ть на вопро́сы по-неме́цки.

Was erfährst du über die Reise? Womit haben sich Anja und ihre Freundinnen während der langen Zugreise beschäftigt?

На́стя: А́ня, добро́ пожа́ловать! **Как вы дое́хали**?
А́ня: Приве́т, На́стя! Спаси́бо, хорошо́!
На́стя: Вы **так до́лго** е́хали. Ты о́чень **уста́ла**?
А́ня: **Чуть-чу́ть**. Но э́то не **пробле́ма**.
На́стя: До Москвы́ у вас был **спа́льный ваго́н**?
А́ня: Да. **Купе́** бы́ло ма́ленькое, но ую́тное.
На́стя: А с кем ещё ты е́хала в купе́?
А́ня: С Катари́ной и Жани́н.
На́стя: Что вы де́лали **всё** э́то вре́мя?
А́ня: Мы **разгова́ривали**, слу́шали му́зыку и́ли про́сто смотре́ли **в окно́**. Я фотографи́ровала. Хо́чешь посмотре́ть **фотогра́фии?**
На́стя: Коне́чно! Но не сейча́с. Снача́ла мы **пое́дем домо́й**.

9 Фотогра́фии А́ни

Ordne die passenden Unterschriften den Fotos zu, die Anja im Zug gemacht hat.

Проводни́ца говори́т:
«У нас есть чай, ко́фе и́ли про́сто **кипято́к**.»

Проводни́к говори́т:
«Покажи́те, пожа́луйста, ваш **биле́т**.»

10 Добро́ пожа́ловать!

Ihr fahrt zum Schüleraustausch nach Russland. Bereitet euch auf die Begrüßung bei der Ankunft vor. Tauscht euch aus über
- die Abfahrt und Ankunft (Ort, Zeit),
- die Fahrt (Beschäftigungen, das Abteil, wer mit wem zusammen war, ...).

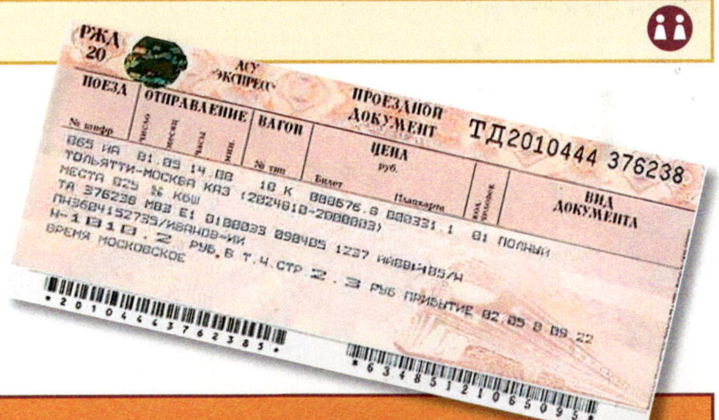

jemanden willkommen heißen	
Добро́ пожа́ловать в Москву́ (в наш го́род, в на́шу дере́вню)!	
fragen und sagen, wie die Reise war	
Как вы дое́хали (ты дое́хал/а)? Спаси́бо, хорошо́ (норма́льно).	
sich nach Abfahrts-/Ankunftszeiten erkundigen und Auskunft geben	
Когда́ отправля́ется по́езд из Берли́на?	В два́дцать два часа́ три́дцать мину́т.
Когда́ по́езд прибыва́ет в Москву́?	В пятна́дцать часо́в со́рок две мину́ты.

1Б Хочу́ всё о тебе́ знать.

sagen und fragen, welche Kleidung und Farben man (nicht) mag

sagen und fragen, welche Kleidung jemand trägt

1 Ты и я ↗G 2

Lest und beantwortet die Fragen, die hilfreich sein können, wenn man jemanden kennen lernt. Fragt zurück.

		M
Gen.	**У тебя́** есть брат и́ли сестра́?	**У меня́** есть оди́н брат, а у тебя́?
Dat.	Ско́лько **тебе́** лет?	**Мне** трина́дцать лет.
Akk.	Как **тебя́** зову́т?	**Меня́** зову́т На́стя.
Instr.	Кто **с тобо́й** игра́ет в те́ннис?	**Со мно́й** игра́ет в те́ннис Тим.
Präp.	Кто зна́ет **о тебе́** всё?	Моя́ подру́га зна́ет **обо мне́** всё.

2 Говори́ пра́вильно.

Achte auf die Aussprache der Personalpronomen mit Präpositionen.

у тебя́	– у меня́	У меня́ есть компью́тер, а у тебя́?
с тобо́й	– **со** мно́й	Иди́ со мной обе́дать.
о тебе́	– **обо** мне́	Вы говори́те обо мне́?

Präpositionen und das darauf folgende Wort werden oft zusammengezogen.
An **с** wird ein **о** angefügt, wenn danach zwei Konsonanten folgen: **со мной**.

3 Семья́ А́ни ↗G 2

а) Lies, was Anja über ihre Familie erzählt. Was erfährt Nastja über die Familienmitglieder?

Э́то мои́ ма́ма и па́па. Тебе́ **от них большо́й приве́т**.
Я **ду́маю, о них** ты уже́ немно́го зна́ешь.
Они́ то́же говоря́т по-ру́сски.
Им вме́сте во́семьдесят лет: ма́ме – со́рок и па́пе – со́рок.
А зову́т **их** Мари́я и Ма́рио.
Я о́чень люблю́ **с ни́ми** разгова́ривать.

Э́то моя́ сестра́ Луи́за.
О ней ты уже́ то́же чуть-чу́ть зна́ешь.
Она́ ещё ма́ленькая. **Ей** то́лько пять лет.
У неё есть большо́й Бурати́но.
Я **её** о́чень люблю́ и ча́сто игра́ю **с ней**.

б) Schreibe alle Personalpronomen aus a) heraus und bestimme den Kasus. Warum wird bei einigen Personalpronomen der 3. Person ein *н*- eingeschoben?

4 Расскажи́ о Све́те, Бори́се и Артёме.

Formuliere Aussagen über das Mädchen und die Jungen. Du kannst so anfangen:

Э́та **де́вочка** – подру́га На́сти.

Све́та

Э́ти **ма́льчики** – **друзья́** На́сти.

Бори́с и Артём

Sage, dass

- das Mädchen Sweta heißt,
- sie 13 Jahre alt ist,
- sie einen Bruder und eine Schwester hat,
- Nastja mit ihr oft telefoniert,
- Nastja alles über sie weiß.

- die Jungen Boris und Artjom heißen,
- du nicht weißt, wie alt sie sind,
- sie einen Hund haben,
- Nastja mit ihnen gern Volleyball spielt,
- Nastja oft von ihnen spricht.

5 Прочита́й вопро́сы А́ни и отве́ты На́сти.

↗ G 2

Aufgepasst, in Nastjas Antworten müssen die Personalpronomen in den richtigen Kasus gebracht werden.

Вопро́сы А́ни

M – Э́то твой брат? Как **его́** зову́т?

– А где **он** живёт?
– Ско́лько **ему́** лет?
– **У него́** уже́ есть подру́га?
– Ты ча́сто говори́шь **с ним** по телефо́ну?
– Ты не лю́бишь **о нём** говори́ть?

Отве́ты На́сти

– Да, э́то мой брат. **Его́** зову́т Глеб.

– Глеб – студе́нт. (Он) живёт в Москве́.
– (Он) два́дцать лет.
– Коне́чно, у (он) есть подру́га. Её зову́т Ле́на.
– Нет, не ча́сто. Мы лю́бим с (он) сиде́ть в ча́те.
– О́чень люблю́. Мы ча́сто говори́м о (он) с ма́мой и па́пой.

6 Сравни́ и запо́мни.

↗ G 2

а) Lies das Gedicht und vergleiche die Deklinationsformen von *мы* und *вы*. Was stellst du fest?

Мы и вы,
У нас, у вас,
К нам и к вам,
На нас, на вас,
С на́ми, с ва́ми
И о нас –
Не забу́дем[1] и о вас!

1 (wir) vergessen nicht

б) Вы́учи стишо́к.

7 Мой люби́мый цвет – бе́лый. А твой?

Finde die Lieblingsfarben von Nastja, Anja, Artjom und Boris heraus.

бе́лый **чёрный** **кра́сный** **зелёный** **жёлтый** **се́рый** **кори́чневый** **голубо́й** **си́ний**

На́стя: Мой люби́мый **цвет** – бе́лый. А твой, Артём?
Артём: Мои́ люби́мые цвета́ – си́ний и кори́чневый. Се́рый мне то́же нра́вится. А тебе́, А́ня?
А́ня: Мне о́чень нра́вится голубо́й цвет. А ещё я люблю́ зелёный, жёлтый и кра́сный. А ты, Бори́с?
Бори́с: **Мне всё равно́**. Я люблю́ **все** цвета́.

ро́зовый бе́жевый ора́нжевый фиоле́товый

8 В универма́ге

↗G 3

Sage, welche Kleidung den Mädchen und den Jungen im Kaufhaus gefällt und welche nicht.

M – На́сте нра́вится бе́лая блу́зка. Се́рые джи́нсы ей не нра́вятся.

9 Посмотри́те на карти́нки (упр. 8) и разыгра́йте диало́ги.

а) Что вам нра́вится? Спроси́те и отве́тьте.

M – Мне не нра́вится э́та чёрная руба́шка, а тебе́?
– Мне то́же. (А мне она́ нра́вится.)

б) Како́й ваш люби́мый цвет? Спроси́те и отве́тьте.

M – Мой люби́мый цвет – бе́лый, а твой?
– Мой то́же. (А я люблю́ зелёный.)

10 Что в рюкзаке́?

Lies, was Marco alles auf seine Reise nach Kaluga mitgenommen hat. Zähle danach auf, was sich in Anjas Rucksack befindet.

В рюкзаке́ у Ма́рко:
- си́ние джи́нсы и чёрные брю́ки,
- се́рая руба́шка и **тёплый** сви́тер,
- две футбо́лки: бе́лая и чёрная,
- ни́жнее бельё и носки́.

В рюкзаке́ у А́ни:

11 Сравни́. ↗G 4

Vergleiche die Endungen der Fragepronomen und Adjektive.
Formuliere eine eigene Eselsbrücke.

Како́й рюкза́к у Ма́рко? – Больш**о́й** рюкза́к.
Кака́я руба́шка в рюкзаке́ у Ма́рко? – Се́р**ая** руба́шка.
Како́е пла́тье в рюкзаке́ у А́ни? – Зелё**ное** пла́тье.
Каки́е джи́нсы у неё в рюкзаке́? – Голуб**ы́е** джи́нсы.

Alles, was zwei Hosenbeine hat, steht im Russischen im Plural : **голубы́е джи́нсы, чёрные брю́ки, в джи́нсах, в брю́ках**.

12 В чём лю́бит ходи́ть Ма́рко? ↗G 4

а) Прочита́й текст и скажи́ по-неме́цки, в чём лю́бит ходи́ть Ма́рко.
Bestimme danach Geschlecht und Kasus der Adjektive und Substantive.

Ма́рко прие́хал в Калу́гу **с больши́м рюкзако́м**. У него́ в рюкзаке́ есть **се́рая руба́шка**, а **бе́лой руба́шки** там нет. Ма́рко не лю́бит руба́шки. Он лю́бит **ходи́ть в бе́лой** и́ли **в чёрной футбо́лке** и **в тёплом сви́тере**. А ещё у Ма́рко есть брю́ки **чёрного цве́та**. Но он лю́бит ходи́ть в джи́нсах.

б) Отве́ть на вопро́сы.

1. С каки́м рюкзако́м прие́хал Ма́рко в Калу́гу?
2. Како́й руба́шки у него́ в рюкзаке́ нет?
3. В како́м сви́тере Ма́рко лю́бит ходи́ть?
4. В како́й он футбо́лке?
5. Како́го цве́та джи́нсы Ма́рко?

13 Разыгра́йте диало́ги.

а) Посмотри́те на карти́нку. Спроси́те и отве́тьте, в чём ребя́та лю́бят ходи́ть.

М
А: – В како́м пла́тье А́ня?
Б: – Она́ в зелёном пла́тье.
А: – В чём она́ лю́бит ходи́ть?
Б: – А́ня лю́бит ходи́ть в зелёном и́ли в голубо́м пла́тье.

б) Напиши́те, в чём вы лю́бите ходи́ть в шко́лу?

sagen und fragen, welche Kleidung und Farben man (nicht) mag	
Мне нра́вится э́та бе́лая блу́зка, а тебе́?	Мне то́же.
Мне не нра́вятся э́ти се́рые джи́нсы, а тебе́?	А мне они́ нра́вятся.
Мой люби́мый цвет – зелёный, а твой?	Я люблю́ бе́лый цвет. Си́ний мне то́же нра́вится.

sagen und fragen, welche Kleidung jemand trägt	
В како́м сви́тере Бори́с?	Он в бе́лом сви́тере. (Бори́с в сви́тере бе́лого цве́та.)
В како́й футбо́лке лю́бит ходи́ть Ма́рко?	Он лю́бит ходи́ть в бе́лой и́ли в чёрной футбо́лке.

Что мы бу́дем де́лать?

fragen und sagen, was man machen wird | Vorschläge unterbreiten und darauf reagieren

1 Пла́ны на за́втра
↗ G 5

а) Lies und finde heraus, wer welche Sportarten am liebsten ausübt.

За́втра в шко́ле **спорти́вный пра́здник**. Ребя́та разгова́ривают о **спо́рте**.

Све́та: Я люблю́ игра́ть в баскетбо́л.
А́ня: Артём, ты лю́бишь игра́ть в ша́хматы?
Артём: Нет. Ма́рко лю́бит игра́ть в ша́хматы.
На́стя: Мы с А́ней лю́бим игра́ть в волейбо́л.
Жа́нин: Ма́льчики, вы лю́бите игра́ть в футбо́л?
Ма́рко: Все ма́льчики лю́бят игра́ть в футбо́л.

я	бу́ду
ты	бу́дешь
он, она́	бу́дет
мы	бу́дем
вы	бу́дете
они́	бу́дут

б) Ersetze die Formen von *люби́ть* durch *быть* und lies die entstandenen Sätze vor. Du hast durch die Veränderung der Sätze das zusammengesetzte Futur gebildet. Formuliere eine Regel.

M Я ~~люблю́~~ **бу́ду** игра́ть в баскетбо́л.

2 Что ребя́та бу́дут де́лать за́втра?

а) Спроси́те и отве́тьте, что ребя́та бу́дут де́лать на спорти́вном пра́зднике.

M – Что Све́та бу́дет де́лать на спорти́вном пра́зднике?
– Она́ бу́дет игра́ть в баскетбо́л.

б) Что вы бу́дете де́лать за́втра? Спроси́те и отве́тьте.

– Ты бу́дешь за́втра | игра́ть в баскетбо́л (в футбо́л, в те́ннис), ката́ться на велосипе́де (на ро́ликах), игра́ть на компью́тере, сиде́ть в Интерне́те, де́лать уро́ки, чита́ть, рисова́ть, слу́шать му́зыку, смотре́ть телеви́зор, фотографи́ровать, танцева́ть?

So kann man solche Fragen kurz bejahen oder verneinen. Man muss nicht alles wiederholen. Das klingt unnatürlich.

3 Интервью́

Wie würden diese Mädchen und Jungen auf die Frage von Marco antworten?

4 Расскажи́ о спорти́вном пра́зднике.

Nutze das Programm und sage,

- was die Schüler beim Sportfest machen werden,
- wo die Veranstaltungen stattfinden,
- wann sie beginnen.

M На спортплоща́дке ребя́та бу́дут игра́ть в стритбо́л. **Нача́ло** в 9 часо́в.

СПОРТ – СПОРТ – СПОРТ!		
Где?	Что?	Когда?
спортплоща́дка	стритбол	9:00
	бадминтон	11:00
спортзал	баскетбол	10:00
стадион	футбол	12:30
кабинет информа́тики	шахматы	9:00

5 Что мы бу́дем де́лать послеза́втра?

Lies und finde heraus, welche Vorschläge unterbreitet werden.
Wie wird darauf reagiert?

6 Кла́ссная иде́я! Разыгра́йте диало́ги.

Unterbreitet gegenseitig Vorschläge und reagiert darauf mit Freude.

M – Пойдём сего́дня на стадио́н!
– Кла́ссная иде́я! Коне́чно, пойдём!

(Дава́й/те)	пойдём поéдем	по́сле шко́лы, сего́дня ве́чером, за́втра, послеза́втра	куда́?	Здо́рово! Су́пер! Класс! Кла́ссная иде́я! Нет вопро́сов! Коне́чно, пойдём! Коне́чно, поéдем!

7 Есть пробле́мы? – Пробле́м нет! Прочита́йте и переведи́те. ↗G6

Stellt fest, wie die Formen der Substantive im Genitiv Plural in der Regel gebildet werden.

сувени́р – сувени́ры

– У меня́ ещё нет сувени́р**ов** **для** ма́мы и па́пы!
– Нет пробле́м. Дава́й за́втра пойдём в магази́н *Сувени́ры*.
– Пра́вильно! Кла́ссная иде́я!

ме́сто – места́

– В э́том кафе́ нет мест_!
– Нет пробле́м. Недалеко́ отсю́да есть ещё одно́ кафе́. Пойдём туда́!
– Здо́рово! Пойдём!

конфе́та – конфе́ты

– У нас нет конфе́т_!
– Нет пробле́м. Хо́чешь шокола́д?
– Нет вопро́сов! Спаси́бо! Су́пер!

8 Спроси́те и отве́тьте.

Erfragt genaue Zahlenangaben und gebt Auskunft.

Nach **ско́лько, (не)мно́го** und den Zahlen 5–20 wird der Genitiv Plural verwendet.

M Ско́лько магази́нов на у́лице? – На у́лице де́вять магази́нов.

9 — магази́н	на у́лице	10 — маши́на
6 — стадио́н	в го́роде	7 — гости́ница
8 — журна́л	на столе́	5 — кни́га
15 — учени́к	в кла́ссе	14 — учени́ца

9 В магази́не *Сувени́ры*

а) Прочита́й и скажи́, ско́лько сувени́ров купи́ли ученики́ из Герма́нии.

два́дцать матрёшек

пять карти́н

де́сять шкату́лок

двена́дцать календаре́й

оди́ннадцать альбо́мов

б) Bilde von diesen Substantiven den Nominativ Plural und Singular.

M матрёшек – матрёшки – матрёшка

10 Кого́ и что лю́бит рисова́ть *Каранда́ш*? ↗G7

а) Прочита́й вопро́сы и отве́ты.

Кого́ Каранда́ш лю́бит рисова́ть?
Он лю́бит рисова́ть тури́ст<u>ов</u>, ученик<u>о́в</u> и учени́ц_.
А ещё Каранда́ш о́чень лю́бит рисова́ть соба́к_.

Что Каранда́ш лю́бит рисова́ть?
Авто́бус<u>ы</u>, трамва́<u>и</u> и маши́н<u>ы</u>.
А ещё он лю́бит рисова́ть краси́вые мест<u>а́</u>.

б) Vergleiche die Endungen der Substantive im Akkusativ Plural mit den Endungen von Nominativ und Genitiv Plural. Was stellst du fest?

11 Спроси́те и отве́тьте, кого́ и что А́ня лю́бит фотографи́ровать.

Achtet auf die Pluralendungen im Akkusativ.

А́ня лю́бит фотографи́ровать

кого́?
подру́ги
ма́льчики
роди́тели
проводники́
проводни́цы

что?
цветы́
ре́ки и озёра
дома́
у́лицы и па́рки
поезда́

12 Сравни́ и запо́мни.

↗ G 8, 9

Vergleiche die Pluralendungen der Substantive im Dativ, Instrumental und Präpositiv.
Was stellst du fest?
Du wirst dir die Endungen besser merken, wenn du das Gedicht lernst.

переда́ть приве́т идти́	**кому́?** к кому́?	де́вочк<u>ам</u> и ма́льчик<u>ам</u> к роди́тел<u>ям</u>
разгова́ривать у́жинать	**с кем?**	с де́вочк<u>ами</u> и ма́льчик<u>ами</u> с роди́тел<u>ями</u>
мно́го знать говори́ть	**о ком?**	о де́вочк<u>ах</u> и ма́льчик<u>ах</u> о роди́тел<u>ях</u>

Три бра́та

Попроси́л[1] у ма́мы <u>Ам</u>:
– Ма́ма, дай компо́та нам!

Попроси́л у ма́мы <u>А́ми</u>:
– Поигра́й[2] немно́го с на́ми!

– Ах! - сказа́л малю́тка[3] <u>Ах</u>.
Он у ма́мы на рука́х.[4]

1 bat
2 spiele
3 Kleiner
4 auf dem Arm

13 Допо́лните вопро́сы и отве́ты.

Nutzt die passenden Formen aus Übung 12.

– О (кто) ты говори́шь? – Я говорю́ о (ребя́та).
– К (кто) ты идёшь? – Я иду́ к (ребя́та).
– С (кто) ты бу́дешь обе́дать? – Я бу́ду обе́дать с (ребя́та).

14 Каки́е пла́ны у ребя́т?

Höre zu, wie die Kinder ihre Freizeitpläne besprechen.
Erzähle danach, was sie planen und wann.

fragen und sagen, was man machen wird

Что Све́та бу́дет де́лать за́втра? Ты бу́дешь ката́ться на велосипе́де?	Она́ бу́дет игра́ть в волейбо́л. Да, бу́ду. (Нет, не бу́ду.)

Vorschläge unterbreiten und darauf reagieren

Пойдём(те) в кино́! Дава́йте пойдём (пое́дем) на стадио́н!	Кла́ссная иде́я! Здо́рово! Су́пер! Нет вопро́сов!

Э́то я уже́ уме́ю.

1 Расписáние поездóв

Hilf den Touristen mit den Fahrplänen klar zu kommen. Erkläre dem deutschen Touristen auf Deutsch und dem russischen Touristen auf Russisch, wann die Züge abfahren oder ankommen.

2 Анекдóт

E D

a) Vergleiche die russischen und englischen Wörter. Wie heißen sie auf Deutsch?

стáнция – station

касси́р – cashier

пассажи́р – passenger

б) Прочитáй анекдóт и перескажи́ на немéцком языкé.

На мáленькой стáнции касси́р говори́т пассажи́ру:

– Скóрый пóезд[1] на Москвý бýдет здесь чéрез 10 минýт, а пассажи́рский пóезд[2] – чéрез 3 часá. Я дýмаю, вы поéдете на пассажи́рском.
– Почемý?
– Скóрый пóезд на нáшей стáнции не останáвливается[3].

1 Eilzug 2 Personenzug 3 Verb von *остановка*

Анекдóты sind im Russischen nicht nur *Anekdoten*, sondern auch *Witze*.

3 Давáйте поигрáем.

Ihr möchtet verreisen. Zählt Sachen auf, die ihr mitnehmen möchtet.
Ein/e Schüler/in beginnt mit einer Sache.
Der/die Zweite wiederholt zunächst die bereits genannten Gegenstände und fügt ein weiteres hinzu.
Der/die Dritte wiederholt die ersten beiden usw.

Natürlich hängt dein Gepäck davon ab, wann und wohin du fährst.
Vielleicht benötigst du auch diese Sachen?

купáльник – Badeanzug
плáвки – Badehose
бики́ни

плащ – Regenmantel
зонт – Regenschirm
рези́новые сапоги́ – Gummistiefel

кýртка – Jacke
шарф – Schal
перчáтки – Handschuhe

Э́то интере́сно.

1 Вокза́лы в Москве́

а) Прочита́й и отве́ть на вопро́с *Ско́лько вокза́лов в Москве́?*

вокза́л

Белору́сский, Яросла́вский, Ленингра́дский, Ки́евский, Каза́нский, Ку́рский, Павеле́цкий, Савёловский, Ри́жский

б) Findet in euren Atlanten die Städte, die ihr mit der Eisenbahn aus Moskau erreichen könnt. Was meint ihr, warum die Moskauer Bahnhöfe so heißen?

С **Белору́сского вокза́ла** поезда́ отправля́ются на за́пад и се́веро-за́пад:
в Смоле́нск, Минск, Варша́ву, Берли́н, Ви́льнюс, Калинингра́д.
С **Яросла́вского вокза́ла** поезда́ отправля́ются на восто́к и ю́го-восто́к:
во Владивосто́к, в Ирку́тск, Яросла́вль, Читу́, Пеки́н, Улан-Ба́тор.
С **Ленингра́дского вокза́ла** поезда́ отправля́ются на се́вер и се́веро-за́пад:
в Му́рманск, Псков, Но́вгород, Санкт-Петербу́рг, Та́ллин(н), Хе́льсинки.
С **Ки́евского вокза́ла** поезда́ отправля́ются на ю́го-за́пад:
в Калу́гу, Черни́гов, Ки́ев, Оде́ссу, Кишинёв, Софи́ю.
С **Каза́нского вокза́ла** поезда́ отправля́ются на восто́к и ю́го-восто́к:
в Каза́нь, Новосиби́рск, Владикавка́з, Астану́, Душанбе́, Ташке́нт.
С **Ку́рского вокза́ла** поезда́ отправля́ются на юг:
в Курск, Со́чи, Запоро́жье, Симферо́поль, Ха́рьков.
С **Ри́жского вокза́ла** поезда́ отправля́ются в Ри́гу.

2 Интере́сная информа́ция. Прочита́й и переведи́.

D E

а) Finde heraus, was das Wort *аэропо́рт* auf Deutsch bedeutet. Wie heißt es auf Englisch?

АЭРО
stammt aus dem Griechischen
und bedeutet *Luft*

А Э Р О П О Р Т

ПОРТ
stammt aus dem Lateinischen
und bedeutet *Ziel, Ort der Geborgenheit.*

б) Lies die Informationen und gib sie auf Deutsch wieder.

В Москве́ три больши́х аэропо́рта: Домоде́дово, Вну́ково, Шереме́тьево.
С Павеле́цкого вокза́ла мо́жно дое́хать до аэропо́рта Домоде́дово.
С Савёловского вокза́ла мо́жно дое́хать до аэропо́рта Шереме́тьево.
На Павеле́цком и Савёловском вокза́лах есть термина́лы регистра́ции авиапассажи́ров.

Для экспе́ртов

1 Кто и что мо́жет идти́?

а) Прочита́йте, о чём говоря́т ребя́та.

Ребя́та иду́т из шко́лы

б) Übersetze die farbigen Wörter. Erkläre deinen Mitschülern, wie das Verb *идти́* im Russischen verwendet werden kann. Übersetzt gemeinsam diese Sätze und achtet darauf, was im Deutschen an Stelle von *идти́* verwendet wird.

2 Ри́фмы

Finde heraus, in welcher Reihenfolge die Wörter das Gedicht ergänzen, damit sich alles reimt. Trage ausdrucksvoll vor.

О́чень-о́чень вку́сный пиро́г

Я захоте́л устро́ить бал,
И я госте́й к себе́…
Купи́л муку́, купи́л творо́г,
Испёк рассы́пчатый…
Пиро́г, ножи́ и ви́лки тут –
Но что́-то го́сти…

Я ждал, пока́ хвати́ло сил,
Пото́м кусо́чек…
Пото́м подви́нул стул и сел
И весь пиро́г в мину́ту…
Когда́ же го́сти подошли́,
То да́же кро́шек…

Дании́л Хармс

пиро́г
съел
позва́л
не нашли́
проглоти́л
не иду́т

На́ша шко́ла

1. Was verbindest du mit dem Wort *шко́ла*? Fertige eine Mindmap an.
2. Vergleiche den Schuljahresbeginn in Russland mit dem ersten Tag nach den Ferien an deiner Schule. Was stellst du fest?
3. Notiere alle Fragen, die du einem russischen Schüler zum Thema *шко́ла* stellen möchtest.

Где ты у́чишься?

fragen und sagen, in welche Schule und Klasse man geht,
wie man lernt und womit man sich beschäftigt

1 Прочита́й текст.

Notiere, welche Informationen der Text enthält.
Nutze beim Lesen das Lektionswörterverzeichnis.

На́дя и Алексе́й **у́чатся** в **сре́дней** шко́ле № 21 Санкт-Петербу́рга.
Они́ у́чатся в **седьмо́м** кла́ссе. На́дя **у́чит** неме́цкий **язы́к с пя́того** кла́сса.
А Алексе́й уже́ со второ́го кла́сса **занима́ется англи́йским** языко́м.
На́дя о́чень лю́бит ру́сский язы́к и **литерату́ру.**
Люби́мые **предме́ты** Алексе́я – а́лгебра, геоме́трия и **физкульту́ра.**

In Russland wird ab Klasse 5 Mathematik (**матема́тика**) in 2 Fächern unterrichtet, als **а́лгебра** и **геоме́трия**.

В Росси́и есть сре́дние шко́лы, **гимна́зии** и лице́и**.**
Там де́вочки и ма́льчики у́чатся с пе́рвого до **оди́ннадцатого** кла́сса.

2 Переведи́ и сравни́. D ↗G 10

Welche Besonderheit stellst du im Vergleich zum Deutschen fest?

учи́ться

Я учу́сь хорошо́.	Мы у́чимся в седьмо́м кла́ссе.
Ты у́чишься о́чень хорошо́.	Вы у́читесь в **реа́льной** шко́ле.
Он у́чится пло́хо.	Они́ у́чатся в гимна́зии.
Ма́ма учи́лась в дере́вне Мичу́рино.	А па́па учи́лся в го́роде О́мске.

3 Разыгра́йте диало́ги.

Где и как вы у́читесь? Спроси́те и отве́тьте. Verwendet unterschiedliche Fragemuster.

о́чень хорошо́
хорошо́
норма́льно
непло́хо
не о́чень хорошо́
пло́хо

M Как ты у́чишься?
В како́й шко́ле ты у́чишься?
В како́м кла́ссе ты у́чишься?

в **шесто́м** кла́ссе
в седьмо́м кла́ссе
в **восьмо́м** кла́ссе

в реа́льной шко́ле
в гимна́зии
в о́бщей шко́ле
в вальдо́рфской шко́ле

4 Переведи́.

D E

Vergleiche die russischen und englischen Fächernamen. Nenne die deutsche Bezeichnung.

францу́зский язы́к	French	**исто́рия**	History
биоло́гия	Biology	**му́зыка**	Music lessons
геогра́фия	Geography	**фи́зика**	Physics
информа́тика	Computer studies	**хи́мия**	Chemistry

5 Разыгра́йте диало́ги.

↗ DT

Каки́е предме́ты вы лю́бите? Спроси́те и отве́тьте.
Nutzt die Übungen 1 und 4.

Beachte, dass die Fächer auf **-ия** weiblich sind. Sie haben weiche Deklinationsendungen.

M

А: Ты лю́бишь исто́рию?
Б: Нет, не о́чень.
А: А како́й предме́т ты лю́бишь?
Б: Люблю́ фи́зику.

В: Како́й предме́т твой люби́мый?
Г: Мой люби́мый предме́т – неме́цкий язы́к.
В: А что ты лю́бишь?
Г: Мои́ люби́мые предме́ты – биоло́гия и физкульту́ра.

6 Прочита́й, что расска́зывает Вале́рия.

Напиши́, каки́е иностра́нные языки́ ты у́чишь (учи́ли твои́ роди́тели).

В **нача́льной** шко́ле я учи́ла англи́йский язы́к. Сейча́с я учу́ неме́цкий и англи́йский языки́. Мой люби́мый **иностра́нный** язы́к – э́то неме́цкий. Мой па́па учи́л в шко́ле неме́цкий язы́к. А моя́ ма́ма учи́ла францу́зский язы́к.

7 Сравни́.

Erkläre, wie du die Verben *учи́ться* und *учи́ть* verwenden kannst.

учи́ться	где? (в како́м кла́ссе?) как? что де́лать?	Зи́на у́чится в лице́е в седьмо́м кла́ссе. Она́ у́чится хорошо́. Зи́на у́чится игра́ть на гита́ре.	**учи́ть**	что?	Зи́на у́чит францу́зский язы́к. Она́ у́чит но́вые **слова́** ве́чером.

8 Прослу́шай и прочита́й стихи́.

Erschließe den Inhalt der Verse und lies sie ausdrucksvoll vor.

Я УЧУ́СЬ В ЧЕТВЁРТОМ[1] КЛА́ССЕ

Я учу́сь в четвёртом кла́ссе
Вме́сте с Ко́лей, вме́сте с Ва́сей,
Вме́сте с Пе́тей, вме́сте с Ди́мой
И смешли́вым[2] дру́гом Ти́мой.

Ко́ля с Ва́сей у́мные[3],
Пе́тя с Ди́мой шу́мные[4],
А смешли́вый Тимофе́й
Всех на све́те веселе́й[5].

(по Т. Ке́рстен)

1 vierte
2 spaßig, witzig
3 klug
4 laut
5 auf der Welt am lustigsten

9 Сравни́ и запо́мни. ↗G 12

Welche Ordnungszahlen kannst du dir gut merken. Warum?

оди́н	1	пе́рвый (-ая, -ое)	оди́ннадцатый	два́дцать пе́рвый
два	2	второ́й (-а́я, -о́е)	**двена́дцатый**	два́дцать второ́й
три	3	**тре́тий** (-ья, -ье)!!	**трина́дцатый**	два́дцать тре́тий
четы́ре	4	**четвёртый**	**четы́рнадцатый**	
пять	5	пя́тый		
шесть	6	шесто́й		
семь	7	седьмо́й		
во́семь	8	восьмо́й		
де́вять	9	**девя́тый**		
де́сять	10	**деся́тый**	**двадца́тый**	**тридца́тый, сороково́й, пятидеся́тый,** …

10 Прочита́й вслух и переведи́.

Achte auf die Übereinstimmung von Substantiv und Ordnungszahlwort.

9-я шко́ла, 5-я гимна́зия, 8-й класс
4-й эта́ж, 6-е ме́сто, 1-я дверь, 2-й стол
7-е сло́во, 1-й вопро́с, 3-й отве́т
2-й (иностра́нный) язы́к

11 Люби́мые предме́ты Ро́берта

а) Прослу́шай диало́г и напиши́ пра́вильный отве́т.

1. Ро́берт у́чит ру́сский язы́к (с пе́рвого кла́сса, с тре́тьего кла́сса, с пя́того кла́сса).
2. А ещё Ро́берт занима́ется (лати́нским языко́м, англи́йским языко́м, францу́зским языко́м).
3. Ро́берт лю́бит занима́ться (физкульту́рой и информа́тикой, матема́тикой и геогра́фией, физкульту́рой и матема́тикой).

б) Соста́вь предложе́ния.

Я учу́ | Я занима́юсь | Я люблю́ занима́ться

12 Чем ребя́та занима́ются в свобо́дное вре́мя?

Ergänze die passenden Freizeittätigkeiten. Achte auf den richtigen Kasus.

M В **свобо́дное** вре́мя Ви́ка **мно́го** чита́ет. Она́ лю́бит занима́ться литерату́рой.

По́сле шко́лы Ми́ша ча́сто игра́ет в гандбо́л.
Ве́чером Ли́за и На́дя слу́шают рок-му́зыку.
Ко́стя ча́сто смо́трит фи́льмы на англи́йском языке́.
В свобо́дное вре́мя Та́ня у́чится игра́ть на гита́ре.
По́сле шко́лы Ви́ктор ча́сто сиди́т в Интерне́те.
А чем ты занима́ешься в свобо́дное вре́мя?

спорт
му́зыка
литерату́ра
языки́
компью́тер

13 Прочита́й текст и отве́ть на вопро́сы На́ди. ↗G 13,14

Beachte dabei die Übereinstimmung von Adjektiv und Possessivpronomen mit dem Substantiv in den unterstrichenen Wortgruppen.

– Мои́ люби́мые предме́ты – иностра́нные языки́.
А каки́е предме́ты твои́ люби́мые?

– **Росси́йские шко́льники** обы́чно у́чат оди́н иностра́нный язы́к.
А ско́лько иностра́нных языко́в у́чат неме́цкие шко́льники?

– На уро́ках неме́цкого языка́ мы у́чимся чита́ть, **писа́ть** и говори́ть по-неме́цки. На на́ших уро́ках **ве́село** и интере́сно.
А на ва́ших уро́ках то́же ве́село и интере́сно?

– По́сле уро́ков у нас мо́жно занима́ться в **ра́зных кружка́х**.
А у вас?
– В на́шей шко́ле есть, **наприме́р**, театра́льная сту́дия, хор, танцева́льный анса́мбль, кружо́к матема́тики, фи́зики и спорти́вные кружки́. А каки́е кружки́ есть в ва́шей шко́ле?
– Мы занима́емся в **све́тлых** и **чи́стых** кла́ссах.
У нас специа́льные кабине́ты иностра́нных языко́в и информа́тики. А у вас?
– В росси́йских шко́лах есть **а́ктовый зал**. Э́то ме́сто **шко́льных** конце́ртов и дискоте́к. В неме́цких шко́лах то́же есть а́ктовый зал?
– На́ша шко́ла ста́рая. Но она́ нра́вится на́шим ученика́м.
А как у вас?

14 Расскажи́ о ва́шей шко́ле. ↗L 13

Nutze die Fragen für die Gliederung deines Vortrags. Notiere dir Stichpunkte.

В како́й шко́ле и в како́м кла́ссе ты у́чишься?
Кака́я у вас шко́ла: больша́я и́ли ма́ленькая, но́вая и́ли ста́рая?
Кто дире́ктор шко́лы? Каки́е языки́ мо́жно учи́ть в ва́шей шко́ле, с како́го кла́сса?
Каки́е у вас кабине́ты? В ва́шей шко́ле есть а́ктовый зал? В каки́х кружка́х мо́жно занима́ться?

fragen und sagen, in welche Schule und Klasse man geht und wie man lernt	
В како́й шко́ле ты у́чишься?	– Я учу́сь в реа́льной шко́ле (в гимна́зии).
В како́м кла́ссе ты у́чишься?	– Я учу́сь в шесто́м (седьмо́м) кла́ссе.
Как ты у́чишься?	– Я учу́сь хорошо́ (непло́хо, не о́чень хорошо́).
fragen und sagen, welche Sprachen man lernt, womit man sich beschäftigt	
Каки́е (иностра́нные) языки́ ты у́чишь?	– Я учу́ англи́йский и ру́сский языки́.
С како́го кла́сса ты у́чишь ру́сский язы́к?	– С пя́того кла́сса.
Чем ты лю́бишь занима́ться?	– Я люблю́ занима́ться спо́ртом и му́зыкой.

Моё распиcа́ние уро́ков

fragen und sagen, welche Fächer und welche Zensuren man hat

1 Прослу́шай разгово́р и отве́ть на вопро́сы по-неме́цки.

Höre das Gespräch und beantworte die Fragen.
Warum erkundigt sich Anja nach den Unterrichtsstunden für den nächsten Tag?
Wie viele Stunden und welche Fächer stehen im Stundenplan?

А́ня: На́дя, что мы бу́дем де́лать за́втра?
На́дя: За́втра мы вме́сте пойдём в шко́лу.
А́ня: А каки́е **уро́ки** у вас бу́дут за́втра?
На́дя: Вот мой **дневни́к**.
Там на́ше **расписа́ние** уро́ков.
А́ня: А, за́втра у вас бу́дет семь уро́ков.
На́дя: Да, за́втра у нас а́лгебра и геоме́трия, два уро́ка ру́сского языка́, биоло́гия, исто́рия и гражданове́дение[1].

In einigen russischen Schulen wird in zwei Schichten und auch am Sonnabend unterrichtet. Das Schuljahr unterteilt sich in Russland in vier Abschnitte (Viertel – **че́тверть**). Für jeden Abschnitt gibt es Zensuren.

1 entspricht Gemeinschaftskunde, Sozialkunde, Politik

2 Сравни́.

Vergleiche deinen Stundenplan mit dem von Nadja und Alexej.
Welche Gemeinsamkeiten und Unterschiede stellst du fest?

РАСПИСАНИЕ УРОКОВ

1—я четверть

№ урока	Понедельник	Вторник	Среда	Четверг	Пятница	Суббота
1	История	Немецкий язык	–	Алгебра	Технология	
2	Граждано-ведение	Физика	Музыка	Русский язык	Технология	
3	Алгебра	Русский язык	Русский язык	Граждано-ведение	Физика	
4	География	Литература	ИЗО	Биология	Алгебра	
5	Немецкий язык	Алгебра	Литература	Русский язык	Русский язык	
6	Геометрия	Биология	Немецкий язык	Геометрия	Литература	
7	Физкультура	География	Физкультура	История		

ИЗО entspricht Kunst, Kunsterziehung; Техноло́гия entspricht Werken, Arbeitslehre, WAT (Wirtschaft, Arbeit, Technik)

3 Ско́лько у вас уро́ков сего́дня?

Lest abwechselnd die Fragen und Antworten zum Stundenplan von Nadja und Alexej.
Beantwortet dann die Fragen mit den Angaben aus eurem Stundenplan.

1. – Ско́лько уро́ков у вас **в неде́лю**? – В неде́лю у нас 33 уро́ка.
2. – Ско́лько уро́ков у вас в день? – В день у нас обы́чно семь и́ли шесть уро́ков.
3. – Ско́лько уро́ков матема́тики у вас в неде́лю? – У нас шесть уро́ков матема́тики.
4. – Ско́лько у вас уро́ков иностра́нного языка́? – У нас три уро́ка неме́цкого языка́.
5. – Ско́лько **раз** в неде́лю у вас физкульту́ра? – Физкульту́ра у нас два ра́за в неде́лю.
6. – Ско́лько часо́в в неде́лю у вас физкульту́ра? – Физкульту́ра у нас два часа́ в неде́лю.

4 Мои́ уро́ки вчера́, сего́дня и за́втра

Gib Auskunft zu deinem Stundenplan. Achte auf die Formen von *быть*.

Ско́лько уро́ков у тебя́	сего́дня? (бу́дет) за́втра? бы́ло вчера́?	Каки́е уро́ки у вас	сего́дня? (бу́дут) за́втра? бы́ли вчера́?

M Сего́дня у меня́ то́лько пять уро́ков: геогра́фия, неме́цкий язы́к, ИЗО́, фи́зика и рели́гия (э́тика).

5 Отве́тьте на вопро́сы. ↗ G 20

а) Прочита́йте ещё раз диало́г (→ упр. 1) и посмотри́те расписа́ние уро́ков (→ упр. 2). Прочита́йте вопро́сы и вы́берите пра́вильные отве́ты.

– Како́й сего́дня день неде́ли? – Сего́дня **вто́рник**. И́ли **среда́**?
– Како́й день неде́ли был вчера́? – Вчера́ был вто́рник. И́ли **понеде́льник**?
– Како́й день неде́ли бу́дет за́втра? – За́втра **четве́рг**. И́ли **пя́тница**?

– Когда́ (**в** како́й день неде́ли) у На́ди техноло́гия? – В пя́тницу у На́ди техноло́гия. И́ли в сре́ду?
– Когда́ (в каки́е дни) у На́ди биоло́гия? – Во вто́рник и в четве́рг у На́ди биоло́гия. И́ли в понеде́льник и во вто́рник?
– Когда́ (в каки́е дни) На́дя не у́чится? – В **суббо́ту** и в **воскресе́нье** На́дя не у́чится. И́ли в пя́тницу и в понеде́льник?

б) Fragt und antwortet abwechselnd,

– welcher Wochentag heute (morgen) ist oder gestern war,
– wann (an welchem Wochentag oder welchen Wochentagen) ihr Russisch, Englisch, Deutsch habt,
– wann ihr sechs oder sieben Stunden Unterricht habt.

6 Ру́сский зна́ешь – други́е славя́нские[1] языки́ понима́ешь. S

Was stellst du beim Vergleich der Sprachen fest?

день неде́ли	по-ру́сски	по-украи́нски	по-по́льски	по-че́шски	по-болга́рски
пе́рвый	понеде́льник	понеділок	poniedziałek	pondělí	понеделник
второ́й	вто́рник	вівторок	wtorek	úterý	вторник
тре́тий	среда́	середа	środa	středa	сряда
четвёртый	четве́рг	четвер	czwartek	čtvrtek	четвъртък
пя́тый	пя́тница	п´ятниця	piątek	pátek	петък
шесто́й	суббо́та	субота	sobota	sobota	събота
седьмо́й	воскресе́нье	неділя	niedziela	neděle	неделя

1 slawische

7 Э́то интере́сно.

Auch im Russischen werden z. B. in Kalendern Abkürzungen für die Wochentage verwendet.
Nenne die Wochentage zu den Abkürzungen.

8 *Начина́ть* и́ли *начина́ться*? *Конча́ть* и́ли *конча́ться*? ↗G 11

а) Прочита́йте и переведи́те. Welchen Unterschied stellt ihr beim Gebrauch von *начина́ть* und *начина́ться, конча́ть* und *конча́ться* fest?

Уро́к **начина́ется** в 08:05.

Ребя́та **начина́ют рабо́тать**.

Уро́к **конча́ется** в 08:50.

Ребя́та **конча́ют** рабо́тать.

б) Спроси́те и отве́тьте. Посмотри́те ва́ше расписа́ние уро́ков.

Когда́ начина́ется пе́рвый (второ́й, тре́тий, …) уро́к?
Когда́ конча́ется седьмо́й (шесто́й, пя́тый, …) уро́к?
Когда́ обы́чно начина́ются и конча́ются уро́ки в понеде́льник (во вто́рник, в сре́ду, …)?
Когда́ **учи́тельница** (**учи́тель**) начина́ет (пе́рвый, второ́й…) уро́к?

9 Mit Hilfe der Wortbildung Russisch lernen ↗G 15

Die Wörter dieser Wortfamilie kannst du alle verstehen.
Schreibe die Wörter ab und ergänze die deutsche Bedeutung. Markiere die Suffixe, die eine männliche und die eine weibliche Person kennzeichnen mit unterschiedlichen Farben.

класс-

класс

однокла́ссник	однокла́ссница
первокла́ссник	первокла́ссница
семикла́ссник	семикла́ссница

10 Отме́тки в Росси́и и в Герма́нии

а) Сравни́ отме́тки. Welche Gemeinsamkeiten und Unterschiede stellst du fest?

Отме́тки в Росси́и

5 – **пятёрка** **отли́чно**
4 – **четвёрка** хорошо́
3 – **тро́йка**
2 – **дво́йка**
1 – **едини́ца** о́чень пло́хо

Отме́тки в Герма́нии

1 – едини́ца
2 – дво́йка
3 – тро́йка
4 – четвёрка
5 – пятёрка
6 – **шестёрка**

б) Отве́ть на вопро́сы.

Каки́е отме́тки у тебя́ **по** матема́тике (по биоло́гии, по англи́йскому языку́)?
Каки́е отме́тки ты обы́чно **получа́ешь** по фи́зике (по исто́рии, по ру́сскому языку́)?

M По матема́тике у меня́ дво́йка. По фи́зике я обы́чно получа́ю едини́цы.

11 Подгото́вь моноло́г на те́му *Моё расписа́ние и мои́ отме́тки.* ↗L 13

Nutze den Plan und sprich zu allen Punkten.

План:
– шко́ла, класс,
– люби́мые предме́ты,
– отме́тки,
– расписа́ние уро́ков (ско́лько уро́ков в неде́лю, в день, ско́лько раз (часо́в) в неде́лю биоло́гия, …).

fragen und sagen, wie viele und welche Stunden man an bestimmten Wochentagen hat	
Ско́лько уро́ков у тебя́ в день (в неде́лю)?	– У меня́ шесть уро́ков в день (30 часо́в в неде́лю).
Ско́лько раз в неде́лю вы занима́етесь физкульту́рой?	– Три ра́за в неде́лю (мы занима́емся физкульту́рой).
Когда́ (в како́й день неде́ли) у тебя́ геогра́фия?	– Геогра́фия у меня́ в сре́ду и в четве́рг.

fragen und sagen, welche Zensuren man hat	
Каки́е отме́тки у тебя́ по фи́зике?	– По фи́зике у меня́ едини́цы и дво́йки.
Каки́е отме́тки ты обы́чно получа́ешь по исто́рии?	– Я обы́чно получа́ю дво́йки и тро́йки.

В на́шей шко́ле неску́чно.

fragen und sagen, welche Aktivitäten es an der Schule gibt,
wofür man sich interessiert und was man werden möchte

1 Чем мы интересу́емся и чем мы занима́емся.

Lies, über welche außerschulischen Aktivitäten Lena und Maxim berichten.
Finde auch heraus, von welchen Erfolgen sie erzählen.

Больша́я **переме́на**. Ле́на и Макси́м **расска́зывают** неме́цким гостя́м о шко́льных кружка́х.

Ле́на: У нас в шко́ле **неску́чно**. По́сле уро́ков мо́жно занима́ться в ра́зных кружка́х. Вот расписа́ние кружко́в.

РАСПИСАНИЕ КРУЖКОВ

Кружок	Руководитель	День	Время	Место
Математика	Козлова Ю. А.	Вторник Четверг	14:30	Кабинет № 7
Русские шашки	Николаев А. Е.	Среда	14:00	Кабинет № 21
Хор	Иванова З. Л.	Понедельник	15:00	Актовый зал
Волейбол	Попов В. М.	Пятница	14:30	Спортзал

Макси́м: У нас **рабо́тают** и спорти́вные кружки́: волейбо́л, футбо́л, ша́шки[1], лёгкая атле́тика. На́ша **футбо́льная кома́нда** игра́ет о́чень хорошо́ и всегда́ **занима́ет призовы́е** места́ на **городски́х соревнова́ниях**.

Ле́на: Я люблю́ рисова́ть, **поэ́тому** занима́юсь в изосту́дии. Там мы рису́ем портре́ты, ландша́фты, карикату́ры. **Руководи́тельница** изосту́дии ча́сто **организу́ет вы́ставки**. Там мы **пока́зываем** на́ши **рабо́ты.**

Макси́м: Я о́чень **интересу́юсь** матема́тикой и хочу́ **стать** матема́тиком. В кружке́ мы **гото́вимся к** олимпиа́дам по матема́тике и к **ко́нкурсу** *Кенгуру́*. Я уже́ **уча́ствовал в** олимпиа́дах и получа́л дипло́мы и **призы́**. А каки́е кружки́ рабо́тают в ва́шей шко́ле?

1 Damespiel

2 Прочита́й и переведи́. ↗ G 16

Finde heraus, wie sich die Verbform verändert.

уча́ствовать

Я уча́ству<u>ю</u> в олимпиа́де по ру́сскому языку́.
А ты уча́ству<u>ешь</u> в олимпиа́де по фи́зике.
Ла́ра уча́ству<u>ет</u> в экску́рсии по Москве́.
Мы уча́ству<u>ем</u> в рабо́те кружка́.
Вы уча́ству<u>ете</u> в вы́ставке шко́лы.
Они́ уча́ству<u>ют</u> в конфере́нции учителе́й.

Оле́г уже́ три ра́за уча́ствова<u>л</u> в ко́нкурсе *Кенгуру́*.
Ни́на ещё не уча́ствова<u>ла</u> в вы́ставке кружка́.
Вчера́ спортсме́ны уча́ствова<u>ли</u> в соревнова́ниях по лёгкой атле́тике.

3 Допо́лни предложе́ния.

Schreibe den Text ab und wandle die Verben in die erforderlichen Formen um.

- Ле́на хорошо́ (рисова́ть). Вчера́ ве́чером она́ до́лго (рисова́ть).
- Ма́льчики седьмо́го кла́сса (интересова́ться) футбо́лом.
  А Андре́й не лю́бит футбо́л. Он (интересова́ться) ша́хматами.
- Я о́чень люблю́ (фотографи́ровать) футбо́льную кома́нду на́шей шко́лы.
  Вчера́ я (фотографи́ровать) на́шу кома́нду.
- Зи́на уже́ три го́да (танцева́ть) в шко́льном анса́мбле.
  В воскресе́нье они́ (танцева́ть) на шко́льном пра́зднике.

4 Возьми́те интервью́.

Interviewt euch gegenseitig. Nutzt dazu die Fragen.
Stellt noch mindestens zwei weitere Fragen.
Stellt in der Klasse vor, was ihr über den Interviewpartner erfahren habt.

Чем ты интересу́ешься?
Ты уже́ уча́ствовал(а) в олимпиа́дах по матема́тике и́ли по ру́сскому языку́?
Ты зна́ешь, кто из ва́шей шко́лы ча́сто уча́ствует в спорти́вных соревнова́ниях?
Ты лю́бишь рисова́ть? Вы до́ма ча́сто фотографи́руете?

5 Слу́шай и говори́ пра́вильно.

а) Achte auf die harte Aussprache der Endung *-тся*.

Рабо́та в кружке́ ру́сского языка́ <u>начина́ется</u> в 15 часо́в.
Кабине́т ру́сского языка́ <u>нахо́дится</u> на второ́м этаже́.
В кружке́ Кароли́н <u>гото́вится</u> к олимпиа́де по ру́сскому языку́.
Кароли́н <u>занима́ется</u> там два часа́.
Рабо́та в кружке́ <u>конча́ется</u> в 17 часо́в.

б) Verändere die Sätze und lies sie laut vor.

M Рабо́та в <u>футбо́льном кружке́</u> начина́ется в <u>16 часо́в</u>.

в) Überlege dir eigene Beispielsätze.

Всё хорошо́, что хорошо́ конча́ется.
Kennst du die deutsche Entsprechung für dieses russische Sprichwort?

6 Задава́й вопро́сы.

Formuliere Fragen, die Max seinem Freund Alexej gestellt hat.

Отве́ты Алексе́я:
1. – У нас рабо́тают ра́зные кружки́. Есть, наприме́р, кружки́ матема́тики и информа́тики.
2. – Нет, хо́ра у нас нет, но есть изосту́дия.
3. – Да, коне́чно, мо́жно занима́ться в спорти́вных кружка́х.

7 Почему́ в ва́шей шко́ле нескучно?

Beantworte die Frage mit einer passenden Begründung.

M – В на́шей шко́ле нескучно, **потому́ что** по́сле уро́ков мо́жно **петь** в хо́ре.

занима́ться в + *Präp.*
уча́ствовать в + *Präp.*
ходи́ть в, на + *Akk.*
учи́ться игра́ть в + *Akk.*, на + *Präp.*

спорти́вные соревнова́ния
изосту́дия
бадминто́н
ра́зные кружки́
шко́льные конце́рты и дискоте́ки
гита́ра

8 Сравни́. ↗ G 17

Vergleiche die Sätze und erkläre, wann man ein Adjektiv und wann ein Adverb verwendet.

Како́й, -а́я, -о́е, -и́е?
Вади́м хоро́ший учени́к.
Э́то плоха́я футбо́льная кома́нда.
Э́то ску́чная кни́га.
Учи́тель пока́зывает интере́сные фотогра́фии.
У Анто́на всегда́ пра́вильные отве́ты.

Как?
Вади́м хорошо́ у́чится.
Кома́нда пло́хо игра́ет.
Профе́ссор ску́чно расска́зывает.
Учи́тель интере́сно расска́зывает о Москве́.
Анто́н пра́вильно отве́тил на вопро́сы учи́теля.

9 Ску́чно и́ли интере́сно?

Wie kannst du reagieren? Wähle aus.

- Как у тебя́ дела́?
- Сего́дня мы чита́ли текст о ко́смосе.
- Вчера́ я игра́л в стритбо́л.
- Э́то на́ша но́вая кварти́ра.
- Тебе́ нра́вится конце́рт?
- Но́ра и Андре́й снача́ла вме́сте де́лали уро́ки, а пото́м бы́ли в интерне́т-кафе́.

- Нет, ребя́та пло́хо игра́ют.
- Поня́тно.
- Спаси́бо, норма́льно.
- Э́то интере́сно.
- У вас о́чень ую́тно.
- А э́то не ску́чно?

10 Поня́тно и́ли непоня́тно?

Bilde zu den Adjektiven und Adverbien die Antonyme, d. h. Wörter mit gegensätzlicher Bedeutung. Nutze den Hinweis von *Незна́йка*.

Du kennst bereits die Wortpaare: **большо́й – небольшо́й** und **мно́го – немно́го**. Mit dem Präfix **не-** kannst du weitere neue Wörter bilden.

M люби́мый – нелюби́мый

интере́сный, краси́вый, ма́ленький, но́вый, родно́й, ста́рый, ую́тный

M пра́вильно – непра́вильно

вку́сно, норма́льно, обы́чно, пло́хо, поня́тно, про́сто, серьёзно, ску́чно, хорошо́

11 Кто э́то?

Sage, welchen Beruf die Personen haben: эле́ктрик, журнали́ст, лабора́нтка, учи́тельница.

M Он журнали́ст.

12 Mit Hilfe der Wortbildung Russisch lernen

↗ G 15

Die folgenden Berufsbezeichnungen kannst du schnell erschließen.
Du erkennst sie an bestimmten Suffixen.

Diese Berufsbezeichnungen gelten für Männer und Frauen.

-ик (авто)меха́ник, биофи́зик, исто́рик, матема́тик, поли́тик, фи́зик, хи́мик, эле́ктрик, энерге́тик
-ист визажи́ст, журнали́ст, программи́ст, стили́ст, экономи́ст, юри́ст
-ер ме́неджер, инжене́р, бухга́лтер, ве́б-диза́йнер, конди́тер, ма́клер
-тор архите́ктор, коммента́тор, компози́тор, констру́ктор, реставра́тор
-ог архео́лог, био́лог, гео́лог, зоо́лог, метеоро́лог, полито́лог, стомато́лог, техно́лог, физио́лог

13 Чем вы интересу́етесь и кем вы хоти́те стать?

Спроси́те и отве́тьте (→ упр. 11 и 12).

M
– Чем ты интересу́ешься? – Я интересу́юсь информа́тикой. (Я люблю́ игра́ть на компью́тере.)
– А кем ты хо́чешь стать? – Я хочу́ стать ве́б-диза́йнером.

14 Расскажи́ об интере́сном кружке́.

Отве́ть на вопро́сы.

Как называ́ется кружо́к? Кто руководи́тель?
Когда́ и где рабо́тает кружо́к? Чем ученики́ занима́ются?
Почему́ в кружке́ интере́сно?

fragen und sagen, welche Aktivitäten es an der Schule gibt	
В ва́шей шко́ле есть кружки́?	В на́шей шко́ле есть (рабо́тают) ра́зные кружки́.
Каки́е кружки́ у вас есть?	У нас есть, наприме́р, театра́льная сту́дия, хор…
У вас есть хор, кружо́к матема́тики…?	Хо́ра у нас нет, но есть кружо́к матема́тики.
В каки́х кружка́х мо́жно занима́ться?	Мо́жно занима́ться в спорти́вных кружка́х, наприме́р,…

fragen und sagen, wofür man sich interessiert und was man werden will	
Чем ты интересу́ешься?	Я интересу́юсь литерату́рой (спо́ртом).
Кем ты хо́чешь стать?	Я хочу́ стать журнали́стом (лабора́нткой, тре́нером).

Э́то я уже́ уме́ю.

1 На́ша шко́ла

Bereitet einen Rundgang durch eure Schule für russische Gäste vor.
Macht euch Notizen zu den Schlüsselwörtern.

2 Расписа́ние моéй мечты́ [1]

Lies Maxims Plan, der seine Traumfächer und -zeiten enthält.
Schreibe deinen Wunschplan auf und stelle ihn deiner Klasse vor.

Уро́к		Понеде́льник
1	09:00 – 09:45	Карате́, аэро́бика
2	10:00 – 10:45	Неме́цкий язы́к – ча́ты
3	11:00 – 11:45	Весёлая[2] матема́тика
		Больша́я переме́на
4	13:00 – 13:45	Япо́нский язы́к – ко́миксы
5	14:00 – 14:45	Фи́зика, хи́мия – экспериме́нты
6	15:00 – 15:45	Стритбо́л, аквагимна́стика

1 Traum 2 lustig

3 Чита́ем и улыба́емся[1].

Прочита́йте и переведи́те анекдо́ты.

Па́па Во́вочки: Вы уже́ сде́лали[2] уро́ки по матема́тике для Пе́тьки?
Па́па Пе́тьки: Да.
Па́па Во́вочки: Да́йте списа́ть[3]!

Па́па: Во́вочка, что тебе́ нра́вится в шко́ле?
Во́вочка: Переме́ны, па́па.

Ма́ма: Во́вочка, где твой шко́льный дневни́к?
Во́вочка: Я дал дневни́к Пе́тьке. Он хо́чет попуга́ть[5] па́пу и ма́му.

Ма́ма Во́вочки: Мой Во́вочка – ге́ний. У него́ так[4] мно́го гениа́льных идéй!
Учи́тель: Да, осо́бенно на уро́ках хи́мии.

1 schmunzeln, lächeln 2 vgl. де́лать уро́ки 3 abschreiben 4 so 5 erschrecken

Э́то интере́сно.

1 Вопро́сы ру́сским шко́льникам

Lies die Antworten zur Schule in Russland.
Welche Fragen würdest du stellen? Was interessiert dich?

Ско́лько лет де́ти в Росси́и у́чатся в шко́ле?
– Де́ти у́чатся оди́ннадцать лет, с пе́рвого до оди́ннадцатого кла́сса.
Когда́ они́ начина́ют учи́ться в шко́ле?
– Де́ти в Росси́и начина́ют учи́ться обы́чно в шесть лет.
С како́го кла́сса они́ начина́ют занима́ться иностра́нными языка́ми?
– Обы́чно со второ́го кла́сса.
Каки́е иностра́нные языки́ они́ у́чат?
– Шко́льники в Росси́и у́чат англи́йский, неме́цкий и́ли францу́зский язы́к. Мо́жно учи́ть и испа́нский, италья́нский, кита́йский[1] языки́.
Ско́лько уро́ков иностра́нного языка́ у шко́льников в неде́лю?
– В неде́лю обы́чно два – три уро́ка иностра́нного языка́.

1 chinesisch

2 В како́м кла́ссе ты у́чишься?

Russische Schüler haben verschiedene Möglichkeiten, aufzuschreiben, ob sie in die 7a oder 7b gehen.
Was fällt dir auf?
Schreibe die verschiedenen russischen Varianten für deine Klasse auf.

Egal wie es geschrieben wird, gesprochen heißt es: **учени́к седьмо́го А кла́сса, учени́ца седьмо́го Б кла́сса.**

Вади́м Соколо́в, учени́к 7а кла́сса;
Вади́м Соколо́в, учени́к 7 А кла́сса;
Вади́м Соколо́в, учени́к 7^{а} кла́сса;

Ири́на Смирно́ва, учени́ца 7б кла́сса;
Ири́на Смирно́ва, учени́ца 7 Б кла́сса;
Ири́на Смирно́ва, учени́ца 7^{б} кла́сса.

3 Моско́вский Дворе́ц де́тского и ю́ношеского тво́рчества

In vielen russischen Städten gibt es Kinder- und Jugendpaläste.
Einer der größten befindet sich in Moskau.
Lies den Text und finde heraus, was man dort machen kann.

Моско́вский Дворе́ц де́тского и ю́ношеского тво́рчества был осно́ван[1] в 1936 году́ как Дом пионе́ров[2]. С 1962 го́да он нахо́дится на Воробьёвых гора́х[3]. Э́то о́чень большо́е зда́ние[4]. В нём рабо́тают ра́зные кружки́, наприме́р, кружо́к му́зыки, литерату́ры, исто́рии, те́хники, информа́тики, эколо́гии. Есть изосту́дия и спорти́вные се́кции. Ю́ные москвичи́ от 6 до 18 лет занима́ются здесь в основно́м беспла́тно[5]. С ни́ми занима́ются педаго́ги. Кружки́ и се́кции рабо́тают не то́лько в кабине́тах, но и на конфере́нциях и экску́рсиях, в экспеди́циях и лагеря́х.

Моско́вский Дворе́ц де́тского и ю́ношеского тво́рчества

1 wurde gegründet 2 Haus der Pioniere 3 Sperlingsberge 4 Gebäude 5 meistens kostenlos

Для экспе́ртов

1 Учи́ться в ру́сских и неме́цких шко́лах

Lies, welche Unterschiede Anna zwischen der russischen und deutschen Schule feststellt. Ergänze eigene Beobachtungen und Erfahrungen.

В Росси́и учéбный год начина́ется 1 сентября́.
В Герма́нии ле́тние кани́кулы в ка́ждой федера́льной земле́ начина́ются и конча́ются по-ра́зному.

По тради́ции в Росси́и учени́к оди́ннадцатого кла́сса и учени́ца пе́рвого кла́сса подаю́т пе́рвый звоно́к: звоня́т в колоко́льчик.
А ежего́дно 25 ма́я для выпускнико́в 11 кла́сса звени́т после́дний звоно́к.

В ру́сских шко́лах сложне́е матема́тика, а в неме́цких – иностра́нные языки́.

Во вре́мя больши́х переме́н неме́цкие шко́льники обяза́тельно выхо́дят из шко́льного зда́ния на шко́льный двор.
В ру́сской шко́ле шко́льники должны́ лишь вы́йти из кла́сса.

Ле́тние кани́кулы в ру́сских шко́лах дл́ятся три ме́сяца, в неме́цких шко́лах – то́лько шесть неде́ль.

2 Часту́шки про шко́лу

Versuche, eigene lustige Verse zu reimen.

Черня́вская П., 6Б
Мой дневни́к, как ве́рный друг,
Для меня́ стара́лся.
Я не вы́учила уро́к,
До́ма он оста́лся.

Борова́я В., 7В
Получи́ла я сего́дня
На контро́льной дво́йку.
Ах, учи́тель дорого́й,
Поста́вь хотя́ бы тро́йку!

Томи́лов А., 5В
Прозвене́л сейча́с звоно́к.
Э́то ко́нчился уро́к.
Мы бежи́м скоре́й игра́ть,
Для уро́ков сил набра́ть.

3 На каки́е отме́тки у́чатся э́ти ученики́?

Erkläre die neuen Wörter mit der Angabe der entsprechenden Zensuren. Nutze das Muster.

M Отли́чник и отли́чница у́чатся на пятёрки.

хороши́ст и хороши́стка,
тро́ечник и тро́ечница,
дво́ечник и дво́ечница

УРОК 3 Пра́здники в Росси́и

1. Was verbindest du mit dem Thema *Feiertage*? Notiere alle Wörter, die dir dazu einfallen.
2. Welche Feste sind für dich besonders wichtig? Wie feierst du sie am liebsten?
3. Kennst du Feste oder Feiertage und die mit ihnen verbunden Traditionen in anderen Ländern? Was weißt du bereits über russische Feiertage?

Когда́ у тебя́ день рожде́ния?

sagen, wann und wo man geboren wurde | Datum angeben

1 Прочита́й страни́цу из дневника́ Ни́ны.

↗ L 12

а) Überlege, wie du im Englischunterricht beim Lesen eines unbekannten Textes vorgehst.

Das Geburtstagslied von Krokodil Gena stammt aus einem Zeichentrickfilm. Den Liedtext findest du auf S. 42.

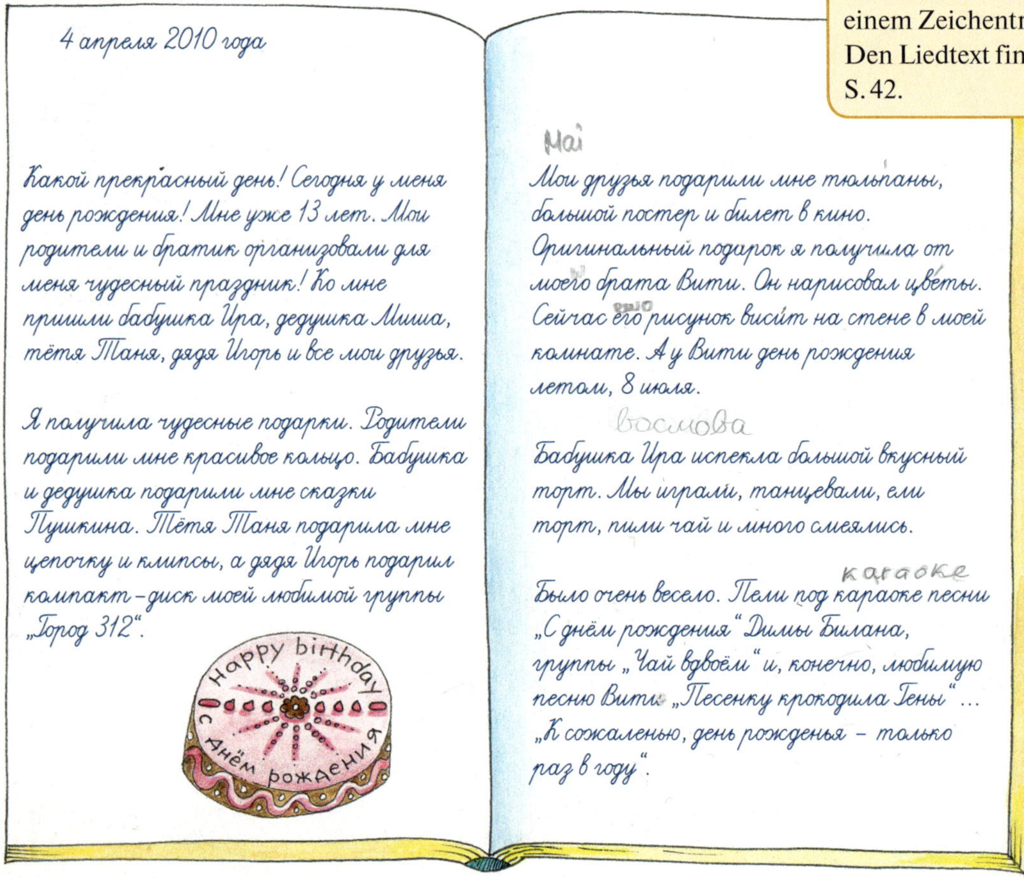

4 апреля 2010 года

Какой прекрасный день! Сегодня у меня день рождения! Мне уже 13 лет. Мои родители и братик организовали для меня чудесный праздник! Ко мне пришли бабушка Ира, дедушка Миша, тётя Таня, дядя Игорь и все мои друзья.

Я получила чудесные подарки. Родители подарили мне красивое кольцо. Бабушка и дедушка подарили мне сказки Пушкина. Тётя Таня подарила мне цепочку и клипсы, а дядя Игорь подарил компакт-диск моей любимой группы „Город 312".

Мои друзья подарили мне тюльпаны, большой постер и билет в кино. Оригинальный подарок я получила от моего брата Вити. Он нарисовал цветы. Сейчас его рисунок висит на стене в моей комнате. А у Вити день рождения летом, 8 июля.

Бабушка Ира испекла большой вкусный торт. Мы играли, танцевали, ели торт, пили чай и много смеялись.

Было очень весело. Пели под караоке песни „С днём рождения" Димы Билана, группы „Чай вдвоём" и, конечно, любимую песню Вити „Песенку крокодила Гены" … „К сожаленью, день рожденья – только раз в году".

б) Welche Lerntipps hast du genutzt, um den Text zu verstehen?

2 Соста́вь Mindmap.

Прочита́й ещё раз страни́цу из дневника́ Ни́ны.
Отве́ть на вопро́сы.

Кто организова́л **пра́здник**?

Каки́е **пода́рки** получи́ла Ни́на?

Кто был **в гостя́х**?

день рожде́ния

Что де́лали го́сти?

Когда́ у Ни́ны день рожде́ния?

3 Скажи́, когда́ у кого́ день рожде́ния. ↗G 18, 19

а) Ordne die Monate den Jahreszeiten zu.

Како́е вре́мя **го́да**? Каки́е **ме́сяцы**?

весна́ **ле́то** **о́сень** **зима́**

M Весна́ – э́то март, апре́ль и май.

б) Sage, wer in welcher Jahreszeit Geburtstag hat.

Когда́? В како́е вре́мя го́да день рожде́ния у Ни́ны?

зимо́й **о́сенью** **ле́том** **весно́й**

M У Ни́ны день рожде́ния весно́й.

в) Ergänze die Angaben zur Jahreszeit um den Geburtsmonat der einzelnen Familienmitglieder.

M У Са́ши день рожде́ния зимо́й, в декабре́.
А когда́ у тебя́ день рожде́ния?

Янва́рь	О́ля – 4 января́
Февра́ль	тётя Та́ня – 19 февраля́
Март	де́душка Ми́ша – 21 ма́рта
Апре́ль	Ни́на – 4 апре́ля
	па́па – 12 апре́ля
Май	ма́ма – 27 ма́я
Ию́нь	–
Ию́ль	Ви́тя – 8 ию́ля
А́вгуст	ба́бушка И́ра – 24 а́вгуста
Сентя́брь	Ка́тя – 7 сентября́
Октя́брь	де́душка Анто́н – 27 октября́
Ноя́брь	тётя Ни́на – 14 ноября́
	дя́дя И́горь – 19 ноября́
Дека́брь	Са́ша – 7 декабря́

4 Соста́вьте календа́рь дней рожде́ния.

Gestaltet für eure Klasse oder eure Familie einen Geburtstagskalender.
Fragt und sagt, wer in welcher Jahreszeit und in welchem Monat Geburtstag hat.
Nutzt die Muster aus Übung 3.

5 Прочита́й и сравни́. ↗G 21

а) Formuliere einen Merksatz zur Angabe des Datums im Russischen.

Како́е сего́дня **число́**?
Сего́дня четвёрт<u>ое</u> апре́л<u>я</u> (две ты́сячи деся́т<u>ого</u> го́д<u>а</u>).
Како́е число́ бы́ло вчера́?
Вчера́ бы́ло тре́тье апре́ля (две ты́сячи деся́того го́да).
Како́е число́ (бу́дет) за́втра?
За́втра (бу́дет) пя́тое апре́ля (две ты́сячи деся́того го́да).

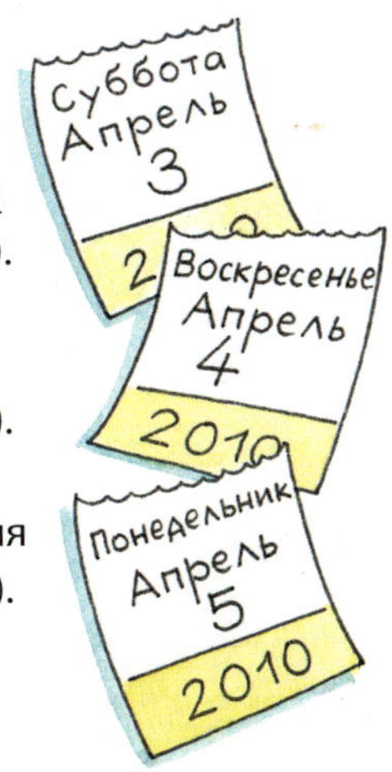

б) Отве́ть на вопро́сы.

6 Разыгра́йте ми́ни-диало́ги. ↗G 22

Когда́ вы родили́сь?
Спроси́те и отве́тьте.

Ко́ля: Ни́на, когда́ (како́го числа́) ты **родила́сь**?
Ни́на: Я родила́сь четвёрт<u>ого</u> апре́л<u>я</u> 1997 (ты́сяча девятьсо́т девяно́сто седьм<u>о́го</u>) го́д<u>а</u>. А когда́ ты **роди́лся**?
Ко́ля: Я роди́лся двена́дцатого а́вгуста 1997 (ты́сяча девятьсо́т девяно́сто седьм<u>о́го</u>) го́д<u>а</u>.

7 Прочита́й и переведи́, что говори́т Ни́на. Пото́м отве́ть на вопро́сы. ↗ G 23

Ни́на: Я родила́сь **в** ты́сяча девятьсо́т девяно́сто седьм**о́м** год**у́**.
Ко́ля то́же роди́лся в 1997 году́.
Мой брат роди́лся в две ты́сячи пе́рвом году́.
О́ля то́же родила́сь в 2001 году́.

В како́м году́ ты роди́лся (родила́сь)?
В како́м году́ родили́сь твои́ друзья́, роди́тели, бра́тья, сёстры?

8 Споёмте вме́сте *Пе́сенку крокоди́ла Ге́ны.*

Вы́учите пе́сню.

Пусть бегу́т неуклю́же
Пешехо́ды по лу́жам,
А вода́ – по асфа́льту реко́й.
И нея́сно прохо́жим
В э́тот день непого́жий,
Почему́ я весёлый тако́й.

Припе́в
Я игра́ю на гармо́шке
У прохо́жих на виду́…
К сожале́нью, день рожде́нья –
То́лько раз в году́.

Прилети́т вдруг волше́бник
В голубо́м вертолёте
И беспла́тно пока́жет кино́.
С днём рожде́нья поздра́вит
И, наве́рно, оста́вит
Мне в пода́рок пятьсо́т эскимо́.

Wie die Fußgänger schimpfen
in den klitschnassen Strümpfen,
denn der Regen rinnt übr den Asphalt.
Was für Augen sie machen,
denn sie sehen mich lachen
an 'nem Tag, der so trübe und kalt.

Refrain
Ich bin so glücklich. Ich spiel für alle
Ziehharmonika – na klar!
Denn Geburtstag hat man leider
nur ein Mal im Jahr.

Plötzlich kommt – ungelogen
ein blaues Flugzeug geflogen
und ein Zaub'rer steigt aus ganz in Weiß
Er will mir gratulieren,
ein paar Filme vorführen
und er schenkt allen Eskimo-Eis.

Gerhard Schöne

9 Спроси́те и отве́тьте.

Прочита́йте ещё раз страни́цу из дневника́ Ни́ны (→ упр. 1). Разыгра́йте ми́ни-диало́ги.

M – Что брат **подари́л** Ни́не?
– Он подари́л ей **рису́нок**.

– От кого́ Ни́на получи́ла **биле́т** в кино́?
– От друзе́й.

10 Спроси́те и отве́тьте, каки́е пода́рки вы хоти́те получи́ть.

Испо́льзуйте вопро́сы и отве́тьте по образцу́.

Каки́е пода́рки ты хо́чешь получи́ть на день рожде́ния?
Каки́е пода́рки хотя́т получи́ть твои́ **ро́дственники** и друзья́?

Что ты хо́чешь подари́ть сестре́ (бра́ту) на день рожде́ния?

М Мой брат хо́чет получи́ть но́вый скейтбо́рд, потому́ что он о́чень лю́бит э́тот **вид** спо́рта.

М Я хочу́ подари́ть сестре́ кни́гу, потому́ что она́ лю́бит чита́ть.

11 Познако́мься с автобиогра́фией Ни́ны.

а) Worin unterscheiden sich die beiden Texte, in denen Nina Auskunft über sich gibt?

Анке́та

Фами́лия:	Семёнова
И́мя:	Ни́на
О́тчество:	Ви́кторовна
Да́та рожде́ния:	04. 04. 1997
Ме́сто рожде́ния:	г. Ту́ла
Почто́вый а́дрес:	г. Ту́ла, 300004 ул. Куту́зова, д. 55, кв. 12
E-mail:	nina1997@mail.ru
Шко́ла, класс:	Сре́дняя шко́ла № 11 г. Ту́лы, 7б

Автобиогра́фия

Меня́ зову́т Ни́на Ви́кторовна Семёнова. Мне 13 лет. Я родила́сь 4 апре́ля 1997 го́да в го́роде Ту́ле. Я живу́ в Ту́ле, на у́лице Куту́зова, в до́ме 55, в кварти́ре 12. Я учу́сь в сре́дней шко́ле № 11, в $7^б$ кла́ссе. Мой па́па, Ви́ктор Миха́йлович Семёнов, – учи́тель. Моя́ ма́ма, Окса́на Анто́новна Семёнова, – бухга́лтер. У меня́ есть брат. Его́ зову́т Ви́ктор. Ему́ 7 лет.

б) Сыгра́й роль Ни́ны. Отве́ть на вопро́сы.

Когда́ у тебя́ день рожде́ния? Где ты родила́сь? Ско́лько тебе́ лет? Кто твои́ роди́тели?
У тебя́ есть брат и́ли сестра́? Где ты живёшь? В како́й шко́ле, в како́м кла́ссе ты у́чишься?

12 Напиши́те.

а) Nutze die Mindmap (→ упр. 2) für einen Tagebucheintrag über deinen Geburtstag.

б) Jeder von euch schreibt auf ein leeres A4-Blatt alle wichtigen Angaben zu seiner Person auf (→ упр. 11). Sammelt die Blätter ein, mischt sie. Nun zieht jemand ein Blatt und beantwortet alle Fragen der Gruppe. Namen sind aber tabu. Wer zuerst die Person errät, zu der die Angaben gehören, darf das nächste Blatt ziehen.

fragen und sagen, wann und wo man geboren wurde	
Когда́ у тебя́ день рожде́ния? Когда́ ты роди́лся/родила́сь? Где ты роди́лся/родила́сь?	– У меня́ день рожде́ния весно́й, в апре́ле. – Я роди́лся (родила́сь) четвёртого апре́ля ты́сяча девятьсо́т девяно́сто седьмо́го го́да. – Я роди́лся (родила́сь) в го́роде Ту́ле.
fragen und sagen, welches Datum heute ist	
Како́е сего́дня число́?	– Сего́дня четвёртое апре́ля две ты́сячи деся́того го́да.

Приходи́ ко мне в го́сти!

jemanden einladen und auf eine Einladung reagieren | **jemanden vorstellen**
Verwunderung ausdrücken

1 Прослу́шай и прочита́й разгово́р ме́жду Дени́сом и его́ де́душкой.

Finde heraus, mit wem und wo Denis am 31.12. feiern möchte.
Suche nach dem 2. Hören die Textstelle, in der Denis seinem Opa eine Idee für den 31.12. erklärt.

Дени́с: Здра́вствуй, де́душка! У меня́ к тебе́ **про́сьба**.
Де́душка: Здра́вствуй, Дени́с! Кака́я у тебя́ про́сьба?
Дени́с: Ты **же** говори́л, что ты бу́дешь **встреча́ть Но́вый год** у твоего́ дру́га.
Де́душка: Но́вый год? Да, э́то так. А ты хо́чешь **отпра́здновать** его́ со мно́й?
Дени́с: Да нет. У меня́ така́я иде́я: я хочу́ **пригласи́ть одноκла́ссников** на Но́вый год. Ты же в **сосе́дней** кварти́ре… А мы бу́дем пра́здновать в твое́й кварти́ре.
Де́душка: Ах, вот кака́я у тебя́ иде́я…
Дени́с: Де́душка, пожа́луйста, **разреши́** нам. Всё бу́дет хорошо́. Ты же зна́ешь мои́х одноκла́ссников.
Де́душка: Ну ла́дно, разреша́ю.
Дени́с: Ура́! Большо́е спаси́бо, де́душка.

2 Отве́ть на вопро́сы.

Achte in deinen Antworten auf die Verben.

1. Где (у кого́) де́душка Дени́са бу́дет встреча́ть Но́вый год?
2. С кем Дени́с хо́чет отпра́здновать Но́вый год?
3. Где ты бу́дешь встреча́ть / пра́здновать Но́вый год?
4. С кем ты хо́чешь встре́тить / отпра́здновать Но́вый год?
5. Где и с кем ты хо́чешь отпра́здновать день рожде́ния? **Па́сху**? **Тро́ицу**? **Рождество́**?

Du weißt, dass im Deutschen und Englischen verschiedene Zeitformen verwendet werden.
Im Russischen gibt es zwei Verbformen (Aspekte), die diese Funktionen übernehmen, z. B. **встре́тить/встреча́ть, от/пра́здновать**.
Darüber wirst du in Zukunft noch mehr erfahren.

с тобо́й | с друзья́ми | до́ма | в гостя́х | у друзе́й | на дискоте́ке
с роди́телями | с ро́дственниками | с **сосе́дями** | в рестора́не | на **да́че**

3 Переведи́ и сравни́.

↗ G 24

Finde heraus, wie das (fehlende) Subjekt die Verbform beeinflusst.

Мы пра́зднуем Рождество́ 25 декабря́.
На́ши друзья́ пра́зднуют
Междунаро́дный же́нский день[1].
Наш класс всегда́ пра́зднует карнава́л.

На́ша семья́ пра́зднует Па́сху обы́чно до́ма.

В Росси́и пра́зднуют Рождество́ 7 января́.
8 ма́рта в Росси́и пра́зднуют
Междунаро́дный же́нский день.
В феврале́ во все́х города́х и деревня́х Росси́и
пра́зднуют Ма́сленицу[2].
В Росси́и то́же пра́зднуют Па́сху.

1 Internationaler Frauentag 2 Butterwoche (Woche vor Beginn der Großen Fastenzeit)

4 Прочита́й, как в Росси́и обы́чно встреча́ют Но́вый год.

Vergleiche das russische Neujahrsfest mit einer Silvesterfeier in Deutschland.

1 января́ в Росси́и пра́зднуют Но́вый год.
Дед Моро́з и Снегу́рочка прихо́дят
с пода́рками уже́ ве́чером 31 декабря́.
Вся семья́ обы́чно до́ма. До́ма **стои́т** ёлка.
Обы́чно в 22 часа́ все вме́сте у́жинают.
В 24 часа́ все говоря́т *С Но́вым го́дом!*
и пьют шампа́нское, смо́трят по телеви́зору
фейерве́рк в Москве́.
Ча́сто встреча́ют Но́вый год с друзья́ми.
Гуля́ют по го́роду.
На центра́льных площадя́х городо́в
стоя́т ёлки.

5 Прослу́шай разгово́р по телефо́ну и отве́ть на вопро́сы.

Lies vor dem Hören die Fragen und konzentriere dich auf die Antworten.

1. С кем Дени́с говори́т по телефо́ну?
2. Како́й у него́ вопро́с?
3. Ско́лько челове́к бу́дет на **вечери́нке**?

6 Запо́мни но́вые слова́ и выраже́ния.

Welche Wörter helfen dir, die Bedeutung der neuen Substantive und Adjektive zu erschließen?

встре́ча (Но́вого го́да)
новогóдний пода́рок
пасха́льные я́йца

приглаше́ние (на пра́здник, на Но́вый год, на день рожде́ния)
пра́здничный стол
рожде́ственская ёлка

7 Мы приглаша́ем госте́й. ↗ G 14

а) Напиши́ приглаше́ние. Nutze die Muster.

Тема | Приглашение

Привет, Макс!
Приглашаю тебя на новогодний праздник.
Мы будем встречать Новый год в квартире моего дедушки.
Приходи 31 декабря в 20 часов на улицу Чехова, д. 3, кв. 64.
Жду ответа. Денис

Тема | Приглашение

Олег, приглашаю тебя на день рождения!
Приходи ко мне в гости!
Лена ☺

Тема | Приглашение

Нина и Катя, приглашаю вас на вечеринку!
Приходите ко мне в субботу, 18 сентября, в 17 часов.
Саша

Тема | Приглашение

Дорогие родители!
Приглашаем Вас на праздник «Первый звонок».
Когда: 1 сентября 2010 года в 12 часов.
Где: гимназия № 16, ул. Жукова, 56.
Учителя и ученики

б) Разыгра́йте ми́ни-диало́ги.

8 Поигра́йте в *сне́жный ком.*

Wiederholt und ergänzt wie im Spiel *Ich packe einen Koffer* all das, was Denis' Freunde zur Party mitbringen.

Дени́с: **Таре́лки**, **ча́шки**, **стака́ны**, **ножи́**, **ви́лки**, **ло́жки** у де́душки есть.
Ка́тя **принесёт** торт, Макс и Ми́тя принесу́т минера́льную во́ду и лимона́д.

Ко́ля – ёлка, Тама́ра – гирля́нды, Ни́на – сала́т, Ла́ра – пирожки́, Оле́г – компа́кт-ди́ски и видеоди́ски

9 Неуже́ли разреши́ли?

Höre die Dialoge und achte darauf, wie die Eltern und Freunde ihre Verwunderung ausdrücken.

Па́па: Оле́г, **пра́вда**, что ты хо́чешь встре́тить Но́вый год с друзья́ми?
Оле́г: Да, Дени́с пригласи́л нас на Но́вый год в кварти́ру его́ де́душки.
Ма́ма: **Неуже́ли** его́ дедушка **согла́сен**? А я не согла́сна!

Ка́тя: Приве́т, И́ра! Ты уже́ зна́ешь, что я пойду́ на вечери́нку?
И́ра: Серьёзно? Мне в 13 лет э́то ещё не разреша́ли.

Ла́ра: Ма́ма, разреши́ мне пра́здновать Но́вый год с однокла́ссниками.
Ма́ма: А **ра́зве други́е** роди́тели не **про́тив**?

Ни́на: Я приглаша́ю тебя́ на конце́рт гру́ппы «Ко́рни».
Ко́ля: Вот э́то **сюрпри́з**! Неуже́ли у тебя́ два биле́та?

10 Прослу́шайте и прочита́йте, как Дени́с представля́ет де́душке однокла́ссников.

а) Schreibt nach dem Hören die Wendungen heraus, die für das Vorstellen gebräuchlich sind.

Дени́с: Де́душка, я хочу́ тебя́ **познако́мить** с мои́ми однокла́ссниками. Э́то на́ши де́вочки: Тама́ра, Ни́на, Ка́тя и Ла́ра.
Де́душка: О́чень **прия́тно**! Дени́с расска́зывал мне о вас.
Дени́с: А Ко́лю ты зна́ешь.
Де́душка: Да, Ко́лю я уже́ зна́ю.
Дени́с: Хочу́ тебя́ познако́мить и с Оле́гом, Ми́тей и Ма́ксом.
Де́душка: О́чень прия́тно.
Дени́с: Ребя́та, **познако́мьтесь**, пожа́луйста, э́то мой де́душка, Алекса́ндр Ива́нович.
Тама́ра: Нам о́чень прия́тно с ва́ми познако́миться, Алекса́ндр Ива́нович. Большо́е спаси́бо, что вы нам разреши́ли встре́тить Но́вый год в ва́шей кварти́ре.

б) Spielt Gespräche, in denen ihr die Rolle russischer Gäste und deutscher Gastgeber übernehmt. Stellt eure Freunde, Eltern oder Geschwister vor.

jemanden einladen	auf eine Einladung reagieren
– Приходи́ ко мне́ в го́сти! – Я приглаша́ю тебя́ на Но́вый год.	– Спаси́бо за приглаше́ние. Обяза́тельно приду́. (За́втра, к сожале́нию, не могу́.) – Большо́е спаси́бо за приглаше́ние.
jemanden vorstellen	
– Я хочу́ познако́мить тебя́ (вас) с мои́м дру́гом. Его́ зову́т Дени́с. – Познако́мьтесь, пожа́луйста, э́то мой де́душка, Алекса́ндр Ива́нович.	– О́чень прия́тно! – Нам (мне) о́чень прия́тно с ва́ми познако́миться.
Verwunderung ausdrücken	
– Неуже́ли он согла́сен (она́ согла́сна, они́ согла́сны)? – Ра́зве он (она́) э́то разреша́ет? Ра́зве они́ не про́тив?	– Вот э́то сюрпри́з!

С пра́здником!

jemandem gratulieren | **Glückwünsche formulieren**

1 Прочита́й поздравле́ния.

Finde heraus, wer wem zu welchem Anlass gratuliert und welche Wünsche geäußert werden.

Дорогая Танечка!
С Днём святого Валентина
поздравляю,
счастья и любви желаю,
радости и красоты,
я люблю тебя, а ты?
Твой Макс

Милые мои Машенька и Игорёк!
Сердечно поздравляю вас
с Новым годом, с новым счастьем!
Желаю вам всего хорошего:
счастья, любви, здоровья, удачи.
Ваш дядя Федя

Привет!

Милая моя мамочка!
Поздравляю тебя с праздником 8 Марта!
Желаю тебе здоровья, счастья, красоты,
успехов в работе.
Большое спасибо тебе за твою любовь.
Целую тебя крепко.
Твой Андрей

2 Переведи́ и сравни́.

а) Achte darauf, welcher Kasus auf die Verben *поздравля́ть* und *жела́ть* folgt.
Ordne den Verben die Fragewörter *кого́?* (Akk.), *кому́?* (Dat.), *с чем?* (Instr.), *чего́?* (Gen.) zu.

поздравля́ть
(Я) Поздравля́ю тебя́ с Но́вым го́дом!
(Мы) Поздравля́ем Вас с пра́здником!
Де́ти поздравля́ют ма́му с же́нским днём.

жела́ть
Жела́ю тебе́ **всего́ хоро́шего**, **здоро́вья**, **сча́стья и уда́чи**.
Жела́ем вам мно́го **успе́хов** в **учёбе** (в **рабо́те**).
Они́ жела́ют ма́ме **любви́**, **ра́дости** и **красоты́**.

б) Прочита́й ещё раз поздравле́ния (упр. 1). Отве́ть на вопро́сы.

1. С чем дя́дя Фе́дя поздравля́ет Ма́шу и И́горя?
2. Чего́ он жела́ет?
3. Кого́ Андре́й поздравля́ет с пра́здником 8 Ма́рта?
4. Кому́ Макс жела́ет сча́стья и любви́?

3 Ты э́то понима́ешь?

а) Nenne die (langen) Namen zu den Koseformen und bilde selbst Kosenamen.

Ле́н, Ир, Ю́р → **очка**

Та́н, Ва́н, Ю́л → **ечка**

Ма́ш, На́ст, Ми́ш → **енька**

Све́та, Ге́на, Ни́на, Сла́ва

Ва́ля, Же́ня, Зо́я, Со́ня

Ви́тя, Ми́тя, На́дя, Са́ша

б) Übersetze mögliche Formen der Anrede und des Abschlusses von Glückwunschkarten.

Дорого́й Сла́вочка!
Ми́лый Ми́тенька!

Дороги́е Же́нечка и Ви́тенька!
Ми́лая Све́точка!

Целу́ем тебя́.
Целу́ю **кре́пко**!

4 Поздра́вь ро́дственников и друзе́й.

а) Erzählt reihum, wem ihr gratuliert. Wiederholt dabei die Glückwünsche eurer Vorgänger.

Ли́за: ба́бушка – пра́здник Па́схи
Макс: ро́дственники – Тро́ица

Ларс: брат – день рожде́ния
Табе́а: де́душка – Рождество́

За́ра: подру́га – Но́вый год,
Тим: однокла́ссник – пра́здник

M *Ли́за:* Я поздравля́ю ба́бушку с Тро́ицей.
Ларс: Ли́за поздравля́ет ба́бушку с Тро́ицей, а я поздравля́ю бра́та с днём рожде́ния.

б) Schreibt auf leere A5-Blätter, wen ihr gern zu welchem Anlass beglückwünschen möchtet.

M Я поздравля́ю подру́гу с успе́хами по матема́тике.

хоро́шая отме́тка по ру́сскому языку́

успе́хи по матема́тике

призово́е ме́сто на олимпиа́де по фи́зике

кла́ссные результа́ты на городски́х соревнова́ниях по лёгкой атле́тике

в) Sammelt nun die Zettel ein. Lest sie nacheinander vor und erratet, wer die Glückwünsche formuliert hat.

M А́ня поздравля́ет подру́гу с успе́хами по матема́тике.

5 Чего́ ты жела́ешь роди́телям и́ли друзья́м?

Stell dir vor, du hast für deine Eltern oder Freunde drei Wünsche frei.

Жела́ю: любви́ · уда́чи · мно́го де́нег · ра́дости · кре́пкого здоро́вья · успе́хов · всего́ хоро́шего · большо́го сча́стья

M Я жела́ю роди́телям большо́го сча́стья, кре́пкого здоро́вья и мно́го ра́дости.

6 Пра́здники в Росси́и

Stellt einen russischen Feier- oder Gedenktag eurer Wahl näher vor.
Nutzt dazu das Internet oder andere Nachschlagewerke.

1 января́	– Но́вый год*
7 января́	– Рождество́ Христо́во*/**
13/14 января́	– Ста́рый Но́вый год
8–14 февраля́	– Ма́сленица**
14 февраля́	– День свято́го Валенти́на
23 февраля́	– День защи́тника Оте́чества*
8 ма́рта	– Междунаро́дный же́нский день*
4 апре́ля	– Па́сха**
1 ма́я	– Пра́здник Весны́ и Труда́*
9 ма́я	– День Побе́ды*
15 ма́я	– Всеми́рный день семьи́
23 ма́я	– Тро́ица**
24 ма́я	– День святы́х Кири́лла и Мефо́дия
1 ию́ня	– Междунаро́дный день защи́ты дете́й
12 ию́ня	– День Росси́и*
1 сентября́	– День зна́ний
4 ноября́	– День наро́дного еди́нства*
20 ноября́	– День ребёнка

So wie in Deutschland wird auch in Russland am 1. April viel gescherzt. Der 1. April heißt **День сме́ха**.

* **Госуда́рственные** пра́здники: Но́вый год, Рождество́ Христо́во, День защи́тника Оте́чества, Междунаро́дный же́нский день, Пра́здник Весны́ и Труда́, День Побе́ды, День Росси́и, День наро́дного еди́нства.

** **Церко́вные** (религио́зные) пра́здники: Рождество́ Христо́во, Ма́сленица, Па́сха, Тро́ица.

7 Как по-неме́цки и́ли по-англи́йски?

а) Findet deutsche oder englische Entsprechungen zu den russischen Glückwünschen.

С Но́вым го́дом! | С пра́здником! | С днём рожде́ния!

С пра́здником Па́схи! | С Рождество́м Христо́вым! | Всего́ хоро́шего!

б) Gratuliert euch gegenseitig zu verschiedenen Feiertagen.

8 Прослу́шай три разгово́ра и отве́ть на вопро́сы.

а) Lies vor dem Hören die folgenden Aussagen aufmerksam durch und konzentriere dich auf die entsprechenden Textpassagen.

Пра́вильно и́ли непра́вильно?	Пе́рвый разгово́р:	а) Алёша поздравля́ет А́ню с Но́вым го́дом. б) Алёша подари́л А́не ска́зки А́ндерсена.
	Второ́й разгово́р:	а) Они́ говоря́т об олимпиа́де по матема́тике. б) Городска́я олимпиа́да бу́дет в феврале́.
	Тре́тий разгово́р:	а) Ка́тя говори́т с ба́бушкой. б) Ка́тя получи́ла валенти́нку от И́горя. в) И́горь пригласи́л Ка́тю в кино́.

б) Прослу́шай разгово́ры ещё раз и напиши́ пра́вильные отве́ты в тетра́дь.

9 Прочита́й поздравле́ния с Днём свято́го Валенти́на.

Скажи́, каки́е валенти́нки тебе́ нра́вятся.

1. С Днём свято́го Валенти́на поздравля́ем!
   Сча́стья всей душо́й[1] жела́ем!

2. Жела́ю сча́стья в э́тот день,
   Тепла́ от всех, кто бу́дет ря́дом[2].

3. Све́та, я люблю́ тебя́!

4. С Днём влюблённых[3] поздравля́ю!
   Здоро́вья, ра́дости жела́ю.

5. Как хорошо́, что есть ты в э́том ми́ре[4]!
   Мне не страшны́ ни бу́ри, ни снега́[5].
   Ми́лый мой, Андре́й ,
   Хочу́ быть с тобо́ю всегда́!

1 hier: von ganzem Herzen 2 (Herzens)wärme von allen, die dich umgeben
3 der Verliebten 4 in dieser Welt 5 Ich fürchte weder Sturm noch Schnee.

10 Напиши́ поздрави́тельную откры́тку.

Schreibe und gestalte eine Glückwunschkarte auf Russisch,
z. B. zum Valentinstag,
zum Geburtstag,
zu Weihnachten.

jemandem gratulieren

(Я) Поздравля́ю тебя́ с днём рожде́ния!
Поздравля́ем вас с пра́здником (с пра́здником Па́схи, с Тро́ицей, с Рождество́м).
С пра́здником! С Но́вым го́дом!

Glückwünsche formulieren

Я жела́ю тебе́ (вам) здоро́вья, сча́стья, успе́хов и всего́ хоро́шего.
Всего́ хоро́шего!

Э́то я ужé умéю.

1 Прочитáй интернéт-сáйт Бáбы-ягú и помогú ей.

Lies die Homepage aufmerksam durch. Antworte auf die Fragen der Baba-Jaga.

www.novayababayaga.ru

http://www.novayababayaga.ru/

www.novayababayaga.ru

Привет всем, кто у меня на сайте!
Вот и я в Интернете. Как вам нравится мой веб-дизайн?
Хотите знать, кто я? Прочитайте мою анкету.

Фамилия:	не знаю
Имя:	Баба-яга
Отчество:	не знаю
Возраст:	много, много лет
Дата рождения:	26 июля
Место рождения:	лес[1] недалеко от Кукобоя
Почтовый адрес:	Ярославская область, деревня Кукобой, избушка на курьих ножках[2]
E-mail:	babayaga@skazki.ru
Хобби:	мой чёрный кот, летать в ступе[3], делать плохое
Большое желание:	праздновать день рождения

Помоги мне, пожалуйста! Я такая несчастная[4].
Я хочу отпраздновать мой день рождения, но я не знаю, как.
У меня нет мамы, нет папы… Но у меня много вопросов.
Когда и как праздновать?
Кого пригласить? Что приготовить[5]?
Пишите, жду.
Или приходите в гости!

1 Wald 2 Hexenhaus auf Hühnerfüßen 3 im Mörser fliegen 4 Ich bin so unglücklich. 5 kochen

2 Поздрáвьте Бáбу-ягý с днём рождéния.

а) Schreibe und gestalte eine Glückwunschkarte oder Geburtstags-Mail für sie.

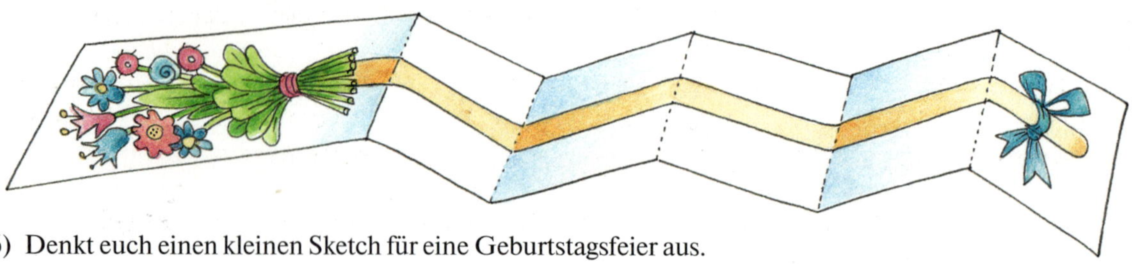

б) Denkt euch einen kleinen Sketch für eine Geburtstagsfeier aus.
Spielt diesen Sketch euren Mitschülern vor.

Э́то интере́сно.

1 Кто ты по зна́ку зодиа́ка?

Nenne dein Geburtsdatum und das dazugehörige Sternzeichen.

О́вен
(21 ма́рта – 20 апре́ля)

Теле́ц
(21 апре́ля – 21 ма́я)

Близнецы́
(22 ма́я – 21 ию́ня)

Рак
(22 ию́ня – 22 ию́ля)

Лев
(23 ию́ня – 23 а́вгуста)

Де́ва
(24 а́вгуста – 23 сентября́)

Весы́
(24 а́вгуста – 23 октября́)

Скорпио́н
(24 октября́ – 22 ноября́)

Стреле́ц
(23 ноября́ – 21 декабря́)

Козеро́г
(22 декабря́ – 20 января́)

Водоле́й
(21 января́ – 18 февраля́)

Ры́бы
(19 февраля́ – 20 ма́рта)

M Я родила́сь 11 апре́ля. По зна́ку зодиа́ка я О́вен.
Я роди́лся 6 а́вгуста. Я – Лев.

2 Прочита́йте и сравни́те.

P D

а) Diskutiert die Ergebnisse einer Umfrage, die in Russland durchgeführt wurde.

Како́й ваш люби́мый пра́здник?	Где вы бу́дете пра́здновать Но́вый год?	Что вы хоти́те подари́ть ро́дственникам на Но́вый год?
1. Но́вый год	1. до́ма	1. сувени́ры (ру́чки, блокно́ты, портмоне́…)
2. День рожде́ния	2. в гостя́х	2. конфе́ты, делика́тесы
3. Па́сха	3. в рестора́не, на дискоте́ке	3. игру́шки
4. Же́нский день (8 ма́рта)	4. на да́че	4. парфюме́рию, косме́тику
5. День Побе́ды (9 ма́я)	5. в пансиона́те, в до́ме о́тдыха	5. компа́кт-ди́ски, видеоди́ски
6. Рождество́	6. не бу́ду пра́здновать	6. цветы́

б) Holt die Meinung eurer Mitschüler, Eltern und Geschwister zu den Fragen ein und präsentiert sie. Welche Gemeinsamkeiten und Unterschiede stellt ihr fest?

Для экспе́ртов

1 Прочита́й поздравле́ния.

Расскажи́, в каки́х ситуа́циях они́ употребля́ются.

2 Расскажи́, как Ба́ба-яга́ пра́зднует новосе́лье.

Ordne die Wendungen den Bildern zu. Schreibe eine kleine Geschichte.

прийти́/приходи́ть в го́сти,
положи́ть/класть пода́рки в корзи́нку,
собра́ть/собира́ть буке́т цвето́в,
пригото́вить/гото́вить пра́здничный обе́д,
постуча́ть/стуча́ть в дверь,
накры́ть/накрыва́ть на стол,
получи́ть/получа́ть приглаше́ние на новосе́лье,
пове́сить/веша́ть гирля́нды

1

2

3

4

5

6

1. Was ist für dich in der Freizeit wichtig?
2. Was tun Kinder und Jugendliche im Sommer und im Winter gern?
3. Kannst du Gemeinsamkeiten und Unterschiede im Vergleich zu Deutschland feststellen?
4. Welche der dargestellten Freizeitangebote würden dir besonders gut gefallen und warum?

Чем ты занима́ешься в свобо́дное вре́мя?

nach Freizeitinteressen fragen und über sie sprechen	
Möglichkeiten und Fähigkeiten ausdrücken	sich verabreden

1 Прочита́й диало́г.

Finde heraus, für welche Sportart sich beide Mädchen interessieren und welchen Vorschlag Rita für den Abend macht.

Ла́ра: Ри́та, каки́е у тебя́ краси́вые по́стеры на **стене́**! Ты их **собира́ешь**?
Ри́та: Да, э́то моё хо́бби. А чем ты интересу́ешься?
Ла́ра: В свобо́дное вре́мя я занима́юсь спо́ртом. Я игра́ю в волейбо́л, а ещё я люблю́ ката́ться на **конька́х**. А ты **уме́ешь** ката́ться на конька́х?
Ри́та: Да, уме́ю. **Фигу́рное ката́ние** – э́то мой люби́мый вид спо́рта.
Ла́ра: Я о́чень интересу́юсь фигу́рным ката́нием и футбо́лом. А ты?
Ри́та: А я футбо́лом не интересу́юсь. А что ты ещё лю́бишь де́лать?
Ла́ра: Я люблю́ **гуля́ть** по го́роду и, коне́чно, **ходи́ть** по магази́нам, **встреча́ться** с друзья́ми. А ты?
Ри́та: Я то́же всё э́то люблю́. У нас о́чень хоро́шая **компа́ния**. Мы ча́сто хо́дим в кино́ и на вечери́нки. Там мы слу́шаем но́вые компа́кт-ди́ски, танцу́ем и поём **под карао́ке**. Сего́дня ве́чером мы **мо́жем пойти́** в го́сти к Бори́су.

2 Отве́ть на вопро́сы.

а) Пра́вильно и́ли непра́вильно?

Ри́та собира́ет откры́тки.
Ла́ра уме́ет игра́ть в волейбо́л и ката́ться на конька́х.
Люби́мый вид спо́рта Ри́ты – фигу́рное ката́ние.
В свобо́дное вре́мя Ла́ра лю́бит гуля́ть по го́роду и́ли встреча́ться с друзья́ми.
Ри́та не ча́сто хо́дит в кино́ и на вечери́нки.

б) Achte in deinen Antworten auf die Verben und die Kasus, die sie verlangen.

Чем интересу́ются Ри́та и Ла́ра?
Чем занима́ются Ри́та и Ла́ра?
Что Ри́та и Ла́ра лю́бят де́лать?

M Ри́та интересу́ется фигу́рным ката́нием, а Ла́ра – фигу́рным ката́нием и футбо́лом.

3 Расскажи́, что де́лают подру́ги в свобо́дное вре́мя.

Сыгра́й роль Ри́ты и́ли Ла́ры.

M *Ри́та:* Я собира́ю по́стеры. Э́то моё хо́бби. Мой люби́мый вид спо́рта – фигу́рное ката́ние. Я уме́ю ката́ться на конька́х. …

4 Разыгра́йте ми́ни-диало́ги.

Чем вы занима́етесь в свобо́дное вре́мя? Спроси́те и отве́тьте.

занима́ться чем? интересова́ться чем?
велоспо́рт, **пла́вание**, лёгкая атле́тика,
альпини́зм, виндсёрфинг
му́зыка (рок-му́зыка, кла́ссика, …)
матема́тика, фи́зика, литерату́ра (фэ́нтези, детекти́вы, …)
интересова́ться чем?
компью́тер, **мо́да**, косме́тика,
пое́здки, **экску́рсии**, **похо́ды**

люби́ть что де́лать?
сиде́ть в ча́те, ката́ться на конька́х,
ходи́ть на рок-конце́рты,
встреча́ться с друзья́ми,
собира́ть моне́ты, ма́рки,
ходи́ть по магази́нам, петь под карао́ке
путеше́ствовать
ходи́ть на экску́рсии (в похо́ды)

М
А: Чем (каки́м ви́дом спо́рта) ты интересу́ешься?
Б: Я интересу́юсь велоспо́ртом, а ты?

А: Чем ты занима́ешься в свобо́дное вре́мя?
Б: Я занима́юсь пла́ванием, а ты?

А: Что ты лю́бишь де́лать в свобо́дное вре́мя?
Б: Я люблю́ путеше́ствовать, а ты?
А: А я люблю́ встреча́ться с друзья́ми.

5 Сравни́ и переведи́.

↗ G 25

а) Achte darauf, wie Fähigkeiten und wie Möglichkeiten ausgedrückt werden. Formuliere eine Regel.

– Бори́с уме́ет игра́ть на гита́ре?
– Да, коне́чно, уме́ет. Он о́чень хорошо́ игра́ет на гита́ре.

– Сего́дня по́сле обе́да мы мо́жем ката́ться на конька́х?
– К сожале́нию, я не могу́. У меня́ нет вре́мени.

– Вы мо́жете мне сказа́ть, как э́то по-япо́нски?
– Нет, я не уме́ю говори́ть по-япо́нски.

– Ты мо́жешь **позвони́ть** мне сего́дня ве́чером?
– Да, могу́. Я позвоню́ тебе́ по́сле у́жина.

б) Finde und übersetze weitere Beispiele zum Ausdruck von Möglichkeiten oder Fähigkeiten (→ упр. 1).

6 Разыгра́йте ми́ни-диало́ги.

Что вы уме́ете де́лать? Спроси́те и отве́тьте.

М
– Ты уме́ешь ката́ться на конька́х?
– Да, я хорошо́ ката́юсь на конька́х, а ката́ться на сноубо́рде не уме́ю.

7 Допо́лни и напиши́ предложе́ния.

Begründe den Gebrauch von *мочь* und *уме́ть*.

– Кака́я у тебя́ краси́вая гита́ра! Ра́зве ты **?** игра́ть на гита́ре?
– Коне́чно, **?** . А ты?
– Нет, к сожале́нию, не **?** .

– Твои́ роди́тели **?** танцева́ть?
– Да, **?** . Они́ занима́ются в танцева́льном клу́бе.

– Алёна, у тебя́ есть кни́га «Незна́йка на Луне́[1]»?
– Есть. Я **?** дать тебе́ её почита́ть[2].

– Ребя́та, вы **?** прийти́ на вечери́нку?
– Нет, сего́дня не **?** . Мы пойдём в теа́тр.

– Кто **?** написа́ть мне а́дрес учи́теля?
– Я **?** . Дай мне ру́чку и́ли каранда́ш!

1 Mond 2 *сравни́* чита́ть

8 Прослу́шай разгово́р.

Скажи́, э́то Ники́та и́ли Же́ня?

Кто уме́ет ката́ться на скейтбо́рде?
Кто занима́ется ба́льными та́нцами?
Кто **трениру́ется** в танцева́льном кружке́?
Кто лю́бит смотре́ть видеокли́пы?
Кто танцу́ет с сестро́й в де́тской?

9 Прочита́й e-mail и отве́ть на вопро́сы.

а) Како́й пода́рок получи́л Фло́риан от Ми́ши? Како́й конце́рт Ми́ше о́чень понра́вился? Почему́?

Тема

Привет, Флориан!
Поздравляю тебя с днём рождения! Ты уже послушал новые песни рок-группы «Звери»? В Москве, когда мы были на их концерте, ты сказал, что тебе нравится их музыка. Ну и как тебе их новый диск?
В субботу моя подруга пригласила меня на концерт певицы МакSим.
Сначала я не хотел идти на концерт, потому что я не люблю поп-музыку.
Это был классный концерт. Марина очень хорошо поёт. А ты знаешь её?
Жду твоего ответа.
Миша

б) Тебе́ нра́вится росси́йская рок- и поп-му́зыка? Каки́е ру́сские **пе́сни** ты зна́ешь? Каки́х росси́йских **певцо́в** и **певи́ц**, каки́е росси́йские рок- и поп-гру́ппы ты уже́ зна́ешь?

10 Разыгра́йте диало́ги.

Macht Vorschläge für gemeinsame Freizeitaktivitäten. Reagiert darauf und verabredet euch.

M

– Хо́чешь пойти́ к Бори́су?
– Коне́чно, хочу́!
Кла́ссная иде́я!
– **Договори́лись!**

– Дава́й игра́ть в ша́хматы!
– Нет, к сожале́нию, я не уме́ю.
– О́чень жаль.

– Сего́дня ве́чером мы мо́жем пойти́ на вечери́нку.
Ты пойдёшь с на́ми?
– Да, с удово́льствием пойду́!
– **Ждём** тебя́ ве́чером в 6 часо́в.

11 Отве́ть на предложе́ния.

Reagiere auf folgende Vorschläge mit Zustimmung oder Ablehnung.

Ве́чером мы мо́жем посмотре́ть DVD.
Хо́чешь пойти́ к ба́бушке?
Сего́дня мы мо́жем пообе́дать у меня́.

M

– Дава́й пойдём в кино́!
– К сожале́нию, я не могу́. У меня́ нет вре́мени.

12 Переведи́.

Hilf beim Dolmetschen.

Markus: Lasst uns im Park Basketball spielen.
Зи́на: К сожале́нию, не могу́. У меня́ нет вре́мени. А ве́чером мы мо́жем пойти́ на конце́рт в Парк культу́ры.
Markus: Klasse! Das ist eine tolle Idee!
Зи́на: Жду тебя́ в 7 часо́в на остано́вке авто́буса *Парк культу́ры*.
Markus: Abgemacht, alles klar.

nach Freizeitinteressen fragen	über Hobbys Auskunft geben
– Чем ты интересу́ешься? – Чем ты занима́ешься в свобо́дное вре́мя?	– Я интересу́юсь фигу́рным ката́нием и футбо́лом. – В свобо́дное вре́мя я занима́юсь та́нцами.
Fähigkeiten und Möglichkeiten ausdrücken	
– Ты уме́ешь игра́ть в ша́хматы? – Ты мо́жешь (хо́чешь) пойти́ со мно́й на вечери́нку?	– Коне́чно, уме́ю. (Нет, к сожале́нию, не уме́ю.) – Да, могу́ (хочу́). С удово́льствием (пойду́). – Кла́ссная иде́я!
sich verabreden	
– Хо́чешь пойти́ к Бори́су?	– Коне́чно, хочу́! (С удово́льствием! Кла́ссная иде́я!) – Договори́лись!
– Когда́ и где мы **встре́тимся**?	– (Мы встре́тимся ве́чером) В 8 часо́в у теа́тра. – Жду тебя́.

Наши музыка́льные куми́ры

ein Idol beschreiben | sagen, was man als Nächstes tun wird

1 Прочита́й диало́г.

Отве́ть на вопро́сы. Како́го певца́ Ла́ра ещё не зна́ла?
Како́й компа́кт-диск есть у Ри́ты?

Ла́ра: Ри́та, у тебя́ в ко́мнате виси́т мно́го по́стеров. Э́то ва́ши **поп-звёзды**? Ты лю́бишь ру́сскую поп-му́зыку?
Ри́та: Коне́чно, люблю́. А вот мой **куми́р** Ди́ма Била́н.
Ла́ра: Ди́ма Била́н? Я его́ не зна́ю. В Герма́нии его́ **кли́пы** не пока́зывают по телеви́зору.
Ри́та: Он хоро́ший певе́ц и, **кро́ме того́**, о́чень **симпати́чный па́рень**. Хо́чешь его́ **послу́шать?**
Ла́ра: Да, хочу́. У тебя́ есть его́ CD?
Ри́та: Что за вопро́с? Смотри́, у меня́ есть, наприме́р, его́ **изве́стный альбо́м** «Вре́мя река́».

2 Разыгра́йте ми́ни-диало́ги.

Спроси́те и отве́тьте.

Кака́я му́зыка тебе́ нра́вится?	Мне нра́вится поп-му́зыка (рэп, рок, те́хно, хип-хо́п, хард-ро́к, шля́гер, фолькло́р, класси́ческая, духова́я му́зыка).
Кака́я му́зыка тебе́ **бли́же**?	Мне бли́же поп-му́зыка.
Каку́ю му́зыку ты не лю́бишь?	Я не люблю́ джаз.

3 Прослу́шай разгово́р и скажи́, кто фана́т «Ка́сты»?

Finde heraus, welche Beziehung Tanja und Oleg zur Musik haben.

Кто хо́чет пойти́ на конце́рт рэп-гру́ппы «Ка́ста»?	Та́ня и́ли Оле́г?
Кому́ не нра́вится рэп?	Та́не и́ли Оле́гу?
Кто игра́ет в анса́мбле на аккордео́не?	Та́ня и́ли Оле́г?
Кому́ **совреме́нная** му́зыка бли́же?	Та́не и́ли Оле́гу?

4 Прочита́й вслух и переведи́.

↗L2 ↗G15

а) Erschließe die deutsche Bedeutung der Wörter mit Hilfe deiner Wortbildungskenntnisse.

му́зыка:	музыка́льный инструме́нт, музыка́нт
слу́шать:	радиослу́шатель
петь:	певе́ц, певи́ца, пе́ние, пе́сня
кла́ссика:	кла́ссик, класси́ческая му́зыка

б) Bilde Wortgruppen mit diesen Wörtern. Schreibe sie in dein Heft.

M игра́ть на музыка́льном инструме́нте, хоро́ший музыка́нт, люби́ть му́зыку

5 Какóй он человéк?

а) Nenne Charaktereigenschaften eines Idols deiner Wahl.

M – Какóй он (онá) **человéк**?
– Он óчень симпати́чный пáрень и **талáнтливый** музыкáнт. (Онá óчень весёлая **дéвушка**).

человéк, пáрень/дéвушка, спортсмéн/спортсмéнка, певéц/певи́ца, музыкáнт, **актёр/актри́са**

реши́тельный
симпати́чный
скрóмный
спорти́вный
темперáментный
хорóший
акти́вный
весёлый
интерéсный
извéстный
краси́вый
общи́тельный
оптимисти́чный
откры́тый
популя́рный

Mit dem Präfix **не-** kannst du weitere Adjektive bilden.

б) А какóй человéк твоя́ подрýга (твой друг)?

6 Расскажи́те о вáших музыкáльных куми́рах.

а) Stellt euch gegenseitig eure Musikidole vor. Nutzt die Übersicht.

Нáши куми́ры

игрáть, петь где?
в + Präp.: грýппа, ансáмбль

кто?
и́мя, фами́лия, люби́мый певéц, популя́рная певи́ца, извéстная грýппа, рóкер, рэ́пер

игрáть на чём?
пиани́но, электрогитáра, флéйта, ки́борд, скри́пка, удáрный инструмéнт

фáкты из биогрáфии
где роди́лся (родилáсь), где живёт, профéссия, хóбби

Какóй он/онá человéк?
весёлый, хорóший, симпати́чный, …

б) Stelle eine andere bekannte Person (z. B. Sportler, Schauspieler) vor. Gestalte dazu in deinem Hefter eine Mindmap und sprich anschließend dazu.

в) Spielt ein Interview. Übernehmt dabei abwechselnd die Rollen der bekannten Personen und des Interviewers. Nutzt eure Mindmaps.

M – Где вы роди́лись? – Я роди́лся (родилáсь) в…
– Где вы живёте? … – Я сейчáс живý в…

7 Сравни́. ↗ G 26, 27

а) Finde heraus, worin sich die Sätze unterscheiden.
Richte deine Aufmerksamkeit auf die Abgeschlossenheit und die Aufeinanderfolge der zukünftigen Handlungen.

б) Übertrage den Zeitstrahl in dein Heft und ergänze die Tätigkeiten für Boris im Infinitiv.

снача́ла	по́сле э́того/пото́м

M *На́стя:* посмотре́ть видеофи́льм — погуля́ть по го́роду
Бори́с: ? — ?

8 Что И́горь бу́дет де́лать по́сле шко́лы? ↗ G 27

Sage, was andere Personen nacheinander tun werden. Nutze auch folgende Verben.

M *А:* Что И́горь бу́дет де́лать по́сле шко́лы?
Б: Снача́ла он вы́учит уро́ки, а пото́м напи́шет письмо́.

написа́ть/писа́ть
сде́лать/де́лать
вы́учить/учи́ть
позвони́ть/**звони́ть**
поигра́ть/игра́ть

9 Разыгра́йте ми́ни-диало́ги.

Что вы бу́дете де́лать по́сле шко́лы (в суббо́ту, в воскресе́нье)? Спроси́те и отве́тьте.

M *А:* Что ты бу́дешь де́лать по́сле шко́лы?
Б: Снача́ла я позвоню́ дру́гу, по́сле э́того посмотрю́ телеви́зор, а пото́м поигра́ю на компью́тере.

10 Поигра́йте в Сне́жный ком.

Wiederholt und ergänzt wie im Spiel *Ich packe einen Koffer*. Wer merkt sich den längsten Satz?

M Что ты бу́дешь де́лать послеза́втра ве́чером ?
Послеза́втра ве́чером я снача́ла вы́учу но́вые слова́.
Послеза́втра ве́чером я снача́ла вы́учу но́вые слова́, а пото́м позвоню́ Фе́ликсу.
Послеза́втра ве́чером я снача́ла вы́учу но́вые слова́,
позвоню́ Фе́ликсу, а пото́м напишу́ письмо́…

11 Расскажи́, на како́й конце́рт ты пойдёшь.

а) Auch in Russland sind Oldies in.
Informiere deinen Freund/deine Freundin über die angekündigte Veranstaltung.
Отве́ть на вопро́сы.

Когда́ и где бу́дет конце́рт?
Како́й э́то конце́рт?
Когда́ начина́ется конце́рт?

б) Erzähle, in welches Konzert du demnächst gehen möchtest.

Расскажи́,
– кто?
– когда́?
– где?
– с кем?
– ско́лько сто́ит биле́т?

12 Дава́йте поговори́м о на́ших куми́рах!

P ↗L 14

Gestaltet Schautafeln zu euren Musikidolen.
Stellt den anderen euer Ergebnis vor und sprecht dazu.

Informationen zu einer berühmten Person einholen	ein Idol beschreiben
Расскажи́(те) о твоём куми́ре (ва́ших куми́рах).	Э́то популя́рный росси́йский певе́ц/изве́стный спортсме́н. Э́то популя́рная росси́йская певи́ца/изве́стная спортсме́нка.
Како́й он (она́) челове́к?	Он (она́) весёлый челове́к (она́ симпати́чная де́вушка).
fragen, was man tun wird	**sagen, was man als Nächstes tun wird**
Что ты бу́дешь де́лать по́сле шко́лы (в суббо́ту)?	Снача́ла я вы́учу уро́ки, а пото́м (по́сле э́того) позвоню́ Све́те.

Как провести́ свобо́дное вре́мя?

um Erlaubnis bitten und Verbote formulieren | **Aussagen zum Befinden machen** | **Konzertkarten kaufen**

1 Прочита́й текст.

Чем Серге́й бу́дет занима́ться на э́той неде́ле?

пн	вт	ср	чт	пт	сб	вс
хор	играть на гитаре	купить билеты	кружок математики помочь папе	волейбол	убирать комнату базар рок-концерт	день рождения у бабушки

В понеде́льник Серге́й поёт в хо́ре. Он о́чень музыка́льный ма́льчик.
Во вто́рник он вме́сте с дру́гом у́чится игра́ть на гита́ре.
В сре́ду ему́ **на́до купи́ть** биле́ты на рок-конце́рт.
В четве́рг Серге́й занима́ется в кружке́ матема́тики. На э́той неде́ле ему́ на́до **помо́чь** па́пе на да́че.
В пя́тницу Серге́й бу́дет игра́ть в волейбо́л.
В суббо́ту у́тром Серге́ю на́до **убира́ть** ко́мнату, а пото́м ему́ с па́пой на́до пое́хать на база́р. Им на́до купи́ть фру́кты. Ве́чером он с подру́гой хо́чет пойти́ на рок-конце́рт.
В воскресе́нье семья́ пойдёт к ба́бушке на день рожде́ния.

2 Прочита́й и сравни́.

↗ G 29

Wie drückt man aus, dass jemand etwas tun muss? Finde weitere Satzbeispiele (→ упр.1).

На уро́ках ру́сского языка́ (нам) всегда́ на́до учи́ть но́вые слова́.
Ка́ждый день (нам) на́до де́лать уро́ки.

Ве́чером мне на́до вы́учить но́вые слова.
За́втра ему́ на́до сде́лать уро́ки.

3 Что тебе́ на́до де́лать?

а) Bilde mit den Wortgruppen sinnvolle Sätze.

M По́сле шко́лы мне на́до де́лать уро́ки.

по́сле шко́лы, на уро́ке, до́ма, в ко́мнате, в кла́ссе, в… час (часа́, часо́в), в суббо́ту	**(кому́?) на́до**	де́лать уро́ки, позвони́ть де́душке, купи́ть биле́ты на конце́рт, убира́ть ко́мнату, прочита́ть текст, сде́лать бутербро́ды

б) Fragt und antwortet, was ihr tun müsst.

4 Прочита́й и переведи́. ↗ G 31

Finde heraus, wie man fragen und sagen kann, ob man etwas tun darf oder nicht.

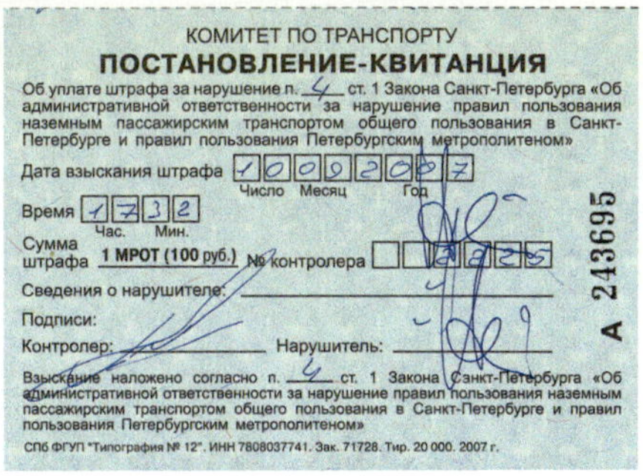

КОМИТЕТ ПО ТРАНСПОРТУ

ПОСТАНОВЛЕНИЕ-КВИТАНЦИЯ

Об уплате штрафа за нарушение п. 4 ст. 1 Закона Санкт-Петербурга «Об административной ответственности за нарушение правил пользования наземным пассажирским транспортом общего пользования в Санкт-Петербурге и правил пользования Петербургским метрополитеном»

Дата взыскания штрафа 10092007 (Число Месяц Год)

Время 1732 (Час. Мин.)

Сумма штрафа 1 МРОТ (100 руб.) № контролера 3225

Сведения о нарушителе:

Подписи:

Контролер: Нарушитель:

Взыскание наложено согласно п. 4 ст. 1 Закона Санкт-Петербурга «Об административной ответственности за нарушение правил пользования наземным пассажирским транспортом общего пользования в Санкт-Петербурге и правил пользования Петербургским метрополитеном»

СПб ФГУП "Типография № 12". ИНН 7808037741. Зак. 71728. Тир. 20 000. 2007 г.

А 243695

– Здесь **мо́жно** фотографи́ровать?
– Нет, в метро́ **нельзя́** фотографи́ровать.

– Здесь мо́жно ката́ться на велосипе́де?
– Нет, нельзя́.

– Мо́жно **жева́ть жва́чку** на уро́ке?
– Нет, нельзя́.

5 Разыгра́йте ми́ни-диало́ги.

Что здесь мо́жно де́лать, а что нельзя́ де́лать? Спроси́те и отве́тьте.

игра́ть в волейбо́л
игра́ть в футбо́л
смотре́ть телеви́зор

слу́шать MP3-пле́ер
звони́ть (друзья́м) по моби́льнику

танцева́ть
ката́ться на ро́ликах
есть моро́женое

M
– Мо́жно во вре́мя уро́ка звони́ть по моби́льнику?
– Нет, нельзя́ (Нет, во вре́мя уро́ка нельзя́ звони́ть по моби́льнику).

6 Что мо́жно де́лать на уро́ках, а что нельзя́?

Stimmen diese Regeln auch für euren Unterricht?
Welche Regeln gelten sonst noch für euren Unterricht?

Мо́жно чита́ть, но нельзя́ игра́ть в ка́рты!
Мо́жно писа́ть, но нельзя́ болта́ть[1].
Мо́жно счита́ть[2], подска́зывать[3] нельзя́!
Звони́ть по моби́льнику и де́лать глу́пости[4] нельзя́!
А УЧИ́ТЬСЯ НА́ДО ВЕ́СЕЛО!

1 schwatzen 2 zählen 3 vorsagen 4 Blödsinn machen

7 Прочита́й и переведи́.

Назови́ ча́сти те́ла[1] по-неме́цки.

1 Körperteile

8 Как ты себя́ чу́вствуешь?

а) Bilde Sätze mit Hilfe der Abbildungen.

M У меня́ боли́т го́рло.
Я **чу́вствую себя́** пло́хо.

– Как он себя́ чу́вствует?
– Он чу́вствует себя́ о́чень пло́хо.

Она́ чу́вствует себя́ о́чень хорошо́!

б) Spielt pantomimisch vor, was euch weh tut. Gebt die passende Antwort.

M

9 Прочита́й диало́г и отве́ть на вопро́сы.

Wer kann leider nicht mitgehen? Welchen Grund gibt es dafür?
Welche Karten kauft Sergej? Wie teuer ist so eine Karte?

В кла́ссе

Серге́й: Марк, ты пойдёшь со мно́й в суббо́ту на конце́рт *Tokio Hotel*?
Марк: Что за вопро́с? Коне́чно, с удово́льствием пойду́! А Ле́на?
Серге́й: Ле́на не мо́жет пойти́. Она́ пло́хо себя́ чу́вствует.

У ка́ссы

Серге́й: Здра́вствуйте! Да́йте мне, пожа́луйста, два биле́та на конце́рт рок-гру́ппы *Tokio Hotel*, на **стоя́чие места́**.
Касси́р: На суббо́ту и́ли на пя́тницу?
Серге́й: На суббо́ту.
Касси́р: Вот, пожа́луйста. **Тебе́ повезло́**. Э́то **после́дние** биле́ты.
Серге́й: Класс! Ско́лько они́ сто́ят?
Касси́р: Шесть ты́сяч восемьсо́т рубле́й.

10 Скажи́ по-ру́сски. ↗ L 9

Sage, dass

- du ins Konzert von … gehen möchtest, dieses Konzert am … um … Uhr stattfindet,
- du noch Karten kaufen musst,
- du mit deiner Freundin/deinem Freund ins Konzert gehst,
- Thomas nicht mitgehen kann, weil er Halsschmerzen hat,
- du heute noch ins Museum gehst.

Frage,

- ob es Karten für das Konzert von … gibt,
- ob man die Konzertkarten auch im Internet kaufen kann,
- wann das Konzert beginnt,
- was eine Karte für einen Stehplatz kostet,
- ob man während des Konzerts fotografieren darf.

um Erlaubnis bitten	Erlaubnis/Verbote formulieren
Извини́те, мо́жно здесь фотографи́ровать?	Да, мо́жно. (Нет, нельзя́.) Да, коне́чно, мо́жно. Нет, к сожале́нию, нельзя́.
nach dem Befinden fragen	**Aussagen zum Befinden machen**
Как ты себя́ чу́вствуешь? Что у тебя́ боли́т? У тебя́ боли́т нога́?	Я чу́вствую себя́ пло́хо (хорошо́). У меня́ боли́т зуб. Да, у меня́ боли́т нога́.
Konzertkarten kaufen	
Да́йте мне, пожа́луйста, два биле́та на конце́рт рок-гру́ппы *Tokio Hotel*, на суббо́ту. Ско́лько сто́ит биле́т на стоя́чее ме́сто?	

Э́то я уже́ уме́ю.

1 Расскажи́, что мо́жно де́лать в свобо́дное вре́мя.

Nutze folgende Aktivitäten und Satzbausteine und berichte über die Freizeitgestaltung Jugendlicher. Nutze dafür auch die Einstiegsseite.

- **игра́ть** в волейбо́л (в футбо́л, в бадминто́н, в те́ннис, в ка́рты, на компью́тере)
- **ката́ться** на велосипе́де (на скейтбо́рде, на ро́ликах, на сноубо́рде, на лы́жах, на конька́х)
- **игра́ть** на музыка́льном инструме́нте (на гита́ре, на пиани́но)
- **слу́шать** му́зыку (пе́сни, ди́ски)
- **смотре́ть** телеви́зор (ви́део, видеоди́ски = DVD, фильм)
- **чита́ть** кни́ги (журна́лы, стихи́, детекти́вы, фэ́нтези)
- **писа́ть** пи́сьма (электро́нные пи́сьма, стихи́)
- **сиде́ть** в Интерне́те (в ча́те)
- **занима́ться** спо́ртом (фигу́рным ката́нием, пла́ванием, велоспо́ртом, уро́ками)
- **ходи́ть** на экску́рсии (в похо́ды, по го́роду, по магази́нам, на конце́рты, на вечери́нки)
- **идти́** на конце́рт (в похо́д , на вечери́нку)
- **встреча́ться** с друзья́ми
- **петь** пе́сни под гита́ру (петь под карао́ке)
- **путеше́ствовать**

Satzbausteine: и, и́ли, наприме́р, но, ка́ждый день, ча́сто, ре́дко[1], в понеде́льник, у́тром, днём, ве́чером, в…час (часа́ ,часо́в) по́сле уро́ка, по́сле уро́ков

[1] selten

2 Что вы де́лаете в свобо́дное вре́мя?

Bereitet eine Präsentation vor, in der ihr die Freizeitinteressen der Schüler eurer Klasse erfasst. Nutzt folgende Fragen, aber auch die Einstiegsseite, Fotos, Poster und Videos.

Чем вы лю́бите занима́ться в свобо́дное вре́мя? Что вы уме́ете де́лать? С кем вы э́то де́лаете?

M По́сле уро́ков То́мас лю́бит сиде́ть в Интерне́те. Нади́н уме́ет игра́ть на гита́ре. Она́ занима́ется в музыка́льной шко́ле…

3 В пя́тницу мы пойдём на конце́рт!

P

а) Plant einen Konzertbesuch mit euren Freunden. Einigt euch zunächst darüber, zu welcher Band oder welchen Künstlern ihr gehen wollt. Nennt eure Interessen auf Russisch.

б) Entwerft ein Poster zum Konzert eurer Wahl sowie die Eintrittskarten dazu. Beschriftet sie mit den notwendigen Angaben zu Ort, Zeit, usw.

в) Überlegt, wo ihr die Eintrittskarten kauft. Gestaltet dazu die Kauf- bzw. Erwerbssituation in einem Dialog nach. Nutzt die Poster und Eintrittskarten aus б) für die Ausgestaltung des Gesprächs.

г) Achtet bei der Planung des Konzertbesuchs darauf, was getan werden muss und was man nicht tun darf. Nutzt dazu die Formen *на́до/нельзя́* und das Wörterbuch. Schreibt alles auf.

Э́то интере́сно.

1 Прочита́й биогра́фию.

а) Bevor du liest, schlage folgende Wörter nach und erschließe ihre Bedeutung.
Welche dieser Wörter sind dir bereits aus dem Englischen bekannt?

спортшко́ла, голки́пер, футбо́льная акаде́мия, кома́нда,
матч, росси́йская ли́га, национа́льная сбо́рная, реа́кция

б) Finde wichtige Angaben zur Person heraus.

И́горь Влади́мирович Акинфе́ев

И́горь Влади́мирович Акинфе́ев роди́лся 8 апре́ля 1986 го́да недалеко́ от Москвы́, в го́роде Ви́дное. Ма́ленький ма́льчик о́чень люби́л игра́ть в футбо́л. В семь лет ма́льчик на́чал учи́ться в спо́ртшко́ле. И́горь сра́зу встал в воро́та[1]. В 16 лет ю́ный голки́пер зако́нчил[2] футбо́льную акаде́мию моско́вского ЦСКА[3].
В 2002 году́ Акинфе́ев на́чал игра́ть в кома́нде ю́ношеской и молодёжной сбо́рных[4] Росси́и. В 2003 году́ И́горь в кома́нде ЦСКА уда́чно[5] сыгра́л[6] в ма́тче на Ку́бок[7] росси́йской ли́ги.
Он – голки́пер национа́льной кома́нды. 28 апре́ля 2004 го́да И́горь пе́рвый раз игра́л за национа́льную сбо́рную[8].
Он до́брый, че́стный[9] и откры́тый молодо́й челове́к.
Сего́дня И́горь стал куми́ром для мно́гих фана́тов.

1 Tor 2 *сравни́* конча́ть
3 Abk. für: Центра́льный Спорти́вный Клуб А́рмии – Zentraler Sportclub der Armee
4 Junioren- und Jugendmannschaft
5 erfolgreich 6 *сравни́* игра́л
7 Pokal 8 Nationalmannschaft 9 ehrlich

2 Прочита́йте и сравни́те.

а) Lest die Umfrageergebnisse zu den am häufigsten besuchten Sportveranstaltungen in Russland.

б) Organisiert eine ähnliche Umfrage in eurer Klasse.
Welche Unterschiede und Gemeinsamkeiten könnt ihr im Vergleich zu Russland feststellen?

Ре́йтинг в Росси́и

1. футбо́л	43 %
2. хокке́й	17 %
3. баскетбо́л	16 %
4. те́ннис	12 %
5. волейбо́л	9 %
6. фигу́рное ката́ние	6 %
7. дзюдо́	4 %
8. худо́жественная гимна́стика	4 %
9. пла́вание	4 %
10. бокс	3 %
11. спорти́вная гимна́стика	2 %
12. биатло́н	2 %
други́е	22 %

Для экспе́ртов

1 Прочита́й текст, а пото́м расскажи́, что ты узна́л(а) о Ди́ме Била́не.

а) Finde Aussagen zu seiner Schulzeit und zu seiner Karriere als Musiker.

Ди́ма Била́н (э́то псевдони́м, его́ зову́т Ви́ктор Бела́н) роди́лся 24 декабря́ 1981 го́да в Карача́ево-Черке́сии. 5 лет он жил с роди́телями и сестро́й у ба́бушки в Татарста́не. Пото́м они́ жи́ли в Кабарди́но-Балка́рии. Там он ходи́л в шко́лу. В шко́ле на пра́здниках Ви́те о́чень нра́вилось чита́ть стихи́ и петь пе́сни. Пото́м бы́ли де́тские ко́нкурсы, фестива́ли и конце́рты. Когда́ Ви́тя учи́лся в деся́том кла́ссе, он в пе́рвый раз прие́хал в Москву́. Он уча́ствовал в фестива́ле *Чу́нга–Ча́нга*.
По́сле оконча́ния шко́лы он учи́лся в музыка́льном учи́лище.
По вечера́м Ви́ктор рабо́тал в магази́не Benetton.
На тре́тьем ку́рсе Ди́ма Била́н познако́мился со свои́м пе́рвым продю́сером. Ди́му пригласи́ли в сту́дию. Там он неплохо́ чита́л стихи́ и пел пе́сни.
С 2003 го́да Била́н занима́лся на факульте́те актёрского мастерства́.
Сейча́с его́ семья́ живёт в Москве́.
Его́ изве́стные альбо́мы: *Я ночно́й хулига́н*, *На берегу́ не́ба* и *Вре́мя река́*.

б) Отве́ть на вопро́сы.

Кто тако́й Ди́ма Била́н?
Когда́ и где роди́лся Ви́ктор Бела́н?
Где он жил в де́тстве?
Где он сейча́с живёт?
Когда́ он пе́рвый раз был в Москве́?
Где Ди́ма учи́лся по́сле шко́лы?
Чем он занима́лся по вечера́м?
Как называ́ются его́ изве́стные альбо́мы?

в) Stelle deinen Mitschülern weitere russische Musiker vor.
Beziehe in deinen Vortrag Bildmaterial und Musikbeispiele ein.

2 Прослу́шайте пе́сню Ди́мы Била́на.

а) Findet eine passende Überschrift.

б) Versucht, den wesentlichen Inhalt in deutscher Sprache wiederzugeben.

У тебя́ сего́дня день рожде́ния,
Люби́мая моя́, и я тебе́ жела́ю,
Что́бы всё-таки сбыли́сь твои́ мечты́
И всё, что хо́чешь ты, но я тебя́ теря́ю.

Ну дава́й поговори́м наедине́,
Ты подойди́ ко мне́,
Ведь мы же не чужи́е.
Расскажи́ мне, почему́ же вы́шло так,
Но вро́де бы пустя́к,
А мы совсе́м други́е.

Я бессмы́сленно меня́ю города́,
Меня́ю имена́ и жизнь свою́ меня́ю.
Расскажи́ мне, почему́ же вы́шло так,
Но вро́де бы пустя́к, а я тебя́ теря́ю.

Припев:
Поздравля́ю с днём рожде́ния тебя́!
Умоля́ю, будь счастли́вей меня́!
И я зна́ю, не завя́нут цветы́.
Оставля́ю в се́рдце на́ши мечты́.

УРОК 5 Ура́, у нас кани́кулы!

1. Was machst du in den Ferien lieber, zu Hause bleiben oder verreisen? Begründe deine Antwort.
2. Womit beschäftigst du dich, wenn du in den Ferien zu Hause bleibst? Fertige eine Mindmap an.
3. Welche Orte sind bei dir mit den schönsten Reiseerinnerungen verbunden?
4. Wenn du deine Ferien in Russland verbringen könntest, was würdest du am liebsten sehen und unternehmen? Notiere deine Vorstellungen und finde Angebote dazu im Internet.

Как провести́ кани́кулы?

nach Reiseplänen fragen und Auskunft darüber geben

Aussagen einer anderen Person wiedergeben | **etwas begründen**

1 Прослу́шай разгово́р.

Расскажи́ по-неме́цки, что ребя́та из Москвы́ бу́дут де́лать на кани́кулах.

Auch in Russland freuen sich die Schüler auf ihre Ferien.
In den letzten Tagen vor den Ferien kann man oft die Frage hören:
Ребя́та, как вы бу́дете **проводи́ть кани́кулы?**

– На кани́кулах я хочу́ пое́хать к мое́й тёте в Санкт-Петербу́рг. Я **всегда́** хоте́ла **побыва́ть** в э́том го́роде. Тётя **обеща́ла показа́ть** мне го́род, **походи́ть** со мной по музе́ям и по магази́нам.

– Мой па́па обеща́л **взять** меня́ **с собо́й** в командиро́вку в Ирку́тск. Здо́рово, пра́вда? **Байка́л**, **Сиби́рь**! Рома́нтика!

– А я **оста́нусь** в Москве́. Мои́ роди́тели хотя́т де́лать **ремо́нт** в кварти́ре. Я бу́ду им помога́ть. Но **на** футбо́л и на компью́тер, ду́маю, вре́мя оста́нется.

– И я снача́ла оста́нусь до́ма. Ко мне́ прие́дет в го́сти подру́га из Ганно́вера. Ли́нда сказа́ла, **что** о́чень хо́чет посмотре́ть, как мы живём. Две неде́ли мы бу́дем в Москве́, а пото́м пое́дем в **авто́бусный тур** по «Золото́му кольцу́».

2 Как ребя́та бу́дут проводи́ть кани́кулы?

↗ G 32

а) Gib die Aussagen von Oleg und Lena aus Übung 1 wieder. Sage, ob sie verreisen oder zu Hause bleiben werden.

M Ма́ша сказа́ла, <u>что</u> она́ хо́чет пое́хать в Санкт-Петербу́рг.
А Анто́н сказа́л, <u>что</u> он оста́нется в Москве́.
А что сказа́ли Оле́г и Ле́на?

б) Erzähle, was Lena noch für ihre Ferien geplant hat.
Du kannst so beginnen:

Ле́на сказа́ла, <u>что</u> к ней в го́сти прие́дет подру́га из Ганно́вера.
Две неде́ли …

Санкт-Петербу́рг

3 Прочита́й.

Что Анто́н написа́л Ма́ше?

Тема: Привет из Москвы

Привет, Машка!

Спасибо за e-mail. С погодой тебе повезло! В Москве, к сожалению, уже третий день **хо́лодно**, как осенью. Идёт **дождь** и **ду́ет си́льный ве́тер**. Температура только 17 градусов. Ты хочешь знать, что я делаю в **таку́ю** погоду? Сижу в Интернете, иногда смотрю телевизор или слушаю музыку. Помогаю родителям делать ремонт. Что ещё можно делать в **плоху́ю** погоду? :- (
Ах да! **Чуть не забы́л**! Вчера я ходил в бассейн. **Когда́** я шёл домой, **встре́тил** Лену и Линду. Большой привет тебе от них.

Пока! Антон

4 Расскажи́ о пого́де.

а) Что написа́ли Ма́ша и Анто́н о пого́де (→ упр. 1 и 3)?

Ты мо́жешь нача́ть так: Ма́ша написа́ла, что в Санкт-Петербу́рге о́чень хоро́шая пого́да. …

б) Посмотри́ в окно́ и отве́ть на вопро́сы.

Кака́я у вас сего́дня пого́да?
Как ты ду́маешь, кака́я на у́лице температу́ра?

5 Кака́я пого́да бу́дет за́втра в Москве́?

Höre zu und lies still mit. Gib den Inhalt auf Deutsch wieder.

За́втра бу́дет не о́чень хоро́шая пого́да.
Со́лнце не бу́дет свети́ть.
Бу́дет идти́ дождь, и дуть **сла́бый** ве́тер.
Хо́лодно не бу́дет, но и тепло́ то́же не бу́дет.
Температу́ра бу́дет 15–16 гра́дусов.
А **но́чью** бу́дет **гроза́**.

6 Разыгра́йте ми́ни-диало́ги.

Посмотри́те на метеока́рте в Интерне́те, кака́я пого́да бу́дет в города́х Росси́и. Спроси́те и отве́тьте. Die aktuelle Wetterlage kannst du unter www.pogoda.ru finden.

М
– Кака́я пого́да бу́дет за́втра в Москве́?
– За́втра в Москве́ бу́дет не о́чень хоро́шая пого́да.
Бу́дет идти́ дождь. Температу́ра бу́дет 15 гра́дусов.

7 Сравни́.

Мо́жно kennst du schon aus Lektion 4. Finde eine weitere Bedeutung dieses Wortes heraus.

На у́лице хо́лодно. Идёт **снег**, и ду́ет си́льный ве́тер.
Es ist kalt draußen. Es schneit und ist sehr stürmisch.

В таку́ю плоху́ю пого́ду мо́жно смотре́ть телеви́зор и́ли сиде́ть в Интерне́те.
Bei so schlechtem Wetter kann man fernsehen oder im Internet surfen.

8 Дай сове́т.

Скажи́, что мо́жно де́лать в хоро́шую пого́ду и в плоху́ю пого́ду.

В хоро́шую пого́ду В плоху́ю пого́ду	мо́жно	чита́ть, гуля́ть по го́роду, сиде́ть в ча́те, ката́ться на скейтбо́рде, ходи́ть в похо́ды, писа́ть пи́сьма, игра́ть в те́ннис, ходи́ть в бассе́йн, сиде́ть до́ма, пла́вать в о́зере, ходи́ть по магази́нам, …

9 Опиши́ пого́ду.

Скажи́, что мо́жно де́лать в таку́ю пого́ду. Ты мо́жешь нача́ть так:

M На у́лице хо́лодно. Идёт снег.

10 Переведи́ и сравни́. ↗G 30

Lena bereitet sich auf ihre Reise vor. Finde heraus, wie sie zum Ausdruck bringt, dass sie etwas unbedingt tun muss bzw. tun musste.

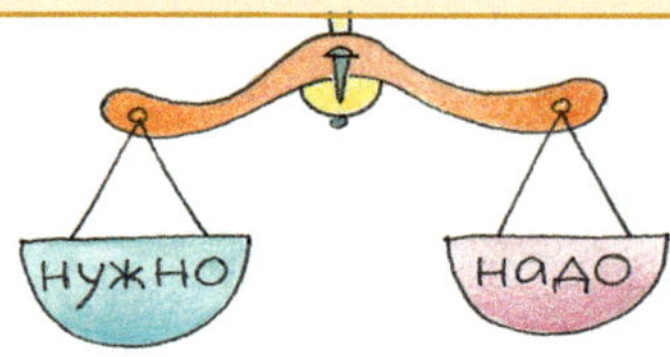

Beide Wörter drücken eine Notwendigkeit aus.

Вчера́ мне <u>ну́жно бы́ло позвони́ть</u> в турбюро́.
Сего́дня мне обяза́тельно <u>ну́жно купи́ть</u> но́вый рюкза́к.
Чуть не забы́ла! За́втра мне <u>на́до бу́дет написа́ть</u> Ма́ше e-mail.

11 Соста́вь предложе́ния.

а) Auch Linda muss Vieles schaffen. Formuliere ihre Aussagen.

M Вчера́ мне на́до бы́ло узна́ть **код** Герма́нии и…

вчера́	сего́дня	за́втра
– узна́ть код Герма́нии – позвони́ть роди́телям в Ганно́вер	– купи́ть откры́тки – написа́ть откры́тку ба́бушке	– посмотре́ть в Интерне́те сайт «Золото́го кольца́» – www.g-ring.ru – прочита́ть програ́мму авто́бусного ту́ра

б) Напиши́ и прочита́й, что тебе́ на́до бы́ло сде́лать вчера́, на́до сде́лать сего́дня и на́до бу́дет сде́лать за́втра?

12 Как мóжно прочитáть электрóнный áдрес?

Merke dir die russischen Bezeichnungen einer E-Mail-Adresse.

info@g–ring.ru

и́нфо — собáка — г — ми́нус (дефи́с) — ринг — тóчка — ру

Auf Russisch nennt man @ – эт oder auch собáка oder собáчка.

13 Переведи́ и сравни́.

↗ G 28

Finde heraus, wann der vollendete und wann der unvollendete Aspekt verwendet wird.

Кáждый день Мари́на писáла пи́сьма. Сегóдня ýтром онá тóже два часá писáла.
Когдá Лéна ей позвони́ла, онá **всё ещё** сидéла у компью́тера и писáла.
И вот результáт: онá написáла e-mail Антóну и Мáше, Нáсте и Сáше, Ми́ше и Дáше.
Все одноклáссники получи́ли от неё e-mail! Тóлько Лéна не получи́ла, потомý что дéвочки 40 минýт говори́ли по телефóну.

14 Скажи́ по-рýсски.

Achte auf den richtigen Gebrauch der Aspektformen.
Begründe deine Entscheidung.

1. Gestern habe ich eine E-Mail nach Moskau auf Russisch geschrieben. Ich habe sie zwei Stunden lang geschrieben. — *писáть* и́ли *написáть*?
2. In den Ferien habe ich immer zu Hause Mittag gegessen. Gestern habe ich bei einem Freund/einer Freundin gegessen. — *обéдать* и́ли *пообéдать*?
3. Gestern war das Wetter schlecht. Ich habe ferngesehen. Ich habe einen tollen Film gesehen. — *смотрéть* и́ли *посмотрéть*?

15 Напиши́ e-mail.

↗ L 15

Schreibe eine E-Mail auf Russisch an Mascha oder Anton.

Beschreibe das aktuelle Wetter.
Berichte, was du bei so einem Wetter machst.
Frage, wie das Wetter in Moskau ist und was man dort bei solchem Wetter tun kann.
Schreibe, welches Wetter du gern magst und welches nicht.

über das Wetter sprechen

– Какáя у вас (сейчáс) погóда?	– У нас хорóшая погóда. Свéтит сóлнце. На ýлице теплó.
– Какáя погóда бýдет зáвтра?	– Зáвтра бýдет не óчень хорóшая (плохáя) погóда. Бýдет идти́ дождь.

Möglichkeit und Notwendigkeit ausdrücken

В хорóшую погóду мóжно плáвать в óзере.
Мари́не нýжно (нáдо) бы́ло написáть e-mail. Мне тóже нýжно (нáдо) бýдет написáть e-mail.

Путеше́ствие по Росси́и

Reisewünsche erfragen und angeben

Reiseziele in Russland benennen und sie geografisch einordnen

1 Прочита́й кра́ткую информа́цию о Росси́и.

Finde die genannten geografischen Bezeichnungen in deinem Atlas.
Vergleiche die deutschen und russischen Bezeichnungen.

Росси́я – э́то о́чень больша́я **страна́**. Она́ нахо́дится на восто́ке **Евро́пы** и на се́вере **А́зии**.

Больши́е **регио́ны**
Европе́йская часть, Ура́л, Се́верный **Кавка́з**, Сиби́рь, Да́льний Восто́к

Больши́е ре́ки
Аму́р, Ле́на, Енисе́й, Иртьı́ш, Обь, Во́лга, Нева́

Моря́
Чёрное мо́ре, Азо́вское мо́ре, Балти́йское мо́ре

Больши́е **го́ры**
Кавка́з, Ура́л, Алта́й, Сая́ны

Больши́е города́
Москва́ (**столи́ца** Росси́и), Санкт-Петербу́рг, Новосиби́рск, Екатеринбу́рг, Ни́жний Но́вгород

Больши́е озёра
Байка́л, Каспи́йское мо́ре, Ла́дожское о́зеро, Оне́жское о́зеро

Ура́льские го́ры – **грани́ца ме́жду** Евро́пой и А́зией.
В Росси́и мно́го **уника́льных** и интере́сных мест. Турбюро́ **предлага́ют** ра́зные **туристи́ческие** маршру́ты. Добро́ пожа́ловать в Росси́ю!

2 Расскажи́, где побыва́ли ребя́та.

Lies die Ferienberichte. Wähle einen Ferienbericht aus und beantworte dazu die Fragen.

1. Кто когда́, куда́, с кем е́здил (лета́л)?
2. Где нахо́дится э́то ме́сто?
3. Что мо́жно там де́лать?

Со́чи – столи́ца зи́мней Олимпиа́ды-2014!
Übrigens: **Со́чи** wird nicht dekliniert!

Кра́сная Поля́на

На́стя: Ле́тние кани́кулы я провела́ в Со́чи. Со́чи – э́то **го́род-куро́рт** на берегу́ Чёрного мо́ря. Мы с бра́том ча́сто лета́ем в Со́чи, потому́ что там живёт на́ша ба́бушка, и мы о́чень лю́бим мо́ре.

Глеб: Недалеко́ от Со́чи нахо́дится изве́стный **горнолы́жный** куро́рт Кра́сная Поля́на. Мы ча́сто е́здим туда́, потому́ что мы лю́бим ката́ться на **го́рных лы́жах**. А э́то мо́жно де́лать там да́же ле́том.

На Байка́ле

Оле́г: Ле́том я с па́пой лета́л в Ирку́тск. Э́то большо́й го́род в Сиби́ри. Недалеко́ от Ирку́тска нахо́дится уника́льное о́зеро Байка́л. Мы, коне́чно, е́здили на Байка́л. Там мы кла́ссно провели́ вре́мя. По о́зеру мы пла́вали на ка́тере. На Байка́ле 35 **острово́в**. Мы побыва́ли на о́строве Ольхо́н.

Оле́ся: На зи́мние кани́кулы мы с кла́ссом е́здили в **Каре́лию**. Каре́лия нахо́дится на се́веро-за́паде Европе́йской ча́сти Росси́и. Мы жи́ли на **турба́зе** в **лесу́**, на берегу́ Оне́жского о́зера. Там бы́ло мно́го сне́га, и мы ча́сто ката́лись на лы́жах. Мы побыва́ли на острова́х Кижи́, Валаа́м и Соловки́. Мы **посети́ли не́сколько** интере́сных **музе́ев-запове́дников**. Э́то бы́ло так здо́рово!

Кижи́

3 Переведи́ и сравни́. ↗ G 34

Formuliere, welche Art der Fortbewegung die unterstrichenen Verben zum Ausdruck bringen.

Ли́нда <u>е́хала</u> в Москву́ на по́езде.

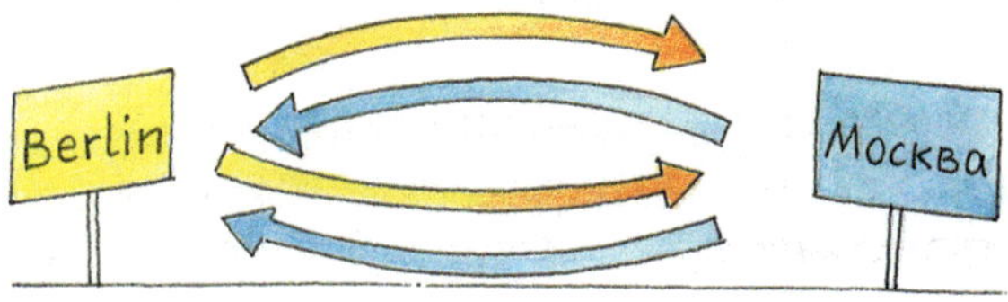

Ли́нда уже́ не́сколько раз <u>е́здила</u> в Росси́ю.

Когда́ мы с тётей <u>шли</u> в Эрмита́ж, <u>шёл</u> дождь.

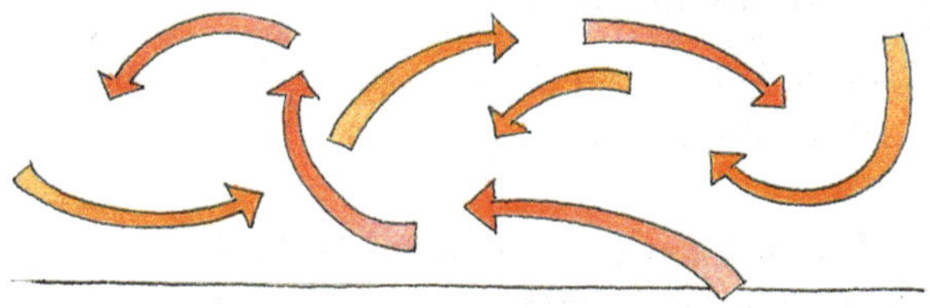

Та́ня с тётей до́лго <u>ходи́ли</u> по Эрмита́жу.

Вот так Оле́г <u>плыл</u> к ка́теру.

Оле́г с па́пой <u>пла́вали</u> по о́зеру на ка́тере.

От Москвы́ до Ирку́тска мы <u>лете́ли</u> 5 часо́в 40 мину́т.

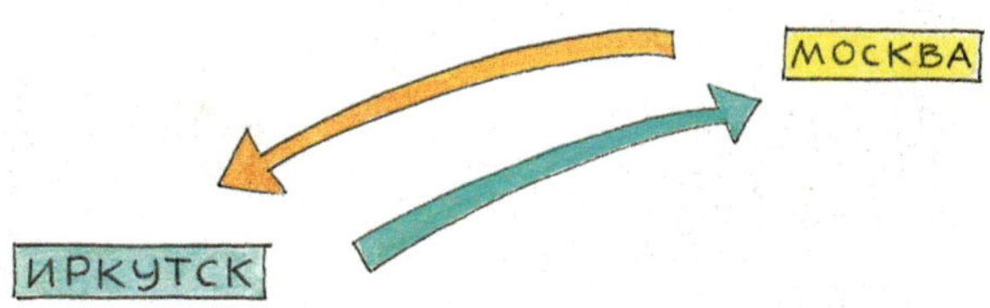

Ле́том Оле́г <u>лета́л</u> в Ирку́тск.

4 Спроси́те и отве́тьте.

Achtet auf den Gebrauch der Verben der Bewegung.

1. Ты лю́бишь ходи́ть в теа́тр (в кино́, на дискоте́ки, на конце́рты)?
2. Ты сего́дня ве́чером идёшь в теа́тр (в кино́, на дискоте́ку, на конце́рт)?
3. А ты уме́ешь пла́вать?
4. Куда́ ты е́здил(а) и́ли лета́л(а) ле́том?
5. Ско́лько часо́в лети́т самолёт от Москвы́ до Ирку́тска (Владивосто́ка, Берли́на)?

5 Разыгра́йте ми́ни-диало́ги.

Где вы хоти́те побыва́ть? Куда́ вы хоти́те пое́хать? Спроси́те и отве́тьте по образцу́.
Achtet auf den Gebrauch der Präpositionen *в* und *на*.

М – Ты хо́чешь побыва́ть в Москве́ (на Байка́ле)?
– Где? В Москве́ (на Байка́ле)? Коне́чно, хочу́!

в	Евро́пе, А́зии, гора́х Сая́нах, Со́чи, Бава́рии, А́льпах
на	ю́ге, Ура́ле, Алта́е, Да́льнем Восто́ке, Балти́йском мо́ре, о́строве Рю́ген

М – Ты хо́чешь пое́хать в Сиби́рь (на юг)?
– Куда́? В Сиби́рь (на юг)? Нет, не о́чень.

в	Евро́пу, А́зию, го́ры Сая́ны, Со́чи, Бава́рию, А́льпы
на	се́вер, Ура́л, Алта́й, Да́льний Восто́к, Балти́йское мо́ре, о́стров Рю́ген

6 Расскажи́те об интере́сных места́х в Росси́и и́ли в Герма́нии.

↗ G 35

Informiert euch in Nachschlagewerken oder im Internet. Präsentiert eure Informationen mithilfe möglichst vieler passender Merkmale.

М Центра́льная Росси́я – э́то о́чень интере́сный регио́н. В Центра́льной Росси́и мно́го краси́вых мест, лесо́в и озёр. Здесь нахо́дится мно́го ста́рых городо́в с уника́льной архитекту́рой …

Су́здаль

В	Каре́лии Сиби́ри Центра́льной Росси́и города́х «Золото́го кольца́» земле́ Бранденбу́рг регио́не А́йфель (Альго́й) Бава́рском Лесу́	мно́го не́сколько	больши́х интере́сных истори́ческих краси́вых ма́леньких но́вых ста́рых уника́льных	городо́в и дереве́нь_. острово́в. лесо́в. мест_. музе́ев (-запове́дников). озёр_ и рек_. туристи́ческих маршру́тов. гости́ниц_ и турба́з_.
На	Ура́ле о́строве Зюльт			

7 Прослу́шай разгово́р, а пото́м отве́ть на вопро́сы.

Lies zuerst die Fragen durch. Konzentriere dich dann beim Hören auf diese.

1. Штра́льзунд – э́то большо́й и́ли небольшо́й го́род?
2. Где нахо́дится Штра́льзунд: на берегу́ Се́верного и́ли Балти́йского мо́ря?
3. В Штра́льзунде есть изве́стный истори́ческий и́ли изве́стный морско́й музе́й?
4. Когда́ осо́бенно мно́го тури́стов в Штра́льзунде: ле́том и́ли зимо́й?

8 Дай сове́т.

Gib deinen russischen Freunden Reisetipps.

M Ты лю́бишь ката́ться на лы́жах?
Тебе́ на́до пое́хать в Га́рмиш-Партенки́рхен.
Э́то изве́стный горнолы́жный куро́рт Герма́нии.
Тебе́ там понра́вится.

9 Добро́ пожа́ловать в Герма́нию!

Gestaltet für russische Touristen einen Werbeprospekt zu eurem Heimatort
oder einem interessanten Reiseziel in Deutschland.
Berücksichtigt Informationen zur Lage, zu Sehenswürdigkeiten und Freizeitangeboten.
Präsentiert eure Ergebnisse vor der Klasse.

Reisewünsche erfragen und angeben	
– Ты хо́чешь побыва́ть в Москве́? – Ты хо́чешь пое́хать на Байка́л?	– Где? В Москве́? Коне́чно, хочу́! – Куда́? На Байка́л? Нет, не о́чень.

Reiseziele in Russland benennen und sie geografisch einordnen
Байка́л – э́то уника́льное о́зеро. Оно́ нахо́дится в Сиби́ри. Кра́сная Поля́на – э́то изве́стный горнолы́жный куро́рт на Се́верном Кавка́зе.

Э́то я уже́ уме́ю.

1 Расскажи́ о пого́де.

а) Посмотри́ на ка́рту пого́ды. Скажи́, кака́я пого́да в ра́зных регио́нах и́ли города́х.

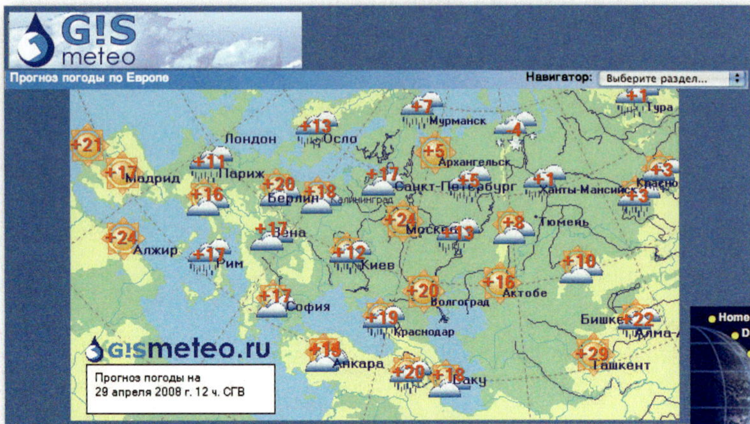

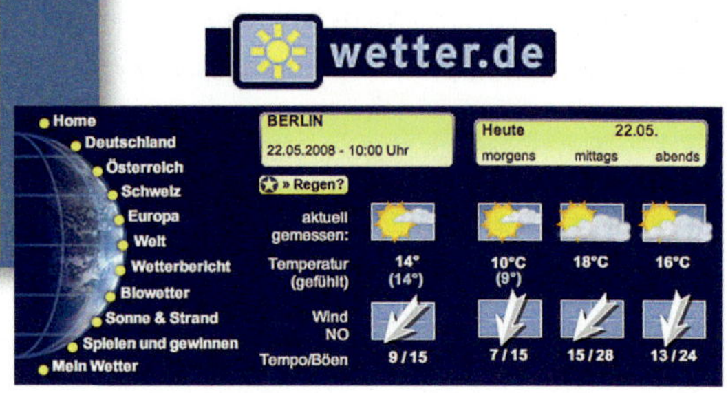

б) Informiere eure russischen Austauschschüler per E-Mail über das aktuelle Wetter in Deutschland.

2 Прочита́й текст и расскажи́ об Ирку́тске.

Übertrage die Mindmap in deinen Hefter und erweitere sie. Nutze dabei auch Informationen über die typische Wetterlage, die Russlandkarte und Olegs Ferienbericht (→ 5В упр. 2)

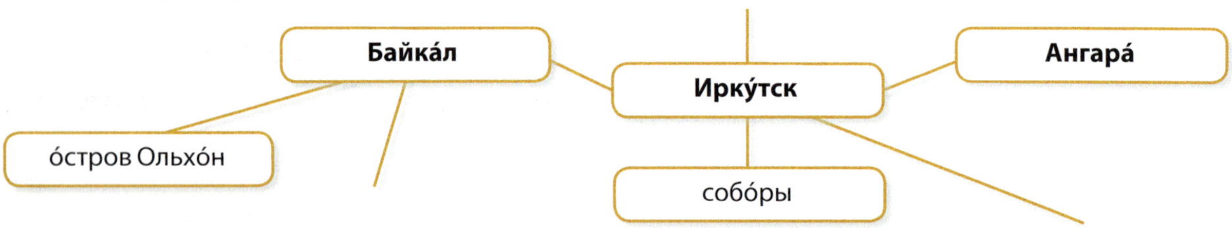

Ирку́тск – э́то столи́ца Восто́чной Сиби́ри. Он нахо́дится на берегу́ большо́й реки́ Ангары́. Ангара́ соединя́ет[1] Енисе́й с Байка́лом.
Ирку́тск был осно́ван[2] в 1661 году́.
В це́нтре го́рода мно́го краси́вых ста́рых домо́в, собо́ров, интере́сных музе́ев, хоро́ших гости́ниц. В Ирку́тске есть теа́тры, университе́ты, институ́ты и больши́е промы́шленные предприя́тия[3]. Здесь, наприме́р, стро́ят[4] самолёты.
От Ирку́тска до о́зера Байка́л – 70 киломе́тров. Байка́л - э́то о́чень ста́рое и о́чень глубо́кое[5] о́зеро (1641 метр). Оно́ о́чень краси́вое. На Байка́л е́дут тури́сты, кото́рые лю́бят акти́вный о́тдых[6]. На берега́х Байка́ла мно́го турба́з.
Недалеко́ от Ирку́тска есть ещё и горнолы́жный ко́мплекс. Зимо́й там мо́жно ката́ться на сноубо́рде и на лы́жах.

1 verbindet 2 (wurde) gegründet 3 Industriebetriebe 4 man baut 5 tief 6 …, die aktive Erholung mögen

Э́то интере́сно.

1 Прочита́й, когда́ у шко́льников в Росси́и кани́кулы.

Отве́ть на вопро́сы Бори́са.

Бори́с пи́шет: «… У нас в учебном году[1] четыре четверти. В конце каждой четверти мы получаем четвертные[2] отметки. После каждой четверти – каникулы.
Первая четверть начинается 1 сентября и кончается в ноябре.
Осенние каникулы длятся[3] одну неделю.
Вторая четверть кончается в конце[4] декабря. Это начало зимних каникул.
Зимние каникулы длятся обычно две недели.
Потом мы учимся до марта. В марте – весенние каникулы. Это обычно одна неделя.
В конце мая кончается четвёртая четверть. Это значит[5] – конец учебного года.
Мы получаем годовые[6] отметки и …
И начинаются летние каникулы! Скажи, сколько времени у вас длятся летние каникулы?
А когда отдыхают[7] школьники в Германии? …»

1 Schuljahr 2 *сравни́* че́тверть 3 dauern 4 *сравни́* конча́ться 5 das bedeutet 6 *сравни́* год 7 sich erholen

2 Посмотри́ на схе́му и отве́ть на вопро́сы.

Nutze das Internet. Finde die russischen Städte in deinem Atlas.

1. Как называ́ются больши́е пассажи́рские аэропо́рты Москвы́?
2. В каки́е города́ Росси́и мо́жно лете́ть из э́тих аэропо́ртов?
3. В каки́е неме́цкие города́ мо́жно лете́ть из Москвы́?
4. Како́й аэропо́рт нахо́дится недалеко́ от ва́шего го́рода (от ва́шей дере́вни)?
5. Из каки́х неме́цких аэропо́ртов летя́т самолёты в Санкт-Петербу́рг?

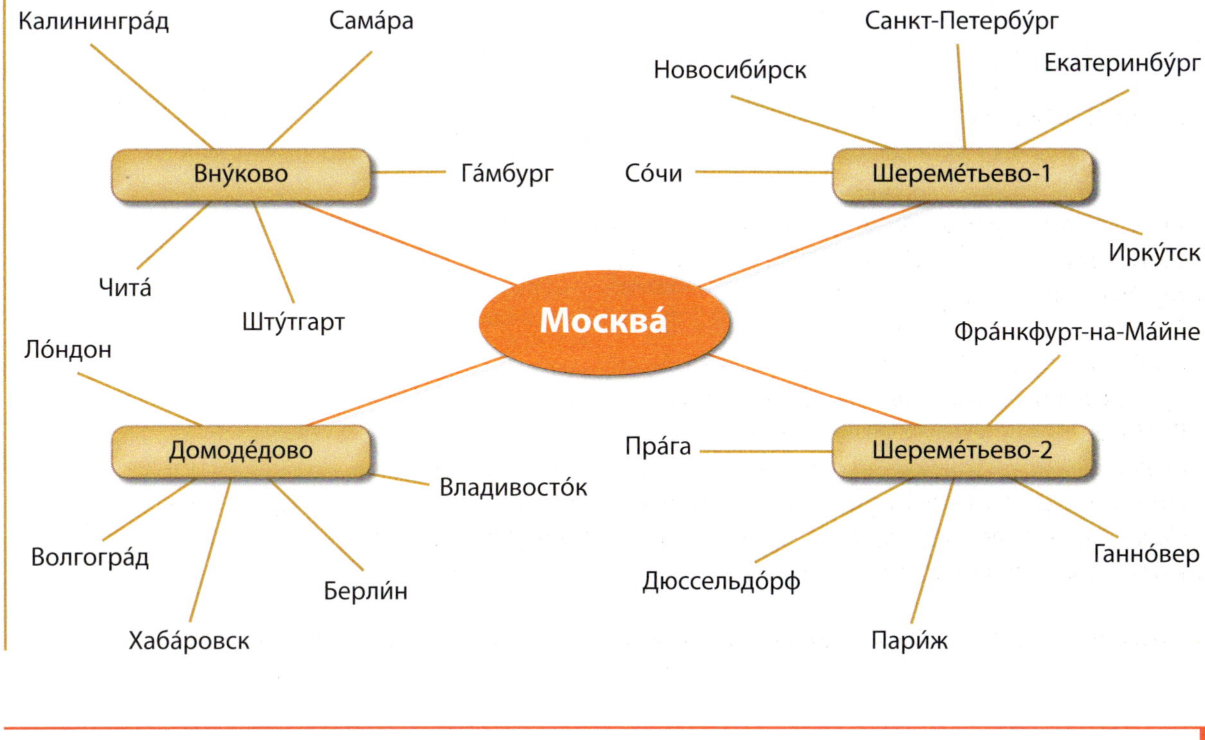

Для экспéртов

1 Что такóе *Рýсский дом*?

Lies den Werbetext aus dem Internet und stelle die Ferienanlage und ihre Angebote deinen Mitschülerinnen und Mitschülern vor. Welche Angebote gefallen dir am besten? Begründe deine Wahl.

www.russ-dom.ru

http://www.russ-dom.ru

Русский дом

ждёт вас в гости в любое время года и в любую погоду!

«Русский дом» расположен между Новосибирском и Барнаулом.

Описание программ отдыха

ЛЕТОМ И ОСЕНЬЮ

- круиз на теплоходе с пикниками на воде и на берегу
- катание на катерах по речным протокам
- катание на водных лыжах и на *банане*
- отдых на берегу реки Обь и купание в реках и в озёрах
- верховая езда и катание в фаэтоне
- рыбалка и уха из свежей рыбы
- прогулки по лесу, в котором много ягод и грибов
- отдых на открытой палубе юта

ЗИМОЙ

- катание на лыжах и на коньках
- катание на санях и надувных кругах с горы
- катание на снегоходах
- путешествие в снежной карете и на аэросанях
- катание на русской тройке и выезды в лес к ёлке
- новогодняя ночь в лесу – танцы вокруг наряженной ёлки

ВСЕГДА

- великолепные алтайские пейзажи, знамениты своей красотой
- русская кухня (без расписания, в любое время по-домашнему)
- отдых в уникальной гостинице
- отдых и пикники на Сказочной поляне и в избушке на курьих ножках
- дискотеки, бильярд и многое другое

Наш адрес:
658026 Россия, Алтайский край, Тальменский район, с. Язово, ул. Нагорная. 1
Все интересующие вас вопросы можно задать по электронной почте:
russ-dom@mail.ru; russ-dom@ngs.ru

Ждём вас в нашем Доме!

Уро́к 1

1 Прочита́й текст и определи́, кто говори́т.

Зако́нчи после́днее предложе́ние одни́м из слов:
а) ма́льчики
б) ко́шки
в) из Герм*я́у*нии

Мо́дница

«Э́та де́вочка… всегда́ она́ ве́ртится пе́ред зе́ркалом[1]. Надева́ет[2] бе́лое пла́тье. Снима́ет[3] бе́лое пла́тье. О, у нас пробле́мы! Надева́ет чёрную блу́зку и джи́нсы, снима́ет их. Ну, коне́чно, она́ же идёт на вокза́л встреча́ть го́стя из… как э́то… из Герм*я́у*нии. Надева́ет голубу́ю футбо́лку. Она́ ей к лицу́[4]. Снима́ет. Се́рая ю́бка, зелёные брю́ки, жёлтое пла́тье (не люблю́ его́!), ора́нжевый сви́тер… Всё краси́во!
Но э́тот гость, наве́рно, осо́бенный, потому́ что она́ сно́ва снима́ет кра́сную блу́зку и примеря́ет[5] си́нюю. Ка́жется, она́ переме́рила[6] весь свой гардеро́б!
Интере́сно, каки́е сувени́ры и гости́нцы[7] она́ полу́чит? Су́мку конфе́т? Фу! Как она́ их ест?
Надева́ет бе́лое пла́тье. Класс! Реши́лась[8]. А нам хорошо́, у нас нет пробле́м: мы не зави́сим[9] от мо́ды. Умы́лся[10] – и хорошо́. Мы же…».

1 верте́ться пе́ред зе́ркалом – sich vor dem Spiegel drehen 2 надева́ть – anziehen
3 снима́ть – ausziehen 4 быть к лицу́ (кому́? mit Dat.) – etwas steht jmdm.
5 примеря́ть – anprobieren 6 переме́рить – Sachen nacheinander anprobieren
7 гости́нец – Mitbringsel 8 реши́ться – sich entscheiden
9 зави́сеть (от чего́? mit Gen.) – von etwas abhängen
10 умы́лся (от умы́ться) – sich das Gesicht waschen

2 Welche Stellen im Text haben dir geholfen, die richtige Antwort zu finden?

3 Отве́ть на вопро́сы.

1. Что де́вочка надева́ла и что вы́брала?
2. Кого́ и куда́ она́ идёт встреча́ть?
3. А ско́лько вре́мени ты прово́дишь пе́ред зе́ркалом?
4. В чём ты лю́бишь ходи́ть?
5. Ско́лько вре́мени прово́дят в твое́й семье́ пе́ред зе́ркалом ма́ма, па́па, брат, сестра́…?

4 Разыгра́йте диало́г ме́жду ко́шкой и её дру́гом, кото́м.

Уро́к 2

1 Прочита́й текст и определи́, с како́го он са́йта.

www.kniga.ru | www.odnoklassniki.ru | www.doktor.ru

В те́ксте есть но́вые слова́:

- основно́е – Hauptinformationen
- соо́бщество – Gemeinschaft
- сообще́ние – Beitrag
- вы́пуск – Abschlussjahr
- спаса́ть (кого? mit Akk. от чего? mit Gen.) – jmdn. vor etwas retten
- до́чка (*ugs.* von дочь) – Tochter
- оце́нка – Bewertung

Последний раз на сайте
20.11.2009 09:38

Друзья на сайте	0
Дни рождения друзей	0
Оценки моих фотографий	2
Мои сообщения	1
Мои друзья	3
Друзья моих друзей	18
Мои гости	2

Основное | Мои друзья | Мои сообщества | Мои фотографии | Мой форум

Всем привет!
Кто учился со мной в Питере в школе №26 (выпуск 1994 года)?

Ах, наши светлые школьные годы, наш весёлый 10 Б класс и любимая учительница Татьяна Ивановна! Как вы, моя футбольная команда: Саша, Женя, Витя, Серёжа? Где ты сейчас, милая Машенька Свиридова, которая спасала меня от двоек по биологии и математике?
Чем занимаетесь и где живёте, друзья?
О себе: живу в Москве, организовываю выставки, занимаюсь разными работами, семья, две дочки (8 и 6 лет).

Пишите! :-)
Ваш Коля Сумской

21.11.2009 21:50

2 Отве́ть на вопро́сы.

1. Кто а́втор сообще́ния?
2. Когда́ он написа́л сообще́ние?
3. Ско́лько сообще́ний он уже́ оста́вил на са́йте?
4. Ско́лько друзе́й у Ко́ли Сумско́го на са́йте?
5. А в Герма́нии есть тако́й сайт?

3 Продо́лжи предложе́ния.

Ко́ля учи́лся в ?
И́мя его́ люби́мой учи́тельницы ?
Он игра́л в футбо́л с ?
Ма́ша Свири́дова помога́ла ему́ ?
Сего́дня Ко́ля Сумско́й занима́ется ?
У него́ есть ?

4 А ты?

а) Предста́вь себе́, что прошло́ 12 лет по́сле оконча́ния шко́лы. Напиши́ сообще́ние для однокла́ссников.
Расскажи́, чем ты занима́ешься, как живёшь.

б) Предста́вь себе́, что у тебя́ есть блог. Напиши́ в нём сообще́ние о шко́ле, друзья́х, уро́ках и́ли учителя́х.

Уро́к 3

1 Отве́ть на вопро́сы.

1. Как ты ду́маешь, как пра́зднуют в Росси́и 8 Ма́рта?
2. Чего́ жела́ют же́нщинам[1] и что да́рят им на 8 Ма́рта?
3. Како́й пра́здник мо́жно сравни́ть с Междунаро́дным же́нским днём?

1 Frauen

2 Прочита́й текст и скажи́: пра́вильно и́ли непра́вильно?

1. Же́нский день пра́здновали в Дре́внем Ри́ме.
2. Впервы́е Междунаро́дный же́нский день отпра́здновали в Росси́и, а пото́м в Герма́нии.
3. Э́то день борьбы́ за права́ же́нщин.
4. Ди́ма и па́па покупа́ют проду́кты.
5. Ма́ме они́ да́рят осо́бенные пода́рки.
6. Ве́чером ма́ма идёт в кино́, а Ди́ма и па́па убира́ют кварти́ру.
7. Ма́ма Ди́мы Руса́нова лю́бит пра́здник 8 Ма́рта.

Же́нский день

Уже́ в Дре́внем Ри́ме[1] был тако́й пра́здник – же́нский день.
Же́нщинам[2] дари́ли пода́рки, да́же рабы́ням[3].
Впервы́е[4] Междунаро́дный же́нский день отпра́здновали 19 ма́рта 1911 го́да в Герма́нии, А́встрии, Да́нии как день борьбы́ за права́ же́нщин[5]. В Росси́и его́ пра́зднуют с 1913 го́да.
В семье́ Ди́мы Руса́нова 8 Ма́рта – большо́й пра́здник. У́тром 7 ма́рта ма́ма убира́ет кварти́ру[6], ве́чером она́ идёт в магази́н за проду́ктами[7]. У́тром 8 ма́рта ма́ма гото́вит пра́здничный обе́д. Ди́ма и па́па да́рят ей пода́рки: цветы́ и что-нибу́дь[8] поле́зное[9] (таре́лки, стака́ны и́ли ча́шки). Они́ жела́ют ей красоты́, любви́ и ра́дости. Обы́чно на обе́д прихо́дят дя́дя и тётя Ди́мы, они́ пою́т под карао́ке. Ма́ма не мо́жет идти́ с Ди́мой и па́пой ве́чером в кино́, потому́ что ей ну́жно убира́ть ку́хню по́сле обе́да. Ма́ма говори́т, что у неё нет сил[10] идти́ с ни́ми.
«Как жаль!, – говори́т Ди́ма, – тако́й чуде́сный пра́здник!»
Па́па целу́ет ма́му и говори́т: «Ты у нас краси́вая!»

1 Дре́вний Рим – Altes Rom 2 же́нщина – Frau 3 рабы́ня – Sklavin 4 впервы́е – zum ersten Mal 5 борьба́ за права́ же́нщин – Kampf für die Frauenrechte 6 убира́ть кварти́ру – die Wohnung aufräumen 7 проду́кты – Lebensmittel 8 что-нибу́дь – etwas, irgendetwas 9 поле́зное – Nützliches 10 у неё нет сил – sie hat keine Kraft

3 Ты – ма́ма Ди́мы. Скажи́ Ди́ме и па́пе, почему́ ты не лю́бишь Междунаро́дный же́нский день.

Я не люблю́ 8 Ма́рта, потому́ что…

Я хочу́…

4 Расскажи́.

1. Как пра́зднуют Междунаро́дный же́нский день в Герма́нии?
2. В Росси́и с 1998 го́да в после́днее воскресе́нье ноября́ пра́зднуют День ма́тери. Когда́ пра́зднуют День ма́тери в Герма́нии?
3. Как твоя́ семья́ пра́зднует День ма́тери и́ли 8 Ма́рта?

Уро́к 4

1 Прочита́й стихотворе́ние. Welche Überschrift würdest du dem Gedicht geben?

Я на му́зыку хожу́
И на фехтова́ние.
В понеде́льник – драмкружо́к[1],
В сре́ду – рисова́ние.

У меня́ подру́жек нет –
Не́когда[2] обща́ться[3].
Хор, англи́йский и бале́т.
И не расслабля́ться[4]!

Ма́ма с па́пой говоря́т:
«Вы́учи францу́зский,
Де́тям, до́чка[5], никогда́[6]
Не вредны́[7] нагру́зки[8].

Вре́мя по́пусту[9] не трать[10],
Си-эн-э́н послу́шай,
Нет, нельзя́ тебе́ игра́ть!
Почита́ла б лу́чше[11]».

У меня́ свобо́дный день,
Пя́тница, в запа́се[12].
Мо́жет, вы́учиться[13] мне
Игра́ть на контраба́се?

Посове́туйте[14], друзья́,
Чем ещё заня́ться?
Нет, нельзя́ так ску́чно жить,
Ну́жно развива́ться[15]!

1 драмкружо́к – Theater-AG 2 не́когда – keine Zeit 3 обща́ться – sich austauschen, kommunizieren
4 расслабля́ться – sich entspannen 5 до́чка – Tochter 6 никогда́ – nie
7 вредны́ (от вре́дный) – schädlich 8 нагру́зка – Belastung 9 по́пусту – umsonst
10 трать (от тра́тить) – verschwenden 11 почита́ла б лу́чше – du solltest lieber lesen
12 в запа́се – *hier:* in Reserve sein 13 вы́учиться – erlernen
14 посове́туйте – gebt einen Rat 15 развива́ться – sich entwickeln

2 Пра́вильно и́ли непра́вильно?

1. Де́вочка занима́ется рисова́нием в сре́ду.
2. У де́вочки нет друзе́й.
3. Си-эн-э́н – э́то америка́нская музыка́льная гру́ппа.
4. В пя́тницу у неё бале́т.
5. Де́вочка уме́ет игра́ть на контраба́се.
6. У неё о́чень мно́го свобо́дного вре́мени.

3 Свобо́дное время

а) Каки́е у де́вочки хо́бби? Соста́вь план её неде́ли.

M В понеде́льник – драмкружо́к.

б) А каки́е хо́бби у тебя́? Чем ты занима́ешься?

в) Сравни́, как прово́дят свобо́дное вре́мя шко́льники сего́дня, и как э́то бы́ло 20–30 и́ли 50 лет наза́д[1]. Спроси́ роди́телей, ба́бушек и де́душек.

1 vor 20–30 oder 50 Jahren

Уро́к 5

1 Посмотри́ текст (зада́ние 2) и определи́, что э́то.

а) рекла́ма

б) разгово́р в ча́те

в) сцена́рий

2 Прочита́й сцена́рий сце́ны №3 из мультфи́льма «Кани́кулы в Простоква́шино»[1], одного́ из люби́мых мультфи́льмов в Росси́и.
Отве́ть на вопро́с *Где семья́ дя́ди Фёдора бу́дет проводи́ть кани́кулы?*

В те́ксте есть но́вые слова́ и выраже́ния.

сковоро́дка	Pfanne	Я на вас весь год со сковоро́дкой рабо́тала!
весь год	das ganze Jahr	
дрова́ руби́ть	Holz hauen	В вече́рнем пла́тье дрова́ руби́ть и́ли быко́в очаро́вывать?
бык (быки́)	Ochse (Ochsen)	
очаро́вывать	bezaubern	
ка́ркнуть	krächzen	Ка́ркни э́ту бу́кву!
уезжа́ть	wegfahren	Мы за́втра же уезжа́ем на куро́рт!
поду́мать	sich überlegen	Ты то́лько поду́май!
пуска́ть	jmdn. (z. B. fahren) lassen	Он нас на куро́рт не пуска́ет!
отдыха́ть	sich ausruhen, sich erholen	Я хочу́ на куро́рт, отдыха́ть!
потому́	deshalb	
шёлковый	aus Seide	шёлковое пла́тье
не́куда	nirgendwohin	
заче́м	wozu	
никто́	niemand	
тепе́рь	jetzt	
Хва́тит! Надое́ло!	Genug! Es reicht!	
с ума́ сойти́	verrückt werden	Э́то наш па́па с ума́ сошёл!
жизнь	Leben	Моя́ жизнь совершéнно беспросве́тная!
соверше́нно	total	
беспросве́тная	hoffnungslos, trostlos	
крепостна́я крестья́нка	leibeigene Bäuerin	
Всё решено́.	Es ist alles entschieden.	

Кварти́ра дя́ди Фёдора

Onkel Fjodor sitzt auf der Couch und zeigt seinem Vogel Karkuscha Buchstaben. An der Wand hängt ein Foto von seinem Hund Scharik und seinem Kater Matroskin, die im Dorf Prostokwaschino wohnen.

1 Простоква́шино – э́то дере́вня

Дя́дя Фёдор: Э́то кака́я бу́ква?
Карку́ша: Кар!
Дя́дя Фёдор: А э́то кака́я бу́ква?
Карку́ша: Кар!
Дя́дя Фёдор: А ну́, ка́ркни э́ту бу́кву!
Карку́ша: Кар!

Mutti kommt aus der Küche, zieht ihre Schürze aus und wirft die Kelle auf den Boden.

Ма́ма: Хва́тит! Хва́тит! Надое́ло! Моя́ жизнь соверше́нно беспросве́тная.
Я живу́, как крестья́нка крепостна́я.

Vati sitzt auf der Couch und liest eine Zeitung.

Па́па: Э́то почему́ ещё?

Mutti macht den Kleiderschrank auf und holt ihre Kleider heraus.

Ма́ма: А потому́: у меня́ четы́ре пла́тья вече́рних, шёлковых.
А наде́ть их не́куда! Нет, всё решено́! Мы за́втра же уезжа́ем на куро́рт!
Па́па: Заче́м нам куро́рт? У нас прекра́сный дом есть в Простоква́шине,
ты то́лько поду́май!

Vati klopft zweimal an seinen Kopf.

Карку́ша: Кто там? Кто там пришёл?
Ма́ма: Никто́ не пришёл. Э́то наш па́па с ума́ сошёл,
он нас на куро́рт не пуска́ет.
Дя́дя Фёдор: Я то́же не хочу́ на куро́рт, я в Простоква́шино хочу́!

Mutti legt ihre Kleider in den Koffer.

Ма́ма: А что я там бу́ду де́лать в ва́шем Простоква́шине?
В вече́рнем пла́тье дрова́ руби́ть и́ли быко́в очаро́вывать? Хва́тит!
Я на вас весь год со сковоро́дкой рабо́тала, а тепе́рь я хочу́ на куро́рт, отдыха́ть!

3 Отве́ть на вопро́сы.

1. Кто тако́й дя́дя Фёдор?
2. Кто тако́й Карку́ша?
3. О чём разгова́ривают ма́ма, па́па и дя́дя Фёдор?
4. Почему́ ма́ма хо́чет пое́хать на куро́рт?
5. Куда́ хо́чет пое́хать дя́дя Фёдор?
6. А как твоя́ семья́ прово́дит кани́кулы?
7. Куда ты хо́чешь пое́хать?
8. Куда́ хотя́т пое́хать твои́ ма́ма и па́па, твои́ сёстры и бра́тья (твоя́ сестра́, твой брат)?

4 Разыгра́йте сце́ну по роля́м.

Уро́к 1

Пе́сенка друзе́й

Слова́: С. Михалко́в
Му́зыка: М. Старокадо́мский

1 Мы е́дем, е́дем, е́дем
В далёкие края́,
Хоро́шие сосе́ди,
Счастли́вые друзья́.
Нам ве́село живётся,
Мы пе́сенку поём,
А в пе́сенке поётся
О том, как мы живём.

Припе́в:
Тра – та – та́, тра – та – та́!
Мы везём с собо́й кота́,
Чи́жика, соба́ку,
Пе́тьку-забия́ку,
Обезья́ну, попуга́я –
Вот компа́ния кака́я!

2 Когда́ живётся дру́жно,
Что мо́жет лу́чше быть!
И ссо́риться не ну́жно,
И мо́жно всех люби́ть.
А е́сли нас увидит,
Иль встре́тить кто-нибу́дь,
Друзе́й он не оби́дит,
Он ска́жет: «В до́брый путь!»

Припе́в

3 Мы е́хали, мы пе́ли
И с пе́сенкой смешно́й
Все вме́сте, как суме́ли,
Прие́хали домо́й.
Нам со́лнышко свети́ло,
Нас ве́тер обвева́л,
В пути́ не ску́чно бы́ло,
И ка́ждый напева́л:

Припе́в

Уро́к 2

Мы – ма́ленькие де́ти

Слова́: Ю. Э́нтин
Му́зыка: Е. Крыла́тов

1 Над на́ми со́лнце све́тит –
Не жизнь, а благода́ть,
Тем, кто за нас в отве́те,
Давно́ пора́ поня́ть,
Тем, кто за нас в отве́те,
Давно́ пора́ поня́ть,
Мы ма́ленькие де́ти,
Нам хо́чется гуля́ть!

Припе́в:
А нам говоря́т, что ка́тет
Коро́че гипотену́зы,
А я говорю́ вам – хва́тит,
Уста́л я от э́той обу́зы.

2 Эх, встать бы на рассве́те,
Забро́сить в стол тетра́дь,
Тем, кто за нас в отве́те,
Давно́ пора́ поня́ть,
Тем, кто за нас в отве́те,
Давно́ пора́ поня́ть,
Мы ма́ленькие де́ти,
Нам хо́чется гуля́ть!

Припе́в:
А нам говоря́т, что Афи́ны
Войно́ю пошли́ на Спа́рту.
А я говорю́ – поки́нуть
Хочу́ поскоре́е па́рту.

3 Слова́ упря́мо э́ти
Я бу́ду повторя́ть,
Тем, кто за нас в отве́те,
Давно́ пора́ поня́ть,
Тем, кто за нас в отве́те,
Давно́ пора́ поня́ть,
Мы ма́ленькие де́ти,
Нам хо́чется гуля́ть!

Припе́в:
А нам говоря́т, что Во́лга
Впада́ет в Каспи́йское мо́ре,
А я говорю́, что до́лго
Не вы́держу э́того го́ря!
Чтоб стать, говоря́т, челове́ком,
Шага́ть на́до в но́гу с ве́ком,
А мы не хоти́м шага́ть,
Нам хо́чется гуля́ть!

Уро́к 3

В лесу́ роди́лась ёлочка

Слова́: Р. Кудашёва
Му́зыка: Л. Бе́кман

1 В лесу́ роди́лась ёлочка
В лесу́ она росла́,
Зимо́й и ле́том стро́йная,
Зелёная была́.

2 Мете́ль ей пе́ла пе́сенку:
«Спи, ёлочка, бай – бай!»
Моро́з снежко́м уку́тывал:
«Смотри́, не замерза́й!»

3 Труси́шка за́йка се́ренький
Под ёлочкой скака́л.
Поро́ю волк, серди́тый волк
Рысцо́ю пробега́л.

4 Чу! Снег по ле́су ча́стому
Под по́лозом скрипи́т;
Лоша́дка мохноно́гая
Торо́пится, бежи́т.

5 Везёт лоша́дка дро́венки,
На дро́внях старичо́к.
Сруби́л он на́шу ёлочку
Под са́мый корешо́к.

6 Тепе́рь она́, наря́дная,
На пра́здник к нам пришла́
И мно́го, мно́го ра́дости
Дети́шкам принесла́.

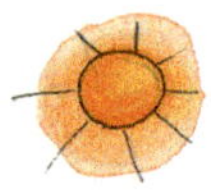

Уро́к 4

Чу́нга-Ча́нга

Слова́: Ю. Э́нтин
Му́зыка: В. Шаи́нский

1 Чу́нга-Ча́нга – си́ний небосво́д,
Чу́нга-Ча́нга – ле́то кру́глый год.
Чу́нга-Ча́нга – ве́село живём,
Чу́нга-Ча́нга – пе́сенку поём!

Припе́в:
Чу́до-о́стров, чу́до-о́стров,
Жить на нём легко́ и про́сто,
Жить на нём легко́ и про́сто,
Чу́нга-Ча́нга!
На́ше сча́стье постоя́нно,
Жуй коко́сы, ешь бана́ны,
Жуй коко́сы, ешь бана́ны,
Чу́нга-Ча́нга!

2 Чу́нга-Ча́нга – ме́ста лу́чше нет.
Чу́нга-Ча́нга – мы не зна́ем бед.
Чу́нга-Ча́нга – кто здесь про́жил час,
Чу́нга-Ча́нга – не поки́нет нас.

Припе́в

Уро́к 5

Подмоско́вные вечера́

Слова́: М. Матусо́вский
Му́зыка: В. Соловьёв-Седо́й

1 Не слышны́ в саду́ да́же шо́рохи,
Всё здесь за́мерло до утра́.
Е́сли б зна́ли вы, как мне до́роги
Подмоско́вные вечера́.

2 Ре́чка дви́жется и не дви́жется,
Вся из лу́нного серебра́.
Пе́сня слы́шится и не слы́шится
В э́ти ти́хие вечера́.

3 Что ж ты, ми́лая, смо́тришь и́скоса,
Ни́зко го́лову наклоня́?
Тру́дно вы́сказать и не вы́сказать
Всё, что на се́рдце у меня́.

4 А рассве́т уже́ всё заме́тнее…
Так, пожа́луйста, будь добра́,
Не забу́дь и ты э́ти ле́тние
Подмоско́вные вечера́.

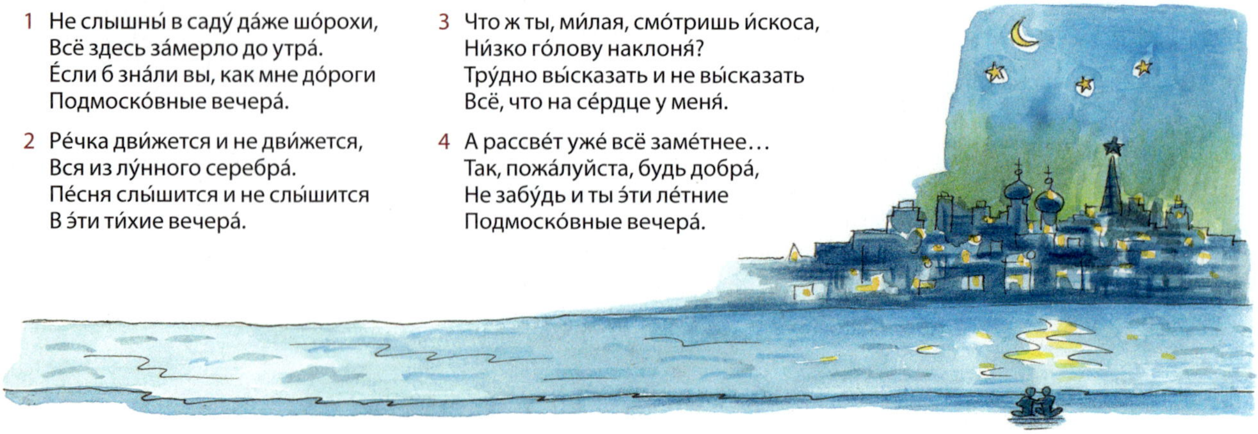

L1 Vokabeln lernen

- Überlege, wie du dir z. B. englische Vokabeln erfolgreich einprägst. Nutze diese Vorgehensweise auch für Russisch.
- Arbeite mit dem Lektionswörterverzeichnis. Lies die neuen Wörter laut. Schreibe sie in dein Vokabelheft, z. B. als russisch-deutsche Vokabelgleichung, als thematisches Wortfeld (network). Lies auch laut die Beispiele in der rechten Spalte.
- Schreibe für das neue Wort einen Beispielsatz oder eine Beispielwortgruppe auf.
- Bau dir selbst Eselsbrücken, indem du z. B. für das russische Wort nach Ähnlichkeiten in Schrift und Klang mit dem Deutschen oder dem Englischen suchst.

L2 Unbekannte Wörter erschließen

Es gibt viele Tricks, die dir helfen, unbekannte Wörter zu erschließen:
- Vergleiche zunächst das Wort immer mit deiner Muttersprache und mit Englisch oder anderen Fremdsprachen, die du bereits kennst. Suche dabei nach Ähnlichkeiten im Schrift- oder Klangbild.
- Auch Internationalismen helfen beim Erschließen der Bedeutung.
- Oftmals ist auch die Situation oder der Sinnzusammenhang, in dem das Wort vorkommt, hilfreich für das Verstehen.
- Auch Fotos und Illustrationen sind oft eine große Hilfe.
- Achte beim Erschließen unbekannter Wörter auch auf deren grammatische Besonderheiten, wie z. B. die Wortart, die Bestandteile des Wortes, seine Stellung im Satz.

L3 Sprachvergleiche für das Verstehen nutzen

Nicht alle Sprachen kannst du in der Schule lernen. Deine Kenntnisse in Deutsch, Englisch und Russisch helfen dir aber, andere verwandte Sprachen ein wenig zu verstehen. Das Russische gehört zur Familie der slawischen Sprachen. Dazu zählen z. B. Bulgarisch, Ukrainisch, Kroatisch, Polnisch, Tschechisch. Russisch als größte slawische Sprache kann dir sehr gut eine Brücke zu den anderen slawischen Sprachen bauen. Diese verwandten Sprachen haben viele Gemeinsamkeiten oder Ähnlichkeiten im Schrift- und Klangbild sowie in der Grammatik. Wenn du also Wörtern in anderen slawischen Sprachen begegnest, nutze immer deine Russischkenntnisse und suche nach Bekanntem.

L4 Das alphabetische Wörterverzeichnis als Hilfe nutzen

Das russisch-deutsche und das deutsch-russische Wörterverzeichnis enthalten alle Wörter, die im Lehrbuch vorkommen. Sie sind wie ein Wörterbuch aufgebaut. Die Wörter erscheinen in alphabetischer Reihenfolge in ihrer Grundform, also Substantive im Nominativ (1. Fall), Verben im Infinitiv. Zusätzlich ist der Lektionsabschnitt angegeben, in dem das Wort erstmals auftritt.

- Du musst vor allem das Alphabet beherrschen, um ein Wort zu finden.
- Das alphabetische Wörterverzeichnis enthält auch einige grammatische Hinweise. Die dafür verwendeten Abkürzungen musst du kennen.

L5 Strukturvergleiche für das Verstehen nutzen

Deine Grammatikkenntnisse in Deutsch und Englisch können dir beim Erlernen der russischen Sprache helfen. Alles, was du bereits über Wortarten, die Bestandteile eines Wortes, seine Stellung im Satz oder in der Frage weißt, kannst du auch im Russischen nutzen.

L6 Grammatische Regeln verstehen

Damit du die russische Sprache verstehen und dich mit ihrer Hilfe verständigen kannst, musst du auch etwas von ihrer Struktur, ihrem Aufbau wissen. Du musst wissen, wie man z. B. aus Wörtern Sätze oder Fragen bildet. Zum Glück hat die russische Sprache viele grammatische Gemeinsamkeiten mit den anderen europäischen Sprachen, aber sie hat auch Besonderheiten.
In deiner Schülergrammatik im Arbeitsheft sind die für dich wichtigen Regeln zusammengefasst und erklärt.

- Lies zunächst die Beispiele und die Merksätze genau durch.
- Markiere das, was wichtig ist, was du dir merken willst.
- Versuche dann die Regel mit eigenen Worten zu erklären.
- Vergleiche dabei auch mit Deutsch und mit Englisch.
- Schreibe unbedingt eigene russische Beispiele auf.

Grammatische Erläuterungen verwenden eine Fachsprache. Diese kennst du aus dem Deutschunterricht. Du brauchst die Fachwörter auch, um die Angaben in einem Wörterbuch zu verstehen.

- Kontrolliere dich selbst, ob du die lateinischen Fachbegriffe, z. B. Nominativ, Personalpronomen, Plural verstehst.

L7 Details oder den wesentlichen Inhalt beim Hören verstehen

- Schau dir die Aufgabenstellung genau an. Ist der Hörauftrag für dich klar? Stelle fest, ob du den wesentlichen Inhalt oder Details verstehen sollst.
- Stelle Vermutungen zum Inhalt an.
- Höre konzentriert zu.
- Achte auf Wörter, die du schon einmal gehört hast oder die ähnlich klingen wie im Deutschen oder im Englischen.
- Bleibe ruhig, wenn du nicht alle Wörter verstehst.
- Versuche auch, aus dem Sinnzusammenhang zu kombinieren.
- Nutze akustische Signale der Sprecher (z. B. das Anheben der Stimme, lauteres Sprechen) und Geräusche.
- Mach dir Notizen entsprechend der Höraufgabe.

L8 Verstehenslücken ausgleichen/Sprechpausen vermeiden

Sprechen

Wenn du im Gespräch etwas nicht verstanden hast, dann
- teile dies deinem Gesprächspartner mit *«Я не пóнял. (Я не понялá.)»*,
- bitte ihn zu wiederholen *«Повторú, пожáлуйста.»* oder
- frage noch einmal nach, z. B. *«Где ты живёшь?» «Скóлько тебé лет?» «Где Борúс?»*
- Vermeide Sprechpausen.
- Nutze deine Mimik.
- Verwende „Pausenfüller" wie *«Ну,.../Ну, да/вот. /Хм. /Лáдно.»*

L9 Etwas sinngemäß ins Russische übertragen

Sprach-mittlung

- Vereinfache das, was du in deiner Muttersprache sagen willst. Nutze den Wortschatz, der dir in russischer Sprache zur Verfügung steht. Verwende dabei auch Internationalismen.
- Nutze Synonyme (Wörter mit gleicher oder ähnlicher Bedeutung), z. B. Vater *(отéц)* = Papa *(пáпа)*.
- Umschreibe mit verneinten Antonymen (Wörter, die das Gegenteil ausdrücken), z. B. *мáленький = небольшóй*.
- Umschreibe ein Wort, das du nicht kennst oder das dir nicht einfällt, z. B. *родúтели = мáма и пáпа*.
- Stelle die Wortbedeutung für den Gesprächspartner zeichnerisch dar.
- Nutze Mimik und Gestik.

L 10 Interkulturelle Vergleiche für das Verstehen nutzen

Sozio-kulturelles

Mit einer Sprache lernst du auch immer eine Kultur kennen. Dabei erfährst du viel über die Menschen und das Land, in dem die Sprache als Muttersprache verwendet wird. Du wirst feststellen, dass es sowohl Gemeinsamkeiten als auch Unterschiede gibt, z. B. bei Mimik, Gestik, Einstellungen und Verhaltensweisen. Gemeinsamkeiten, Ähnlichkeiten und Unterschiede findest du durch Vergleiche mit deiner Kultur heraus. Begegne der anderen Kultur bei diesem Vergleich mit Offenheit und bewerte die Unterschiede nicht aus deiner Sicht. Missverständnisse kannst du vermeiden, wenn du versuchst, die Besonderheiten der anderen Kultur herauszufinden und zu beachten. Frage auch nach, wenn du etwas nicht verstehst.

Lerntipps Диалог 2

L 11 Überfliegendes Lesen ↗1 A

Aus dem Englischunterricht kennst du bereits das so genannte „scanning“. Diese Technik hilft dir, auch in einem russischen Text, oder einer Tabelle, Grafik usw. bestimmte Informationen zu finden.

- Lies zunächst die Aufgabe durch und stelle fest, welche Information du im Text finden sollst, z. B. einen bestimmten Ort, eine Zeitangabe.
- Prüfe, ob die Aufgabe Schlüsselwörter enthält, nach denen du suchen musst (z. B. *отправля́ется* in Aufgabe 1A/7).
- Überfliege dann den Text mit den Augen von oben nach unten und suche nach dem Schlüsselwort.
- Es kann auch vorkommen, dass ein Schlüsselwort, nach dem du suchst, im Text nicht vorkommt (z.B. *прибыва́ет* in Aufgabe 1A/7). In diesem Fall solltest du zunächst überlegen, ob es andere Wörter gibt, die mit der gesuchten Information zu tun haben. Wenn das nicht weiterhilft, musst du dein Allgemeinwissen nutzen. Überlege z. B. in Aufgabe 1A/7, wie ein deutscher Fahrplan aufgebaut ist, wo Abfahrts- und Ankunftszeiten stehen, oder wie man die Fahrtdauer errechnen kann.

L 12 Detailliertes Lesen ↗3 A

Techniken zum Lesen eines längeren Textes sind dir ebenfalls aus dem Englischunterricht bekannt. Auch diese kannst du im Russischunterricht gut nutzen.

- Lies den Text ein erstes Mal schnell, d. h. überfliege ihn. Suche nach bekannten Wörtern. Unbekannte Wörter sollten dich nicht aufhalten.
  Versuche, den wesentlichen Inhalt zu erfassen. Orientiere dich dabei an den Fragen: *Wer? Wo? Was? Wann?* Oft hilft dir auch die Überschrift zu erkennen, worum es in dem Text geht.
- Bei einem zweiten aufmerksameren Lesen solltest du nun den Inhalt tiefer erfassen. (*Wie? Warum?* und *Was noch?*)
- Beim Erschließen unbekannter Wörter helfen dir folgende Hinweise:
  - Suche Ähnlichkeiten (z. B. den Wortstamm) mit dir bekannten russischen Wörtern (z. B. *бра́тик – брат, нарисова́л – рисова́ть* in Aufgabe 3A/1).
  - Vergleiche unbekannte Wörter mit bekannten Wörtern in deiner Muttersprache oder in Fremdsprachen, die du bereits kennst. Suche dabei nach Ähnlichkeiten im Schrift- oder Klangbild (z. B. *тюльпа́ны – Tulpen, оригина́льный – originell, карао́ке – Karaoke*).
  - Erschließe unbekannte Wörter aus dem Sinnzusammenhang. Stelle fest, worauf sie sich beziehen (z. B. *Ба́бушка <u>испекла́</u> большо́й вку́сный торт*. Welche Verbindung kann es zwischen der Oma und der Torte geben?).
  - Auch Fotos und Illustrationen sind oft eine große Hilfe beim Erschließen unbekannter Wörter und Wendungen (z. B. die Illustration der Torte mit der Aufschrift *Happy birthday! – С днём рожде́ния!*).
- Wenn du das unbekannte Wort zum Verstehen des Textes unbedingt brauchst überlege, wie die Grundform aussieht und suche das Wort dann in der Wortliste bzw. im Wörterbuch (z. B. *смея́лись – смея́ться, цепо́чку - цепо́чка*).
- Beim Nachschlagen in einem Wörterbuch solltest du immer am Sinnzusammenhang prüfen, welche der angegebenen Bedeutungen im Text passt.
  Im Wörterbuch findest du z. B. folgende Bedeutungen für *смея́ться*:
  1. **смея́ться** lachen 2. **смея́ться над** *кем-чем* sich über jmdn. etwas lustig machen.

L 13 Zusammenhängend sprechen ↗2 A; 2Б

- Wenn du zu einem bestimmten Thema zusammenhängend sprichst, d. h. ein Vortrag oder Monolog von dir erwartet wird (z. B. in 2A/14 oder 2 Б/11), solltest du zuerst immer die Aufgabe genau durchlesen. Prüfe, ob du richtig verstanden hast, was von dir erwartet wird.
- Lies die Aufgabe noch einmal und finde heraus, ob es vielleicht inhaltliche Hilfen gibt, die du für deinen Vortrag nutzen kannst (z. B. Fragen oder Stichpunkte), zu denen du sprechen wirst. Diese können für dich dann gleich ein Redeplan sein.
- Wenn die Aufgabe nichts vorgibt, erstelle selbst einen Redeplan. Notiere dazu inhaltliche Stichpunkte (auf Russisch oder Deutsch), die zum Thema gehören. Sortiere sie und bringe sie in eine sinnvolle/logische Reihenfolge. Gliedere dabei auch in Einleitung, Hauptteil und Schluss. Deine Gliederung kann auch in Form einer Mindmap gestaltet werden.
- Wenn nötig, notiere einige schwierige Substantive oder Verben oder Satzanfänge auf Russisch als Merkhilfe. Du kannst auch Symbole verwenden (z. B. ✓ für *etwas ist vorhanden*). Schreibe aber keine vollständigen Sätze auf.
- Übe den Vortrag und sprich (halblaut) mit Hilfe deines Redeplans zu dem Thema. Versuche dabei möglichst frei zu sprechen. Bei einem Vortrag solltest du auch deine Zuhörer anschauen.

L 14 Etwas vor der Klasse präsentieren ↗4Б

- Überlege, welche Form der Präsentation für dein Thema besonders geeignet ist (z. B. Schaubild, Folie)
- Überlege, was du zum Thema sagen willst. Halte deine Gedanken stichpunktartig fest, z. B. auf nummerierten Karteikarten oder als Mindmap.
- Bereite das Schaubild, die Folie vor. Schreibe gut lesbar und übersichtlich.
- Trainiere deine Präsentation zu Hause vor dem Spiegel oder trage sie jmdm. vor. Teste dabei deine Redezeit.
- Für die Präsentation vor der Klasse schreibe die Gliederung und unbekannte Wörter oder auch Eigennamen an die Tafel.
- Sprich erst, wenn alle zuhören. Schau deine Zuhörer an.
- Sage, worüber du sprechen wirst.
- Sprich laut, deutlich und langsam, plane Sprechpausen ein.
- Versuche weitgehend frei zu sprechen.

L 15 Eine E-Mail/einen Brief schreiben ↗5Б

- Es ist nicht sehr schwer, den Text einer E-Mail oder eines Briefes zu verfassen. Du fängst mit der Begrüßung an: *Приве́т* und Name! (*Здра́вствуй* oder *Здра́вствуйте* für eine erwachsene Person und Name!).
- Wenn du eine Antwort schreibst, vergiss nicht, dich für die erhaltene Post zu bedanken: *Спаси́бо за e-mail/за письмо́.*
- Dann schreibst du alles auf, was du mitteilen oder fragen willst.
- Falls du Grüße an jemanden ausrichten lassen möchtest, schreibst du: *(Большо́й) приве́т кому́?*
- Beendet wird ein Brief mit einer Verabschiedung: *Пока́!* oder *До свида́ния!*
- Ganz zum Schluss schreibst du deinen Namen.
- Lies den Text noch einmal durch und überprüfe – z. B. mit dem alphabetischen Wörterverzeichnis oder mit einem Wörterbuch – ob du alles richtig geschrieben hast.

  Hinweis: Auch in russischen E-Mails werden Smileys ☺ verwendet.

Поуро́чный слова́рь

Уро́к 1: Добро́ пожа́ловать в Росси́ю!

1 A

Добро́ пожа́ловать! *куда́?* в/на *mit Akk.*	Herzlich willkommen!	Добро́ пожа́ловать в Росси́ю (в Калу́гу)/на наш конце́рт (на наш сайт)!
ско́ро	bald	Ско́ро у́жин.
на чём? на *mit Präp.*	womit? *(in Verbindung mit Transportmitteln)*	– На чём мо́жно туда́ дое́хать? – На метро́ и́ли на тролле́йбусе.
по́езд *Pl.* поезда́	Zug	Э́то по́езд «Москва́ – Берли́н». Туда́ мо́жно дое́хать на по́езде.
о чём? о *mit Präp.*	worüber? wovon?	О чём они́ говоря́т?
знать *uv. кого́? что? mit Akk.*	wissen, kennen	– Ты зна́ешь, где они́ живу́т? – Да, зна́ю.
прие́хать *v. zielger.* ~ *куда́?* в/на *mit Akk.* ~ *на чём?* на *mit Präp.*	(an)kommen, anreisen	Я, к сожале́нию, не зна́ю, когда́ ребя́та прие́дут в Москву́.
получи́ть *v. что? mit Akk.*	erhalten, bekommen	Роди́тели получи́ли письмо́ из Росси́и.
от *кого́? mit Gen.*	von	На́стя получи́ла письмо́ от А́ни.
день *m., Gen.* дня, *Pl.* дни, *Gen.* дней	Tag	↔ До́брый день! Мы бы́ли в Москве́ оди́н день (два дня, пять дней).
посмотре́ть *v.* *что? mit Akk.*	sich etw. ansehen, anschauen	↔ смотре́ть *uv.* Ребя́та хотя́т посмотре́ть го́род.
го́сти *Pl.* *Gen., Akk.* госте́й *Sg.* гость *m.*	Gäste, Besuch	**E** guests ↔ гости́ница, гости́ная Э́то на́ши го́сти из Герма́нии.
за́втра	morgen	Ребя́та прие́дут за́втра ве́чером в 6 часо́в.
электри́чка *ugs.* *Gen. Pl.* электри́чек	Elektritschka (*elektrisch betriebener Vorortzug*)	Электри́чка – э́то электропо́езд.
прибыва́ть *uv.* *nicht zielger.* *куда́?* в/на *mit Akk.*	ankommen, eintreffen	По́езд прибыва́ет в Москву́ днём в 10 часо́в.
то́чно	genau	Я ещё то́чно не зна́ю, когда́ прибыва́ет электри́чка.
отправля́ться *uv.* **A** [ат]правля́[тца]	abfahren	По́езд отправля́ется в 21 час.
из *mit Gen.*	aus	↔ из Герма́нии (Росси́и). Электри́чка отправля́ется из Москвы́ у́тром в 9 часо́в.
расписа́ние *s.*	(Fahr)Plan	Расписа́ние поездо́в мо́жно посмотре́ть в Интерне́те.
платфо́рма	Bahnsteig	Ты зна́ешь но́мер платфо́рмы?
куда́?	wohin?	Ребя́та, вы куда́?
е́хать *uv. zielger.* ~ *куда́?* в/на *mit Akk.* ~ *на чём?* на *mit Präp.*	(hin)fahren	Ребя́та е́дут в Калу́гу на электри́чке.
идти́ *uv. zielger.* *куда́?* в/на *mit Akk.* **A** и[тт]и́	(hin)gehen	– Ю́ля, куда́ ты идёшь? – Я иду́ на остано́вку авто́буса.
вре́мя *s.* Ско́лько вре́мени…? *Gen., Dat., Präp.* вре́мени во вре́мя *чего́? mit Gen.*	Zeit Wie lange? während	↔ Ско́лько сейча́с вре́мени? Ско́лько вре́мени идёт по́езд от Берли́на до Москвы́?
Как вы дое́хали?	Wie war die Reise?	↔ дое́хать до… – Ребя́та, как вы дое́хали? – Спаси́бо, хорошо́.
так *meist mit Adverb*	so	Э́то так про́сто! А́ня, ты так хорошо́ говори́шь по-ру́сски!
до́лго	lange (*Zeit*)	Мы е́хали так до́лго – 32 часа́!
уста́ть *v.*	müde werden, ermüden	– Ребя́та вы о́чень уста́ли? – А́ня уста́ла, а Ма́рко не уста́л.
чуть-чу́ть *ugs.*	ein bisschen	Свен чуть-чу́ть говори́т по-ру́сски.
пробле́ма	Problem	**E** problem Мы чуть-чу́ть уста́ли, но э́то не пробле́ма.

спа́льный, -ая, -ое; -ые	Schlaf-	⟷ спа́льня Спа́льня – э́то спа́льная ко́мната.
ваго́н	Eisenbahnwagen, Waggon	**F** wagon – На́стя, *СВ* – что э́то? – *СВ* – э́то спа́льный ваго́н. **A** [эсвэ]
купе́ *s., unveränd.* **A** куп[э]	Zugabteil	**F** coupé Купе́ ма́ленькое, но ую́тное.
весь, вся, всё; все	*hier:* ganz *Adj.*	весь день, вся шко́ла, всё вре́мя
разгова́ривать *uv. с кем?* с *mit Instr.*	sich unterhalten, sprechen	⟷ говори́ть Мы разгова́ривали и слу́шали му́зыку.
окно́, *Gen.* окна́, *Pl.* о́кна, *Gen.* о́кон смотре́ть **в** окно́	Fenster aus dem Fenster sehen (schauen)	В ко́мнате большо́е окно́. В кла́ссе больши́е о́кна. В по́езде мо́жно смотре́ть в окно́.
фотогра́фии *Pl.* *Sg.* фотогра́фия, *где? mit Präp.* на фотогра́фии	Fotografien, Fotos, Bilder	**E** photograph ⟷ фотографи́ровать На́стя хо́чет посмотре́ть фотогра́фии А́ни. На э́той фотогра́фии моя́ семья́.
пое́хать *v. zielger.* ~ *куда́?* в/на *mit Akk.* ~ *на чём?* на *mit Präp.*	(los)fahren, (hin)fahren	⟷ е́хать Ты хо́чешь пое́хать на конце́рт? За́втра у́тром в 9 часо́в мы пое́дем на электри́чке в Калу́гу.
домо́й *куда́? Akk.*	nach Hause	⟷ дом, до́ма Я иду́ домо́й.
проводни́к *Gen. u. Akk.* проводника́, *Pl.* проводники́, **проводни́ца**	Zugbegleiter Zugbegleiterin	Где наш проводни́к?
кипято́к *Gen.* кипятка́ **A** кип[и]то́к	kochendes Wasser	У проводни́цы есть чай, ко́фе и́ли про́сто кипято́к.
биле́т ~ на по́езд, ~ на авто́бус	*hier:* Fahrkarte, Zugfahrkarte, Busfahrschein	**F** billet Ва́ши биле́ты, пожа́луйста!

экспре́сс, депо́

1Б

о *ком? чём? mit Präp.*	über, von	Моя́ подру́га зна́ет обо мне всё. Мы говори́м о На́сте.
большо́й, -а́я, -о́е; -и́е	*hier*: beste(r), viel	Ди́ма – мой большо́й друг. Большо́е спаси́бо! 100 е́вро – э́то больши́е де́ньги.
большо́й приве́т *кому́? mit Dat.*	viele Grüße	⟷ Переда́й приве́т сестре́! На́стя, (переда́й) большо́й приве́т ма́ме и па́пе!
ду́мать *uv.*	denken, glauben	– Я ду́маю, А́ня о́чень лю́бит ма́му, па́пу и сестру́. – Я то́же так ду́маю.
де́вочка *Gen. u. Akk. Pl.* де́вочек	(kleines) Mädchen (*bis ca. 14–15 J.*)	На́стя – о́чень краси́вая де́вочка.
ма́льчик	(kleiner) Junge (*bis ca. 14–15 J.*)	Ма́льчики игра́ют в ша́хматы.
друзья́ *Pl.* *Gen. u. Akk.* друзе́й *Sg.* друг	Freunde	⟷ друг, подру́га Э́то Ле́на и Анто́н – мои́ друзья́ из Москвы́.
цвет **!** *Pl.* цвета́	Farbe, Farbton	Како́й цвет тебе́ нра́вится?

! цвет – цвета́ | цвето́к – цветы́

бе́лый, -ая, -ое; -ые	weiß	Мне нра́вится бе́лый цвет.
чёрный, -ая, -ое; -ые	schwarz	
кра́сный, -ая, -ое; -ые	rot	
зелёный, -ая, -ое; -ые	grün	
жёлтый, -ая, -ое; -ые	gelb	
се́рый, -ая, -ое; -ые	grau	
кори́чневый, -ая, -ое; -ые	braun	
голубо́й, -а́я, -о́е; -ы́е	(himmel-) hellblau	
си́ний, **!** -яя, -ее; -ие	blau, dunkelblau	

Weißt du, dass **Кра́сная пло́щадь** eigentlich *schöner Platz* heißt? Das Adjektiv **кра́сный** bedeutete ursprünglich *schön*.

всё равно́ *кому́? mit Dat.* Мне ~ .	einerlei, ganz egal Es ist mir ganz egal (gleich).	– Ты хо́чешь пить во́ду и́ли лимона́д? – Мне всё равно́.
все	*hier:* alle	Мне нра́вятся все цвета́.
универма́г	Warenhaus, Kaufhaus	↔ ГУМ (Гла́вный универса́льный магази́н) Сего́дня мы пое́дем в универма́г.
блу́зка *Gen. u. Pl.* блу́зки, *Gen. Pl.* блу́зок	Bluse	**E** blouse Мне нра́вится голуба́я блу́зка.
футбо́лка *Gen. u. Pl.* футбо́лки, *Gen. Pl.* футбо́лок	T-Shirt	↔ футбо́л Да́йте мне, пожа́луйста, бе́лую футбо́лку.
ю́бка *Gen. u. Pl.* ю́бки *Gen. Pl.* ю́бок	Rock (*Kleidungsstück*)	**F** jupe Све́те не нра́вится кра́сная ю́бка.
сви́тер **A** сви́т[э]р *Pl.* сви́теры *u.* свитера́	Pullover	**E** sweater Гле́бу о́чень нра́вится се́рый сви́тер.
джи́нсы *nur Pl.* *Gen.* джи́нсов, *Präp.* в джи́нсах	Jeans	**E** jeans Ю́ле нра́вятся голубы́е джи́нсы.
пла́тье *n.* *Gen. u. Pl.* пла́тья *Gen. Pl.* пла́тьев	Kleid	Кра́сное пла́тье – люби́мое пла́тье На́сти.
руба́шка *Gen. u. Pl.* руба́шки *Gen. Pl.* руба́шек	Herren(ober)hemd	
брю́ки *nur Pl.* *Gen.* брюк *Präp.* в брю́ках	Hose	Па́па лю́бит бе́лые руба́шки и чёрные брю́ки.
тёплый, -ая, -ое; -ые	warm	Я возьму́ тёплый сви́тер.
ни́жнее бельё	Unterwäsche	
носки́	Socken	
како́й? -а́я, -о́е; -и́е	welcher? was für ein?	Каки́е джи́нсы тебе́ нра́вятся?
в чём? *ugs.* чём *Präp. von* что	Was trägt jmd.? Was hat jmd. an?	– В чём На́стя? – Она́ в чёрной ми́ни-ю́бке.
в *чём? mit Präp.* *ugs.*	jmd. trägt etwas jmd. hat etwas an	Ма́рко в чёрных джи́нсах и в бе́лой футбо́лке.
ходи́ть в *чём? mit Präp. ugs.*	tragen, anhaben (ein Kleidungsstück)	– В чём ты лю́бишь ходи́ть? – Я люблю́ ходи́ть в джи́нсах.

 бе́жевый, ора́нжевый, ро́зовый, фиоле́товый

1 В

пла́ны *Pl.*	*hier:* Pläne, Vorhaben	**E/F** plan Каки́е у вас пла́ны?
на *mit Akk.*	für (*in Verbindung mit Terminen*)	– Каки́е пла́ны у вас на за́втра? – За́втра мы пое́дем в дере́вню.
спорти́вный, -ая, -ое; -ые **A** [спа]рти́вный	Sport-	↔ спортза́л – У тебя́ есть спорти́вные брю́ки? – Коне́чно, есть.
пра́здник **A** пра́[зн]ик	*hier:* Fest	За́втра у нас в шко́ле спорти́вный пра́здник.
спорт **A** [сп]орт	Sport	**E/F** sport
быть *mit Inf. uv. Futur* я бу́ду, ты бу́дешь, они́ бу́дут	sein, werden	– Что ты бу́дешь де́лать за́втра? – За́втра я бу́ду игра́ть в те́ннис.
интервью́ *s. unveränd.* **A** ин[тэ]рвью́	Interview	**E/F** interview Мы смотре́ли интервью́ с Джоа́н Ро́улинг.
спортплоща́дка (спорти́вная площа́дка) **A** сп[о]ртплоща́дка *Gen. u. Pl.* спортплоща́дки, *Gen. Pl.* спортплоща́док	Sportplatz	↔ спорт, пло́щадь – Где вы бу́дете игра́ть в футбо́л? – На спортплоща́дке.
нача́ло	Beginn, Anfang	↔ снача́ла Нача́ло пра́здника в 11 часо́в.
послеза́втра **A** п[о]слеза́втра	übermorgen	↔ по́сле, за́втра Го́сти приеду́т послеза́втра у́тром.

пойти́ *v. куда́? zielger.* в/на *mit Akk.*	(los)gehen, hingehen **!** пойти́ | идти́ я пойду́ | я <u>иду́</u> ты пойдёшь | ты <u>идёшь</u> они́ пойду́т | они́ <u>иду́т</u>	Я пойду́ домо́й (в кино́, на конце́рт).
лу́чше	*hier:* lieber (*Komp.*)	А́ня, пойдём лу́чше на конце́рт!
вот (*meist in Verbindung mit Adverbien*) *ugs.*	das ist …	⟷ Вот э́то да! Вот (и) хорошо́!
Здо́рово! *ugs.*	Prima! Toll! Großartig!	– За́втра мы пое́дем в Москву́. – Вот здо́рово!
нет *mit Gen. Pl. ugs.*	kein(e) … !	⟷ У меня́ нет бра́та. – Дава́йте вме́сте пое́дем в го́род! – Нет вопро́сов!
кла́ссный, -ая, -ое; -ые *ugs.*	klasse, toll, großartig	Кла́ссная маши́на!
иде́я *w., Gen. u. Pl.* иде́и, *Gen. Pl.* иде́й	Idee	– Ребя́та, дава́йте пойдём в кино́! – Кла́ссная иде́я!
к *кому́? mit Dat.*	zu (*wem*)	– Когда́ ты прие́дешь ко мне? – Я прие́ду к тебе́ за́втра.
в го́сти *к кому́?* к *mit Dat.*	zu Besuch	⟷ го́сти, гость, Мы идём в го́сти к На́сте.
Класс! *ugs.*	Klasse!	⟷ кла́ссный – Ребя́та, пойдёмте к нам в го́сти! – Класс!
для *кого́? mit Gen.*	für	У меня́ ещё нет сувени́ров для ма́мы и па́пы.
кого́? *Gen., Akk. von* кто **А** к[ав]о́	wen?	– Кого́ он лю́бит рисова́ть? – Тури́стов и соба́к.
кому́? *Dat. von* кто	wem?	– Переда́й приве́т Ю́ле и Гле́бу! – Кому́? – Ю́ле и Гле́бу. – Хорошо́, переда́м.
о ком? *Präp. von* кто	über wen? von wem?	– О ком они́ говоря́т? – О ма́льчиках.

 альбо́м, аттракцио́ны, космона́втика, я́рмарки, авиапассажи́ры, аэропо́рт, регистра́ция, термина́л

Уро́к 2: На́ша шко́ла

2 A

учи́ться *uv.* *где?* в *mit Präp., как?* **А** учи́[тца]	lernen, studieren (*eine Lehre oder Ausbildung machen*)	⟷ учени́к, учени́ца Моя́ сестра́ у́чится в шко́ле. Она́ у́чится о́чень хорошо́.
учи́ть *uv. что? mit Akk.*	lernen (*etw. durch mehrmaliges Wiederholen einprägen*), auswendig lernen, einstudieren	⟷ учи́ться Ле́на у́чит стихотворе́ние.
сре́дний, **!** -яя, -ее; -ие	Mittel-	На́дя у́чится в сре́дней шко́ле.
седьмо́й, -а́я, -о́е; -ы́е	der (die, das; die) siebte	
гимна́зия *где?* в *mit Präp.* в гимна́зии	Gymnasium	В Росси́и есть сре́дние шко́лы, гимна́зии и лице́и.
реа́льный, -ая, -ое; -ые	Real-	Ти́на у́чится в реа́льной шко́ле.
нача́льный, -ая, -ое; -ые	*hier:* Grund-	⟷ нача́ло Ю́ля у́чится в нача́льной шко́ле.
тре́тий, **!**-ья, -ье; -ьи	der (die, das; die) dritte(n)	⟷ три Ю́ля у́чится в тре́тьем кла́ссе.
четвёртый, -ая, -ое; -ые	der (die, das; die) vierte(n)	⟷ четы́ре
о́бщая шко́ла	Gesamtschule	
язы́к *Pl.* языки́	*hier:* Sprache	– На́дя, како́й язы́к ты у́чишь? – Я учу́ неме́цкий язы́к.
с *како́го? mit Gen.* с пе́рвого, **! со** <u>вт</u>оро́го	*hier:* ab, seit	– А́ня, с како́го кла́сса ты у́чишь ру́сский язы́к? – Со второ́го кла́сса.
занима́ться *uv. чем? mit Instr.* **А** занима́[тца]	1. sich beschäftigen; (*Sport*) treiben 2. lernen	Мы занима́емся спо́ртом. Я занима́юсь ру́сским языко́м с седьмо́го кла́сса.
англи́йский, -ая, -ое; -ие	englisch	⟷ по-англи́йски Алёша у́чит англи́йский язы́к.

! Wenn es sich um mehrere Sprachen handelt, so wird der Plural verwendet: **учи́ть англи́йский и неме́цкий языки́**.

литерату́ра	Literatur	**E** literature На́дя о́чень лю́бит ру́сскую литерату́ру.
предме́т	*hier:* Schulfach	Мои́ люби́мые предме́ты – ру́сский язы́к и матема́тика.
физкульту́ра	*hier:* Sport (*Schulfach*)	Алёша о́чень лю́бит физкульту́ру.
матема́тика	Mathematik	**E** Mathematics
биоло́гия	Biologie	**E** Biology На́дя не лю́бит биоло́гию.
геогра́фия	Geografie	**E** Geography А́ня лю́бит геогра́фию.
информа́тика	Viele Fremdwörter, die im Russischen auf *-ка* enden, haben im Deutschen das Suffix *-ik*: *атле́тика, гимна́стика, ло́гика, логи́стика, матема́тика, му́зыка, фи́зика, эсте́тика…*	
му́зыка	Musik	**E** Music lessons
фи́зика	Physik	**E** Physics
исто́рия	Geschichte	**E** History
хи́мия	Chemie	**E** Chemistry
иностра́нный, -ая, -ое; -ые	fremd, Fremd-	иностра́нные языки́
францу́зский, -ая, -ое; -ие **A** францу́[ск]ий		⟷ по-францу́зски францу́зский язы́к
сло́во *Gen. Sg.* сло́ва, *Pl.* слова́, *Gen.* слов	Wort, Vokabel	Когда́ ты обы́чно у́чишь но́вые слова́?
свобо́дный, -ая, -ое; -ые	frei, Frei-	свобо́дное вре́мя
мно́го *mit Verb*	viel	Она́ мно́го чита́ет.
мно́го *mit Gen. Pl.*	viele	мно́го кружко́в
росси́йский, -ая, -ое; -ие	russisch (*bezogen auf Staat und Wirtschaft*)	⟷ Росси́я росси́йский банк, росси́йская фи́рма
шко́льник, шко́льница	Schüler(in)	⟷ шко́ла
писа́ть *uv.* *что?* *mit Akk.* *кому́?* *mit Dat.*	schreiben	⟷ письмо́ Я люблю́ писа́ть пи́сьма.
ве́село весёлый, -ая, -ое; -ые	lustig	У нас на уро́ках ру́сского языка́ всегда́ ве́село.
ра́зный, -ая, -ое; -ые	verschieden	В на́шей гимна́зии мо́жно занима́ться ра́зными иностра́нными языка́ми.
кружо́к *Gen.* кружка́, *Pl.* кружки́, *Gen.* кружко́в	Zirkel, Arbeitsgemeinschaft	В на́шей шко́ле есть ра́зные кружки́, наприме́р, кружо́к матема́тики и фи́зики, театра́льная сту́дия.
наприме́р	zum Beispiel	
све́тлый, -ая, -ое; -ые	*hier:* hell	Мы занима́емся в больши́х све́тлых и чи́стых кла́ссах.
чи́стый, -ая, -ое; -ые	*hier:* sauber	
а́ктовый зал	Aula	В на́шей шко́ле есть а́ктовый зал.
шко́льный, -ая, -ое; -ые	Schul-	⟷ шко́ла, шко́льник

 а́лгебра, вальдо́рфская шко́ла, геоме́трия, лати́нский язы́к, лице́й *m.*, танцева́льный анса́мбль, театра́льная сту́дия, спорти́вные кружки́, хор

2Б

уро́ки *Pl.* *Sg.* уро́к	*hier:* Unterrichtsstunden	⟷ уро́к, де́лать уро́ки Сего́дня у нас шесть уро́ков.
дневни́к *Gen.* дневника́, *Pl.* дневники́, *Gen.* дневнико́в *где?* в *mit Präp.* в дневнике́	1. Hausaufgabenheft 2. Tagebuch	⟷ день, днём – Ле́на, э́то твой дневни́к? – Да, мой.
расписа́ние *s.*	(Stunden)Plan	⟷ писа́ть, письмо́ В дневнике́ мо́жно посмотре́ть расписа́ние уро́ков.
неде́ля	Woche	Ско́лько уро́ков у вас в неде́лю?
понеде́льник	Montag	Wenn du sagen willst, an welchem Wochentag etw. geschieht (passiert), musst du die Präposition *в mit Akk.* benutzen.
вто́рник	Dienstag ⟷ второ́й (день)	*Когда́? В како́й день? – В понеде́льник, во вто́рник, в сре́ду, в четве́рг, в пя́тницу, в суббо́ту, в воскресе́нье.*
среда́	Mittwoch ⟷ сре́дний	Beachte die Aussprache: *[ф] понеде́льник, [ф] сре́ду, [ф] четве́р[к], [ф] пя́тницу, [ф] суббо́ту*
четве́рг	Donnerstag ⟷ четвёртый	
пя́тница	Freitag ⟷ пя́тый	
суббо́та	Samstag	
воскресе́нье	Sonntag	

в *mit Akk.*	*hier:* in, pro (an, am)	Ско́лько уро́ков у вас обы́чно в день?
раз 2–4 ра́за, 5… раз	Mal, mal	Ско́лько раз в неде́лю вы занима́етесь физкульту́рой?
начина́ть *uv.* *что? mit Akk.*	beginnen, anfangen *(die Handlung geht von einer Person aus)*	⟷ нача́ло Учи́тель начина́ет уро́к. Я начина́ю чита́ть текст.
начина́ться *uv.* **А** начина́[тца]	beginnen, anfangen *(die Handlung geht nicht von einer Person aus)*	⟷ начина́ть – Когда́ начина́ется уро́к? – В 8 часо́в.
конча́ть *uv.* *что? mit Akk.*	enden, beenden *(die Handlung geht von einer Person aus)*	Мы ко́нчили чита́ть кни́гу.
конча́ться *uv.* **А** конча́[тца]	enden, beenden *(die Handlung geht nicht von einer Person aus)*	⟷ конча́ть – Когда́ конча́ется уро́к? – В 2 часа́.
учи́тель *Gen., Akk.* учи́теля, *Pl.* учителя́, *Gen., Akk.* учителе́й	Lehrer	⟷ учи́ть, учи́ться Э́то наш учи́тель физкульту́ры.
учи́тельница	Lehrererin	Как зову́т ва́шу учи́тельницу?
первокла́ссник, первокла́ссница *w.*	Schüler(in) der 1. Klasse	
семикла́ссник, семикла́ссница *w.*	Schüler(in) der 7. Klasse	
отме́тка *Gen. Pl.* отме́ток	*hier:* Note, Zensur	У Алёши хоро́шие отме́тки по матема́тике.
отли́чно	*hier:* ausgezeichnet	В Росси́и *пятёрка* – э́то отли́чно.
пятёрка *ugs.* *Gen. Pl.* пятёрок **А** п[и]тёрка		⟷ пять В Герма́нии *пятёрка* – о́чень плоха́я отме́тка.
четвёрка *ugs.* *Gen. Pl.* четвёрок		⟷ четы́ре *Четвёрка* в Росси́и – э́то хоро́шая отме́тка.
тро́йка *ugs.* *Gen. Pl.* тро́ек		⟷ три По фи́зике у То́ма тро́йка.
дво́йка *ugs.* *Gen. Pl.* дво́ек		⟷ два У нас в Росси́и *дво́йка* – плоха́я отме́тка.
едини́ца *ugs.*		⟷ оди́н По англи́йскому языку́ у Ти́ны дво́йки и едини́цы.
шестёрка *ugs.* *Gen. Pl.* шестёрок	*hier:* Sechs	⟷ шесть – На́стя, у вас есть отме́тка *шестёрка*? – Нет, у нас нет тако́й отме́тки.
по *mit Dat.*	*hier:* in (*im Fach*)	Тест по фи́зике у нас в четве́рг.
получа́ть *uv.* *что? mit Akk.*	*hier:* bekommen	Я люблю́ получа́ть пи́сьма. ⟷ получи́ть *v.*

Zensuren

in Russland		in Deutschland
5	⟶	1
4	⟶	2
3	⟶	3
2	⟶	4/5
1	⟶	6

 рели́гия, э́тика, план

2 B

переме́на *когда́?* на *mit Präp.*	*hier:* Pause	Мы обе́даем на большо́й переме́не.
на переме́не, во вре́мя переме́ны	in der Pause	
расска́зывать *uv.* *о ком? о чём?* о *mit Präp.*	erzählen	⟷ Расскажи́(те)! На́дя расска́зывает А́не о шко́льных кружка́х.
нescку́чно		
руководи́тель **руководи́тельница**	Leiter(in)	Как зову́т руководи́теля кружка́?
рабо́тать *uv.*	1. arbeiten 2. funktionieren	У нас рабо́тают спорти́вные кружки́.
лёгкая атле́тика **А** лё[х]кая	Leichtathletik	
футбо́льный, -ая, -ое; -ые	Fußball-	⟷ футбо́л футбо́льный клуб
кома́нда	*hier:* Mannschaft, Team	футбо́льная кома́нда

занима́ть *uv. mit Akk.*	*hier*: belegen (*einen Platz in der Rangordnung*)	занима́ть ме́сто
призово́й, -а́я, -о́е; -ы́е	Preis- (Medaillen-)	призовы́е места́
городско́й, -а́я, -о́е; -и́е	Stadt-, städtisch	↔ го́род городска́я библиоте́ка
соревнова́ние *s.* *Gen. u. Pl.* соревнова́ния, *Gen. Pl.* соревнова́ний, *где? в чём?* на/в *mit Präp. Pl.* на(в) соревнова́ниях	*hier*: Wettkampf, Wettspiel	В пя́тницу у нас соревнова́ния по лёгкой атле́тике.
поэ́тому	deshalb, deswegen	На́дя лю́бит рисова́ть, поэ́тому она́ занима́ется в изосту́дии.
организова́ть *uv./v.* *что? mit Akk.*	organisieren	Дава́йте организу́ем ве́чер неме́цкой му́зыки!
вы́ставка *Gen. Pl.* вы́ставок	Ausstellung	– На́стя, когда́ (бу́дет) вы́ставка? – В сре́ду.
пока́зывать *uv.* *что? mit Akk.*	zeigen	↔ покажи́те… Вы бу́дете пока́зывать рабо́ты ва́ших ребя́т?
рабо́та *Gen. Pl.* рабо́т	*hier:* Arbeit, Werk	↔ рабо́тать А́не нра́вятся рабо́ты На́ди.
интересова́ться *uv.* *чем? кем? mit Instr.* **!** ohne Präposition **A** интересова́[тца]	sich interessieren	↔ интере́сный Я интересу́юсь матема́тикой.
стать *v. кем? mit Instr.*	*hier:* werden	Я хочу́ стать диза́йнером. А ты?
гото́виться *uv.* *к чему́?* к *mit Dat.* **A** гото́ви[тца]	*hier:* sich vorbereiten	Мы гото́вимся к те́сту по ру́сскому языку́.
ко́нкурс	Wettbewerb **!** Nicht verwechseln mit Konkurs (Wirtschaft, Recht).	– Ребя́та, что вы де́лаете? – Мы гото́вимся к ко́нкурсу *Кенгуру́*.
уча́ствовать *uv.* *в чём?* в *mit Präp.*	teilnehmen	Ю́ля то́же уча́ствует в ко́нкурсе *Кенгуру́*?
приз *Pl.* призы́	*hier:* Preis (*für einen Sieg in einem Wettbewerb*)	**E** prize, **F** prix ↔ призово́й Ю́ля уже́ получа́ла призы́.
почему́?	warum?	Почему́ ты у́чишь ру́сский язы́к?
потому́ что **A** потому́[шт]о	weil, da	Я учу́ ру́сский язы́к, потому́ что он мне о́чень нра́вится.
петь *uv.*	singen	По́сле уро́ков мо́жно петь в хо́ре.

аквагимна́стика, аэро́бика, дипло́м, изосту́дия, интерне́т-кафе́, ландша́фт, карате́, карикату́ра, кенгуру́, ко́микс, конфере́нция, ко́смос, олимпиа́да, портре́т, спорти́вные соревнова́ния, спортсме́н, тип (шко́лы), экску́рсия, шко́льный анса́мбль, шко́льный пра́здник, экспериме́нт, автомеха́ник, архео́лог, архите́ктор, био́лог, биофи́зик, бухга́лтер, веб-диза́йнер, визажи́ст, гео́лог, журнали́ст, зоо́лог, инжене́р, исто́рик, коммента́тор, компози́тор, конди́тер, констру́ктор, лабора́нтка, ма́клер, матема́тик, ме́неджер, метеоро́лог, поли́тик, полито́лог, программи́ст, реставра́тор, стили́ст, стомато́лог, техно́лог, фи́зик, физио́лог, хи́мик, экономи́ст, эле́ктрик, энерге́тик, юри́ст

Урок 3: Пра́здники в Росси́и

3 A	**страни́ца**	Seite	Текст на деся́той страни́це.
	прекра́сный, -ая, -ое; -ые	wunderschön, herrlich	
	бра́тик *ugs.*	Brüderchen, Brüderlein	
	чуде́сный, -ая, -ое; -ые	wunderbar	Сего́дня был чуде́сный день.
	цепо́чка *Gen. Pl.* цепо́чек	*hier:* Halskette (*Schmuck*)	Мне нра́вится э́та цепо́чка.
	нарисова́ть *v.* *что? кого́? mit Akk.*	(auf)zeichnen, malen	Мой бра́тик нарисова́л цветы́.
	висе́ть *uv.*	hängen	Рису́нок виси́т на стене́.
	испекла́	(sie) hat gebacken	Ба́бушка испекла́ вку́сный торт.
	смея́ться *uv.*	lachen	Мы мно́го смея́лись.
	пе́сенка *ugs.* *Gen. Pl.* пе́сенок	Liedchen	

пра́здник **А** пра́[зн]ик	Fest, Feiertag	Сего́дня у нас пра́здник.
пода́рок *Gen.* пода́рка, *Pl.* пода́рки, *Gen.* пода́рков	Geschenk	Ни́на лю́бит получа́ть мно́го пода́рков.
день *m.* **рожде́ния** *Gen.* дня рожде́ния, *Pl.* дни рожде́ния, *Gen.* дней рожде́ния	Geburtstag	⟷ день У меня́ сего́дня день рожде́ния.
в гостя́х *у кого́?* у *mit Gen.*	zu Besuch	⟷ го́сти Мы бы́ли в гостя́х у ба́бушки.
год **!** *когда́?* в году́	Jahr	Э́то бы́ло в 1986 (ты́сяча девятьсо́т во́семьдесят шесто́м) году́.
вре́мя *s.* го́да *Gen., Dat., Präp.* вре́мени го́да, *Pl.* времена́ го́да, *Gen.* времён го́да	Jahreszeit	Я люблю́ все времена́ го́да.
весна́	Frühling, Frühjahr	У меня́ день рожде́ния весно́й.
ле́то	Sommer	
о́сень *w.*	Herbst	
зима́ *Akk.* зи́му	Winter	
ме́сяц 2 – 4 ме́сяца 5… ме́сяцев	Monat	Мы бы́ли в Росси́и оди́н ме́сяц (4 ме́сяца, 7 ме́сяцев).

Wenn du sagen willst, dass etwas im Frühling (im Sommer ...) passiert oder stattfindet, verwendest du die Adverbien der Zeit:
весно́й, ле́том, о́сенью, зимо́й.

01	**янва́рь**	в январе́	07	**ию́ль**	в ию́ле
02	**февра́ль**	в феврале́	08	**а́вгуст**	в а́вгусте
03	**март**	в ма́рте	09	**сентя́брь**	в сентябре́
04	**апре́ль**	в апре́ле	10	**октя́брь**	в октябре́
05	**май**	в ма́е	11	**ноя́брь**	в ноябре́
06	**ию́нь**	в ию́не	12	**дека́брь**	в декабре́

число́ *ugs., Gen.* числа́ *Pl.* чи́сла, *Gen.* чи́сел	*hier:* Datum	– Како́е сего́дня число́? – Сего́дня четвёртое апре́ля.
роди́ться *uv./v.* *когда́?* *mit Gen.* *В како́м году́?* в *Zahl mit Präp.* году́ *(Dat.)* *где?* в *mit Präp.* **А** роди́[тца]	geboren werden	– А́ня, когда ты родила́сь? – Я родила́сь пя́того ма́я ты́сяча девятьсо́т девяно́сто седьмо́го го́да в Берли́не. А когда́ и где ты роди́лся? – Я роди́лся тре́тьего ма́рта ты́сяча девятьсо́т девяно́сто седьмо́го го́да в Москве́.
подари́ть *v.* *кому́?* *mit Dat.* *кого́? что?* *mit Akk.*	schenken	⟷ пода́рок Мы пода́рим Ли́нде матрёшку.
рису́нок *Gen.* рису́нка, *Pl.* рису́нки, *Gen.* рису́нков	Zeichnung, Bild	⟷ рисова́ть Како́й краси́вый рису́нок!
ска́зка *Gen. Pl.* ска́зок	Märchen	⟷ сказа́ть Де́душка подари́л мне ру́сские ска́зки.
биле́т *куда́?* в (на) *mit Akk.*	*hier:* Eintrittskarte	Друзья́ подари́ли мне биле́т в цирк.

биле́т в	кино́ теа́тр цирк	**на**	конце́рт футбо́л хокке́й	**на**	авто́бус по́езд метро́

ро́дственники *Pl.* *Sg.* ро́дственник, ро́дственница	Verwandte	⟷ родно́й Све́та и Са́ша – на́ши ро́дственники.
вид (спо́рта)	(Sport)Art	Мой люби́мый вид спо́рта – те́ннис.
анке́та	Fragebogen	В анке́те 10 вопро́сов.
автобиогра́фия *где?* в автобиогра́фии	Lebenslauf	**E** autobiography Я пишу́ автобиогра́фию.
о́тчество	Vatersname	
во́зраст	Alter	

3 Б

про́сьба	Bitte	У меня́ к тебе́ про́сьба.
же *ugs.*	*hier:* ja, doch	Ты же говори́л, что А́ня хорошо́ говори́т по-ру́сски.
встреча́ть *uv.* *что? mit Akk.*	*hier:* begehen, feiern	Мы бу́дем встреча́ть Но́вый год с ро́дственниками.
Но́вый год *(пра́здник)* *когда́?* ! в но́вом году́	Neujahr	↔ но́вый, год С Но́вым го́дом, друзья́!
отпраздновать *v./* **пра́здновать** *uv.* *что? mit Akk.* **A** (от-)пра́[зн]овать	feiern	↔ пра́здник Мы отпра́здновали день рожде́ния де́душки.
пригласи́ть *v./* **приглаша́ть** *uv.* *кого́? mit Akk.* *куда́?* в (на) *mit Akk.*	einladen	Ребя́та, приглаша́ю вас на мой день рожде́ния в пя́тницу в 4 часа́.
одноклассник **однокла́ссница**	Mitschüler(in)	↔ оди́н, класс Ю́ля и Ян – мой однокла́ссники.
сосе́дний, ! -яя, -ее; -ие	Nachbar-	Мы бу́дем встреча́ть Но́вый год в сосе́дней кварти́ре.
разреши́ *Imp. Sg. von* разреши́ть *v.*	erlaube, gestatte	Па́па, пожа́луйста, разреши́ нам встреча́ть Но́вый год в сосе́дней кварти́ре.
Па́сха пасха́льный, -ая, -ое; -ые	Ostern	пра́здник Па́схи
Тро́ица	Pfingsten	Они́ пра́зднуют Тро́ицу.
Рождество́ рожде́ственский, -ая, -ое; -ие	Weihnachten	В Росси́и пра́зднуют Рождество́ 7 (седьмо́го) января́. рожде́ственская ёлка
Дед Моро́з	Väterchen Frost	
Снегу́рочка	Schneeflöckchen (Snegurotschka)	
стоя́ть *uv.*	stehen	! Nicht verwechseln mit *сто́ит* – kostet.
сосе́д, сосе́дка *Gen., Akk. Pl.* сосе́док	Nachbar(in)	↔ сосе́дний У нас хоро́шие сосе́ди.
да́ча *где?* на *mit Präp.* на да́че	Wochenendhaus (-häuschen), Datsche	**E** dacha Они́ встреча́ют Но́вый год на да́че.
вечери́нка *ugs.* *Gen. Pl.* вечери́нок *куда́?* на вечери́нку *где?* на вечери́нке	Party	↔ ве́чером Вечери́нка начина́ется в 7 часо́в.
встре́ча	1. Treffen, Begegnung, Empfang 2. Feier, Begehen	↔ встреча́ть встре́ча Но́вого го́да
новогóдний, ! -яя, -ее; -ие	Neujahrs-	↔ Но́вый год новогóдний концéрт
яйцó *Pl.* я́йца, *Gen.* яиц	Ei	пасха́льные я́йца
приглаше́ние *s.*	Einladung	↔ приглаша́ть приглаше́ние в теа́тр
пра́здничный, -ая, -ое; -ые **A** пра́[зн]ичный	festlich, feierlich	↔ пра́здник На пра́здничном столе́ – краси́вые цветы́.
приходи́ *Imp. Sg. von* приходи́ть *uv.*	komm(zu Besuch), besuche	А́ня, приходи́ на мой день рожде́ния.
прийти́ *v.* *куда́?* в (на) *mit Akk.* *к кому́?* к *mit Dat.*	(an)kommen, eintreffen	– А́ня, ты придёшь ко мне на день рожде́ния? – Коне́чно, приду́.
обяза́тельно	unbedingt, bestimmt	– Андре́й, ты придёшь на вечери́нку? – Обяза́тельно приду́.
за *кого́? что? mit Akk.*	für	Большо́е спаси́бо за приглаше́ние.
Ма́сленица	russische Fastnachtswoche	
таре́лка *Gen. Pl.* таре́лок	Teller	
ча́шка *Gen. Pl.* ча́шек	Tasse	
стака́н	Glas	
нож *Pl.* ножи́, *Gen.* ноже́й	Messer	
ви́лка *Gen. Pl.* ви́лок	Gabel	
ло́жка *Gen. Pl.* ло́жек	Löffel	

пригласи́ть/приглаша́ть **на**	концéрт обе́д дискоте́ку	**в**	кинó теа́тр го́сти

принести́ *v.* *что? mit Akk.*	(mit)bringen	Я принесу́ торт, Ка́тя принесёт пельме́ни.
друго́й, -а́я, -о́е; -и́е	anderer	други́е роди́тели
пра́вда	1. (nicht) wahr, stimmt's 2. Wahrheit	Оле́г, пра́вда, что ты хо́чешь пра́здновать Но́вый год с друзья́ми?
неуже́ли	ist es möglich, wirklich	Неуже́ли тебе́ не нра́вится вечери́нка?
согла́сен *m.* согла́сна *w.*, согла́сны *Pl.*	einverstanden	Мой па́па согла́сен, а ма́ма не согла́сна.
ра́зве	denn, etwa	Ра́зве её роди́тели говоря́т по-ру́сски?
про́тив	*hier:* dagegen	Мы не про́тив.
сюрпри́з	Überraschung	**E** surprise У меня́ для тебя́ сюрпри́з.
познако́мить *v.* *кого́? mit Akk.* *с кем, с чем?* с *mit Instr.*	bekannt machen, vorstellen	Я хочу́ познако́мить тебя́ с мое́й сестро́й.
прия́тно	angenehm	– Меня́ зову́т Ле́на. – О́чень прия́тно.
познако́миться *v.* **A** познако́ми[тца]**!** **познако́мьтесь** *Imp. Pl.*	sich bekannt machen	Ребя́та, познако́мьтесь, пожа́луйста. Э́то моя́ подру́га А́ня из Дре́здена.

 иде́я, видеоди́ск, гирля́нда, карнава́л, компа́кт-ди́ск, Ура́!, минера́льная вода́, фейерве́рк, шампа́нское

3 B

поздравле́ние *s.*	Gratulation, Glückwunsch	Спаси́бо за ва́ши поздравле́ния.
дорого́й, -а́я, -о́е; -и́е	*hier:* lieb, teuer	Дорога́я А́нечка! Дорого́й Макс!
ми́лый, -ая, -ое; -ые	*hier:* lieb (geliebt …)	Ми́лые мои́ ма́мочка и па́почка!
поздравля́ть *uv.* **!** *кого́? mit Akk.* *с чем?* с *mit Instr.*	gratulieren	⟷ поздравле́ние Дорога́я ба́бушка! Поздравля́ю тебя́ с днём рожде́ния.
жела́ть *uv. кому́? mit Dat.* **!** *чего́? mit Gen.*	wünschen	Ребя́та, жела́ю вам хоро́шей вечери́нки.
жела́ние *s.*	Wunsch	три жела́ния
хоро́шее *s.* *Gen.* хоро́шего **A** хоро́ше[ва]	das Gute	Жела́ю тебе́ всего́ хоро́шего.
же́нский, -ая, -ое; -ие	Frauen-	*Ли́за* – э́то же́нский журна́л.
здоро́вье *s.* *Gen.* здоро́вья	Gesundheit	⟷ здра́вствуй(те) Жела́ем вам здоро́вья.
сча́стье *s.* *Gen.* сча́стья **A** [ща́]стье	Glück	Дорога́я ма́мочка, жела́ю тебе́ сча́стья.
уда́ча *Gen. u. Pl.* уда́чи	Erfolg, Gelingen	– Сего́дня у нас тест по фи́зике. – Жела́ю уда́чи!
успе́х *Pl.* успе́хи	Erfolg	Ребя́та, жела́ю вам успе́хов.
учёба	Ausbildung, Lehre, Studium, Lernen, Schule	⟷ учи́ть, учи́ться Жела́ю тебе́ успе́хов в учёбе.
рабо́та	Arbeit *(Tätigkeit)*	⟷ рабо́тать Жела́ю вам успе́хов в рабо́те.
любо́вь *w.* **!** *Gen., Dat., Präp. Sg.* любви́	Liebe	⟷ люби́ть, люби́мый Жела́ю вам любви́.
ра́дость *w.* *Gen., Dat., Präp. Sg.* ра́дости	Freude	Жела́ю вам ра́дости.
красота́	Schönheit	⟷ краси́вый Жела́ю тебе́ здоро́вья и красоты́.
целова́ть *uv.* *кого́? что?* mit Akk.	küssen	Целу́ю тебя́.
кре́пко	fest	Дороги́е ма́мочка и па́почка, целу́ю вас кре́пко.
госуда́рственный, -ая, -ое; -ые	Staats-, staatlich	Каки́е госуда́рственные пра́здники вы пра́зднуете?
церко́вный, -ая, -ое; -ые	Kirchen-, kirchlich	Вы пра́зднуете церко́вные пра́здники?
валенти́нка *ugs.* *Gen. Pl.* валенти́нок	Valentinskarte	А́ня получи́ла валенти́нку от Арту́ра.
День свя́того Валенти́на	Valentinstag	
поздрави́тельный, -ая, -ое; -ые	Glückwunsch-	Ю́ля получи́ла 20 виртуа́льных поздрави́тельных откры́ток.

Урок 4: Свобо́дное вре́мя

4 A

стена́ *Pl.* сте́ны *где?* на стене́	Wand	Како́й у тебя́ краси́вый по́стер на стене́!
собира́ть *uv.* *кого́? что? mit Akk.*	sammeln	Ри́та собира́ет по́стеры рок-гру́ппы *Tokio Hotel*.
коньки́ *Pl.* *на чём?* на конька́х	Schlittschuhe	Я люблю́ ката́ться на конька́х.
уме́ть *uv. что де́лать?* *mit Inf.* uv.	können (*eine Fähigkeit besitzen, etwas beherrschen*)	Ты уме́ешь ката́ться на конька́х?
фигу́рное ката́ние	Eiskunstlauf	↔ ката́ться Я интересу́юсь фигу́рным ката́нием.
гуля́ть *uv.*	spazieren gehen, bummeln	Ба́бушка и де́душка гуля́ют в па́рке.
по *mit Dat.*	*hier:* durch, in, entlang	А люблю́ гуля́ть по го́роду.
ходи́ть *uv. nicht zielger.*	(herum)gehen, bummeln, schlendern	Ма́льчики не лю́бят ходи́ть по магази́нам.
встреча́ться *uv.* *с кем?* с *mit Instr.* **А** встреча́[тца] **встре́титься** *v.*	sich treffen	↔ встре́ча, встреча́ть Я люблю́ встреча́ться с друзья́ми. Когда́ мы встре́тимся?
компа́ния *где?* в компа́нии	*hier:* Gemeinschaft, Clique	У нас небольша́я компа́ния.
под *mit Akk.*	*hier:* zu, bei; mit (…)begleitung	Ребя́та пою́т под гита́ру.
карао́ке *s. unveränd.*	Karaoke	**E** karaoke Я (не) люблю́ петь под карао́ке.
мочь *uv.* *что де́лать? mit Inf. v./uv.*	können (*die Möglichkeit zur Ausübung einer Tätigkeit haben*)	Ве́чером мы мо́жем посмотре́ть фильм.
пойти́ *v. zielger. куда́?* в (на) *mit Akk.* *к кому́?* к *mit Dat.*	losgehen, hingehen	↔ пойдём

пойти́ **в**	теа́тр кино́ го́сти	**на**	вечери́нку конце́рт стадио́н	**к**	дру́гу подру́ге друзья́м

велоспо́рт	Radsport	↔ велосипе́д и спорт Мой брат занима́ется велоспо́ртом.
пла́вание s.	Schwimmen	Я занима́юсь пла́ванием.
мо́да	Mode	Я интересу́юсь мо́дой.
поє́здка *куда́?* в (на) *mit Akk.* *Gen. Pl.* поездо́к	Reise	↔ по́езд, пое́хать Ребя́та расска́зывают о пое́здке в Москву́.
экску́рсия *Gen. Pl.* экску́рсий	Exkursion	По́сле обе́да мы пойдём на экску́рсию в музе́й.
похо́д	Wanderung	↔ ходи́ть Сего́дня мы идём в похо́д. Мы лю́бим ходи́ть в похо́ды.
путеше́ствовать *uv.* *где?* по *mit Dat.*	reisen	Я люблю́ путеше́ствовать по Росси́и.
позвони́ть *v.* **!** *кому́? mit Dat.*	anrufen	– Кому́ ты хо́чешь позвони́ть? – Я хочу́ позвони́ть ба́бушке.
тренирова́ться *uv.*	trainieren	Он трениру́ется в танцева́льном кружке́.
пе́сня *Gen. Pl.* пе́сен	Lied	↔ петь Каки́е ру́сские пе́сни ты зна́ешь?
певе́ц *Gen., Akk.* певца́, *Pl.* певцы́, *Gen., Akk.* певцо́в	Sänger	↔ петь Ты зна́ешь э́того певца́?
певи́ца	Sängerin	↔ петь, певе́ц Ты зна́ешь э́ту певи́цу?
Договори́лись!	Abgemacht!	– Я позвоню́ тебе́ за́втра ве́чером. – Договори́лись!
ждать *uv.* *кого́, чего́? mit Akk.* **!** *ohne Präposition*	warten, erwarten	– Кого́ вы ждёте? – Мы ждём Ни́ну и Бори́са.

альпини́зм, видеокли́п, виндсёрфинг, гимна́стика, детекти́в, ди́ско-му́зыка, кла́ссика, косме́тика, ма́рка, моне́та, сноубо́рд, ба́льные та́нцы, танцева́льный клуб

4Б **поп-звёзды** *Pl. ugs.* *Sg.* поп-звезда́ *Gen. Sg.* поп-звезды́	Popstars	На по́стере на́ши поп-звёзды.
куми́р	Idol	Мой куми́р – Ди́ма Била́н.
клип	Clip	**E** clip Я люблю́ смотре́ть кли́пы.
кро́ме того́ **A** кро́ме то[во́]	außerdem	Она́ хоро́шая певи́ца, и, кро́ме того́, о́чень краси́вая.
симпати́чный, -ая, -ое; -ые	sympathisch, gut aussehend	**F** sympathique Како́й у вас симпати́чный учи́тель!
па́рень *m. ugs.* *Gen., Akk.* па́рня, *Pl.* па́рни, *Gen., Akk.* парне́й	junger Mann, Kerl	Он симпати́чный па́рень.
послу́шать *v.* *что? кого́? mit Akk.*	(sich) anhören, zuhören, hören	⟷ слу́шать *uv.* Я хочу́ послу́шать ру́сскую му́зыку.
изве́стный, -ая, -ое; -ые **A** изве́[сн]ый	bekannt	Э́то изве́стный росси́йский певе́ц.
альбо́м	Album	**E/F** album Э́то изве́стный альбо́м Ди́мы Била́на.
духово́й, -а́я, -о́е; -ы́е	Blas-	Он игра́ет на духово́м инструме́нте.
бли́же *Komp. von* бли́зкий	näher (*hier:* mehr gefallen)	– Кака́я му́зыка тебе́ бли́же? – Мне бли́же поп-му́зыка.
совреме́нный, -ая, -ое; -ые	modern	⟷ с, вре́мя Я люблю́ совреме́нную му́зыку.
пе́ние *s.*	Singen, Gesang	⟷ петь
челове́к **!** *Pl.:* **лю́ди** *Gen., Akk. Pl.* люде́й	Mensch	– Како́й он челове́к? – Он о́чень хоро́ший челове́к.
тала́нтливый, -ая, -ое; -ые	talentiert, begabt	Он тала́нтливый челове́к.
де́вушка *Gen., Akk. Pl.* де́вушек	junge Frau, Fräulein, Mädchen (*ab ca. 14 J.*)	⟷ де́вочка А́нна – о́чень краси́вая де́вушка.
актёр	Schauspieler	**F** acteur Мне нра́вится э́тот актёр.
актри́са	Schauspielerin	**F** actrice **E** actress
весёлый, -ая, -ое; -ые	fröhlich, lustig	Мы смотре́ли фильм *Весёлые ребя́та.*
общи́тельный, -ая, -ое; -ые	mitteilsam, gesprächig, kontaktfreudig	Ди́ма – общи́тельный челове́к.
откры́тый, -ая, -ое; -ые	offen(herzig)	Мне нра́вятся откры́тые лю́ди.
реши́тельный, -ая, -ое; -ые	entschlossen	Како́й реши́тельный па́рень!
скро́мный, -ая, -ое; -ые	bescheiden, zurückhaltend	Оле́гу нра́вятся скро́мные де́вушки.
уда́рный, -ая, -ое; -ые	*hier:* Schlag-	Ян игра́ет на уда́рных инструме́нтах.
хоро́ший, **!** -ая, -ее; -ие	gut *Adj.*	Э́то о́чень хоро́ший актёр.
погуля́ть *v.*	(eine Weile) spazieren gehen	⟷ гуля́ть *uv.* Ребя́та, дава́йте погуля́ем по го́роду!
поу́жинать *v.*	Abendbrot essen, zu Abend essen	⟷ у́жин, у́жинать *uv.* Снача́ла мы поу́жинаем, а пото́м посмо́трим телеви́зор.
по́сле э́того **A** по́сле э́то[ва]	danach	Снача́ла мы пообе́даем, а по́сле э́того пойдём в Ру́сский музе́й.
прочита́ть *v.* *что? mit Akk.*	lesen	⟷ чита́ть *uv.* На́стя уже́ прочита́ла жу́рнал?
написа́ть *v.* *что? mit Akk.* *кому́? mit Dat.*	schreiben	⟷ писа́ть *uv.*, письмо́ А́ня уже́ написа́ла письмо́ Ю́ле.
сде́лать *v.* *что? mit Akk.*	machen, tun	⟷ де́лать *uv.* А́ня, дава́й вме́сте сде́лаем уро́ки!
вы́учить *v.* *что? mit Akk.*	lernen	⟷ учи́ть *uv.* Вы вы́учили но́вые слова́?
звони́ть *uv.* *кому́?* **!** *mit Dat.*	anrufen	⟷ позвони́ть *v.* Я ча́сто звоню́ подру́ге.

поигра́ть *v.* *на чём? mit Präp., во что? mit Akk.*	spielen	↔ игра́ть *uv.* Я хочу́ поигра́ть в те́ннис.
сказа́ть *v.* *что? mit Akk.*	sagen, mitteilen	↔ говори́ть *uv.* Он сказа́л, что за́втра мы пое́дем на экску́рсию в Петерго́ф.

анса́мбль, гру́ппа, кла́ссик, класси́ческая му́зыка, музыка́льный инструме́нт, музыка́нт, профе́ссия, радиослу́шатель, ро́кер, рэ́пер, спортсме́н, спортсме́нка, те́хно *s. unveränd,.* фолькло́р, шля́гер, электрогита́ра, фа́кт(ы), акти́вный, оптимисти́чный, популя́рный, темпера́ментный

4 B

провести́ *v. что? mit Akk.*	*hier:* verbringen	Мы хоти́м провести́ ле́то в Росси́и.
на́до *кому́? mit Dat.* mit *Inf. v./uv. ugs.*	müssen, sollen	Мне на́до позвони́ть бра́ту.
купи́ть *v. что? mit Akk.*	kaufen	Я куплю́ биле́ты в кино́.
помо́чь/помога́ть *кому́? mit Dat.*	helfen	Ты мо́жешь мне помо́чь?
убира́ть *uv.* *что? mit Akk.*	aufräumen	Я убира́ю ко́мнату.
мо́жно *mit Inf. v./uv.*	man kann, man darf, es ist erlaubt	Мо́жно фотографи́ровать в метро́?
нельзя́ *mit Inf. v./uv.*	man darf nicht, es ist nicht erlaubt	Нет, в метро́ нельзя́ фотографи́ровать!
жева́ть *uv. что? mit Akk.*	kauen	Что он жуёт?
жва́чка *ugs.* *Gen. Pl.* жва́чек	Kaugummi	Мо́жно на уро́ке жева́ть жва́чку?
голова́ *Pl.* го́ловы	Kopf	
лицо́ *Gen.* лица́, *Pl.* ли́ца	Gesicht	
у́хо *Pl.* у́ши, *Gen.* уше́й	Ohr	
зуб *Pl.* зу́бы	Zahn	
спина́	Rücken	
нос	Nase	
глаз, *Pl.* глаза́	Auge	
рот, *Gen.* рта	Mund	
ше́я *w.*	Hals	
го́рло *Gen. u. Pl.* го́рла	Kehle	
рука́ *Gen.* руки́, *Pl.* ру́ки	Hand/Arm	
па́лец *Gen.* па́льца, *Pl.* па́льцы, *Gen.* па́льцев	Finger	
живо́т	Bauch	
нога́ *Gen. Sg.* ноги́, *Pl.* но́ги	Bein	
па́льцы ноги́ *Pl.* *Sg.* па́лец ноги́	Fußzehen	
чу́вствовать себя́ *uv.* **A** чу́[ст]вовать с[и]бя	sich fühlen	Ба́бушка, как ты себя́ чу́вствуешь?
Ой, как бо́льно!	Oh (Au), wie tut das weh!	

у кого́? **у** *mit Gen.* **боли́т** *что? mit Nom. Sg.* боля́т *mit Nom. Pl.*	jmdm. tut etw. weh, jmd. hat (…)schmerzen	– Что у тебя́ боли́т? – У меня́ боли́т голова́. А у тебя? – У меня́ боля́т глаза́.
стоя́чий, -ая, -ее; -ие	Steh-	стоя́чий биле́т, стоя́чая ла́мпа
ме́сто *Gen.* ме́ста, *Pl.* места́	Platz, Sitzplatz	Три биле́та на стоя́чие места́.
касси́р	Kassierer	↔ ка́сса
кому́? mit Dat. **повезло́** *Prät. ugs.*	jmd. hatte Glück	Тебе́ повезло́! Бори́су то́же повезло́.
после́дний, **!** -яя, -ее; -ие	der (die, das); die letzte(n)	Вам повезло́. Э́то после́дние биле́ты.
лы́жи *Pl.* *на чём?* на лы́жах	Ski	Я люблю́ ката́ться на лы́жах.

Уро́к 5: Ура́, у нас кани́кулы!

5 A

проводи́ть *uv. что? mit Akk.*	verbringen	⟷ провести́ *v.* Как ты обы́чно прово́дишь свобо́дное вре́мя?
кани́кулы *nur Pl.* *куда́?* на кани́кулы *когда́?* на кани́кулах	Ferien	Ребя́та, как вы бу́дете проводи́ть кани́кулы?
всегда́	(*hier:* schon) immer	Мне всегда́ нра́вился Санкт-Петербу́рг.
побыва́ть *v.*	sein, verweilen	⟷ быть Ма́ша всегда́ хоте́ла побыва́ть в Санкт-Петербу́рге.
обеща́ть *uv./v.* *что? mit Akk.* *что с-/де́лать? mit Inf. v./uv.*	versprechen	Он обеща́л вы́-/учи́ть но́вые слова́.
показа́ть *v.* *что? кого́? mit Akk.*	zeigen	⟷ пока́зывать Ребя́та обеща́ли мне показа́ть го́род.
походи́ть	(*durch etw. eine Zeitlang*) bummeln, spazieren gehen	⟷ ходи́ть, похо́д Мы хоти́м походи́ть по музе́ям.
взять/брать с собо́й *кого́? что? mit Akk.*	mitnehmen	Па́па обеща́л взять меня́ с собо́й в пое́здку в Ирку́тск.
командиро́вка *Gen. Pl.* командиро́вок	Dienstreise	Моя́ ма́ма пое́дет в командиро́вку в Москву́.
! быть в командиро́вке	auf ~ sein	
! е́хать в командиро́вку	auf ~ gehen	
Байка́л *куда́?* на Байка́л *где?* на Байка́ле	Baikal(see)	Па́па обеща́л мне показа́ть Байка́л.
Сиби́рь *w.* *где?* в Сиби́ри	Sibirien	Байка́л нахо́дится в Сиби́ри.
оста́ться *v.*	bleiben	⟷ остано́вка Ле́том я оста́нусь до́ма.
ремо́нт	*hier:* Renovierung	Мы де́лаем ремо́нт в кварти́ре.
на *кого́? что? mit Akk.*	*(Zeit, Geld …)* für	Я ду́маю, на футбо́л и на компью́тер вре́мя оста́нется.
что **A** [шт]о	*hier:* dass	Ли́нда сказа́ла, что о́чень хо́чет посмотре́ть, как мы живём.
авто́бусный, -ая, -ое; -ые	Bus-	⟷ авто́бус авто́бусная экску́рсия по Москве́
тур	Tour, Reise	**F** tour
ле́тний, **!** -яя, -ее; -ие	Sommer-, sommerlich	⟷ ле́то Как вы провели́ ле́тние кани́кулы?
осе́нний, **!** -яя, -ее; -ие	Herbst-, herbstlich	⟷ о́сень
зи́мний, **!** -яя, -ее; -ие	Winter-, winterlich	⟷ зима́ провести́ зи́мние кани́кулы в дере́вне
весе́нний, **!** -яя, -ее; -ие	Frühjahrs-, Frühlings-	⟷ весна́
лете́ть *uv. zielger.* **лета́ть** *uv. nicht zielger.*	fliegen	– Куда́ ты лети́шь? – Я лечу́ в Москву́. – Ты лю́бишь лета́ть? – Да, люблю́.
самолёт	Flugzeug	Оле́г лети́т на самолёте в Ирку́тск.
е́здить *uv. nicht zielger.*	fahren	⟷ е́хать
	е́хать – е́здить **на**	велосипе́де маши́не по́езде авто́бусе трамва́е
маршру́т	Reiseroute	е́хать по маршру́ту Санкт-Петербу́рг – Москва́
иногда́	manchmal	В магази́н всегда́ хо́дит моя́ ма́ма, но иногда́ я то́же хожу́.

 рома́нтика

5Б

за *mit Akk.*	*hier:* innerhalb von, in	За час она́ написа́ла семь пи́сем.
уви́деть *v.*	sehen	За э́ти две неде́ли мы мно́го уви́дели.
узна́ть *v.*	erfahren, herausfinden	⟷ знать *uv.* Мы мно́го уви́дели и узна́ли.
пого́да	Wetter	У нас сейча́с весе́нняя пого́да.
свети́ть *uv.*	*hier:* scheinen	
со́лнце *s.* **А** с[о́н]це	Sonne	Све́тит со́лнце.
тепло́	(es ist) warm	⟷ тёплый У нас сейча́с тепло́.
да́же	*hier:* sogar	
жа́рко	(es ist) heiß	На у́лице о́чень тепло́, да́же жа́рко.
температу́ра	(Luft)Temperatur	**E** temperature На у́лице ле́тняя температу́ра.
гра́дус	Grad	Температу́ра – 26 гра́дусов.
киломе́тр	Kilometer	**E** kilometre Мы в Петерго́фе. Э́то 30 киломе́тров от Пи́тера.
бе́рег *Pl.* берега́ *куда́?* на бе́рег **!** *где?* на берегу́	Ufer, Küste	Петерго́ф нахо́дится на берегу́ Фи́нского зали́ва.
пла́вать *uv. nicht zielger.*	schwimmen, fahren *(auf dem Wasser)*	– А́ня, ты уме́ешь пла́вать? – Да, уме́ю.
плыть *uv. zielger.*		Я плыву́ к бе́регу.
ка́тер *Pl.* катера́	Motor(schnell)boot, Kutter	Мы пла́вали туда́ на ка́тере.
наве́рно *ugs.*	wahrscheinlich, sicher	Тебе́ э́то, наве́рно, неинтере́сно.
кста́ти	*hier:* übrigens, apropos	Кста́ти, у меня́ есть кла́ссные фотогра́фии.
хо́лодно	kalt	⟷ холоди́льник Сего́дня о́чень хо́лодно.
дождь *m, Gen.* дождя́, *Gen. Pl.* дожде́й	Regen	
! *Präs.:* идёт дождь	Es regnet.	В Пи́тере сейча́с идёт дождь.
! *Prät.:* шёл дождь	Es hat geregnet.	Вчера́ шёл дождь.
! *Fut.:* бу́дет идти́ дождь	Es wird regnen.	
дуть *uv.*	wehen	
си́льный, -ая, -ое; -ые	stark, kräftig, heftig	Ду́ет си́льный ве́тер.
ве́тер *Gen.* ве́тра, *Pl.* ве́тры	Wind	Сейча́с ду́ет си́льный ве́тер.
тако́й, -а́я,-о́е; -и́е	solche(r), solches, solch ein(er)	⟷ так В таку́ю пого́ду я люблю́ чита́ть.
плохо́й, -а́я, -ое; -и́е	schlecht *Adj.*	⟷ пло́хо Что мо́жно де́лать в плоху́ю пого́ду?
чуть не *mit v. Verb im Prät.*	fast, beinahe *mit konjugiertem Verb*	Она́ чуть не рассказа́ла, что...
забы́ть *v.*	vergessen	Чуть не забы́л(а)! В э́ту пя́тницу мы пойдём в теа́тр.
когда́	*hier:* als	Когда́ мы бы́ли в Петерго́фе, бы́ло о́чень тепло́.
встре́тить *v.* *кого́? что? mit Akk.*	*hier:* jmdm. begegnen, jmdn. *(zufällig)* treffen	⟷ встре́ча, встреча́ться Когда́ я шёл домо́й, встре́тил Ле́ну и Зо́ю.
сла́бый, -ая, -ое; -ые	schwach	Сейча́с ду́ет сла́бый ве́тер.
но́чью	nachts, in der Nacht	Но́чью бу́дет хо́лодно.
гроза́, *Pl.* гро́зы	Gewitter	Но́чью была́ гроза́.
снег **!** *где?* в (на) снегу́	Schnee	Весь день шёл снег.
! *Präs.:* идёт снег	Es schneit.	
! *Prät.:* шёл снег	Es hat geschneit.	
! *Fut.:* бу́дет идти́ снег	Es wird schneien.	
код	Code, Kode, Vorwahlnummer	**E** code Мне на́до узна́ть код Герма́нии.
соба́ка/соба́чка *ugs.*	@	@ – по-ру́сски *соба́ка* и́ли *соба́чка*.
ка́ждый, -ая, -ое; -ые	jeder	Ка́ждый день Ма́ша пи́шет пи́сьма.
всё ещё	immer noch	⟷ всё, ещё Она́ всё ещё сиди́т и пи́шет письмо́.

програ́мма, авто́бусный тур, результа́т, турбюро́, фонта́н, фо́тка

5 B

путеше́ствие **!** *где?* по *mit Dat.*	Reise	⟷ путеше́ствовать Он расска́зывает о путеше́ствии по Росси́и.
страна́ *Gen.* страны́ *Pl.* стра́ны	Land (Staat)	Росси́я – э́то о́чень больша́я страна́.
Евро́па **!** *куда́?* в Евро́пу	Europa	Мы путеше́ствуем по Евро́пе.
А́зия *куда́?* в А́зию	Asien	**E** Asia Ле́том мы бы́ли в А́зии.
регио́н	Region	**E/F** region Сиби́рь – э́то большо́й регио́н Росси́и.
европе́йский, -ая, -ое; -ие	europäisch	⟷ Евро́па Я интересу́юсь европе́йской культу́рой.
часть *w.* *Gen., Dat, Präp.* части *Pl. Nom.* ча́сти *Gen.* часте́й	Teil	Яросла́вль нахо́дится в европе́йской ча́сти Росси́и.
Кавка́з **!** *куда́?* на Кавка́з **!** *где?* на Кавка́зе	Kaukasus	Мы лети́м на Кавка́з.
мо́ре *Pl.* моря́, *Gen.* море́й	Meer, die See	Мы живём недалеко́ от мо́ря.
го́ры *Pl., Sg.* гора́ *где?* в гора́х	Berge, Gebirge	Мы провели́ весь день в гора́х.
столи́ца	Hauptstadt	Москва́ – столи́ца Росси́и.
грани́ца	*hier:* (Landes)Grenze	
ме́жду *чем? mit Instr.*	*hier:* zwischen	Ура́льские го́ры – грани́ца ме́жду Евро́пой и А́зией.
уника́льный, -ая, -ое; -ые	einzigartig, einmalig	**E/F** unique В Росси́и мно́го уника́льных мест.
предлага́ть *uv.*	anbieten, vorschlagen	Я предлага́ю вам пое́хать на экску́рсию в Петерго́ф.
туристи́ческий, ая, -ое; -ие	Touristen-, touristisch	⟷ тури́ст туристи́ческие маршру́ты
го́род-куро́рт *Pl.* города́-куро́рты	Kurort	⟷ го́род Со́чи – э́то изве́стный го́род-куро́рт.
горнолы́жный, -ая, -ое; -ые	alpin	⟷ го́ры, лы́жи Кра́сная Поля́на – э́то изве́стный горнолы́жный куро́рт.
го́рный, -ая, -ое; -ые **го́рные лы́жи** *Pl.*	Berg-, Abfahrtski	⟷ го́ры Я люблю́ ката́ться на го́рных лы́жах.
о́стров *Pl.* острова́	Insel	На Байка́ле 35 острово́в. Мы побыва́ли на о́строве Ольхо́н.
Каре́лия *куда́?* в Каре́лию	Karelien	На зи́мние кани́кулы мы е́здили в Каре́лию.
турба́за **!** *куда́?* на турба́зу **!** *где?* на турба́зе	Touristenherberge	Турба́за – э́то тури́стская (туристи́ческая) ба́за.
лес *Pl.* леса́ **!** *где?* в лесу́	Wald	Турба́за нахо́дится в лесу́.
посети́ть *v.* *кого́? что? mit Akk.*	besuchen	За́втра мы посети́м Ру́сский музе́й.
не́сколько *кого́? чего́? mit Gen. Pl.*	einige	Мы посети́ли не́сколько интере́сных музе́ев.
музе́й-запове́дник *где?* в музе́е-запове́днике *Pl.* музе́и-запове́дники	Naturschutzgebiet	В Каре́лии не́сколько музе́ев-запове́дников.

архитекту́ра, истори́ческий музе́й, морско́й музе́й, Балти́йское мо́ре

Алфави́тный слова́рь (Russisch-Deutsch)

Das alphabetische Wörterverzeichnis beinhaltet den Lernwortschatz der Schülerbücher **Диало́г 1** (gekennzeichnet mit 1) und **Диало́г 2** (gekennzeichnet mit Lektion und Abschnitt, in denen du das Wort lernst). Der Lernwortschatz ist fett gedruckt.
Bei den nicht hervorgehobenen Vokabeln entscheidest du selbst, welche du brauchst. Die geografischen Namen stehen auf Seite 115. Die Grund- und Ordnungszahlen stehen auf Seite 123.

А

а und, aber 1
а́вгуст August 3 А
авиапассажи́р Fluggast Wt 1 В
автобиогра́фия Lebenslauf 3 А
авто́бус (Auto-)Bus 1
авто́бусный Bus- 5 А
авто́бусный тур Busreise Wt 5 Б
автомеха́ник Automechaniker Wt 2 В
А́зия Asien 5 В
аквагимна́стика Aquagymnastik Wt 2 В
аква́риум Aquarium 1
аккордео́н Akkordeon 1
актёр Schauspieler 4 Б
акти́вный aktiv, tätig Wt 4 Б
а́ктовый зал Aula 2 А
актри́са Schauspielerin 4 Б
а́лгебра Algebra Wt 2 А
Алло́! Hallo! *(nur beim Telefonieren)* 1
алфави́т Alphabet 1
альбо́м 1. Bildband; 2. Album (*Musik*) 4 Б; Wt 1 В
альпини́зм Alpinismus, Bergsteigen Wt 4 А
анана́с Ananas 1
англи́йский englisch 2 А
анке́та Fragebogen 3 А
анса́мбль Ensemble Wt 4 Б
апре́ль *m.* April 3 А
апте́ка Apotheke 1
архео́лог Archäologe Wt 2 В
архите́ктор Architekt Wt 2 В
архитекту́ра Architektur Wt 5 В
атле́т Athlet 1
аттракцио́ны *Pl.* Attraktionen (*auf dem Rummelplatz*) Wt 1 В
аэро́бика Aerobic Wt 2 В
аэропо́рт Flughafen Wt 1 В

Б

ба́бушка Oma, Großmutter 1
баге́т Baguette 1
бадминто́н Federball, Badminton 1
Байка́л Baikal(see) 5 А
балко́н Balkon 1
Балти́йское мо́ре Ostsee 5 В
ба́льные та́нцы Standardtänze Wt 4 А
бана́н Banane 1
банк Bank *(Geldinstitution)* 1
банкома́т Bankautomat 1
бар Bar 1
баскетбо́л Basketball 1
бассе́йн Schwimmbad, Schwimmhalle 1
бе́жевый beige Wt 1 Б
бейсбо́л Baseball 1
бе́лый weiß 1 Б
бе́рег; *Pl.* берега́ Ufer, Küste 5 Б
Бери́ ещё! Nimm noch! 1
(я) **беру́** *mit Akk.* ich nehme … 1
библиоте́ка Bibliothek 1
биле́т (Eintritts)karte 1 А, 3 А
~ на по́езд Zugfahrkarte
~ в кино́ Kinokarte
биогра́фия Biografie, Lebenslauf Wt 4 Б
био́лог Biologe Wt 2 В
биоло́гия Biologie 2 А
биофи́зик Biophysiker Wt 2 В
бистро́ *s. unveränd.* Bistro 1
бли́же näher (*hier:* mehr gefallen) 4 Б
блины́ *Pl.* Plinsen, Eierkuchen (Crêpes) 1
блу́зка Bluse 1 Б
блюз Blues *(Musikrichtung)* 1
бокс Boxen, Boxsport 1
боле́ть *uv.* у *mit Gen.* wehtun, schmerzen 4 В
боли́т (боля́т) у *mit Gen.* *jmdm.* tut etw. weh; *jmd.* hat (…)schmerzen
большо́й 1. groß; 2. best…, viel 1; 1 Б
большо́й приве́т viele Grüße 1 Б
Большо́й теа́тр Bolschoi-Theater 1
борщ Borschtsch *(Suppe aus Weißkohl und roten Rüben)* 1
Ботани́ческий сад Botanischer Garten 1
брат; *Pl.* бра́тья Bruder 1
бра́тик *ugs.* Brüderchen, Brüderlein 3 А
брю́ки *nur Pl.* Hose 1 Б
Бу́дешь ещё…? *ugs.* Möchtest du noch …? 1
бу́лочки *Pl.; Sg.* бу́лочка Brötchen 1
бутербро́д belegtes Brot (Brötchen), belegte Schnitte 1
буфе́т Bistro, Imbiss, Selbstbedienungsrestaurant 1
бухга́лтер Buchhalter, Buchführer Wt 2 В
быть *uv.* *Prät.* sein; *Futur* werden 1, 1 В
бюро́ *s. unveränd.* Büro 1

В

в 1. *räumlich mit Präp.* in, im (in dem) 1
2. *zeitl. mit Akk.* um 1
3. *mit Akk.* in, pro 2 Б
4. *mit Präp. ugs.* jmd. trägt etwas, jmd. hat etwas an 1 Б
5. *mit Akk.* an (am) (Wochentag) 2 Б
в го́сти zu Besuch *(gehen)* 1 В
в гостя́х zu Besuch *(sein)* 3 А
в чём? *ugs.* was trägt jmd.? was hat jmd. an? 1 Б
ваго́н Eisenbahnwagen, Waggon 1 А
ва́за Vase 3 Б
валенти́нка Valentinskarte 3 В
вальдо́рфская шко́ла Waldorfschule Wt 2 А
ва́нная *w.* Badezimmer 1
варе́нье *s.* dick eingekochte Beeren und Früchte, eine Art Konfitüre 1
ваш euer, Ihr *(Höflichkeitsform; wird im Brief groß geschrieben)* 1
веб-диза́йнер Web-Designer Wt 2 В
велосипе́д Fahrrad 1
велоспо́рт Radsport 4 А
ве́село lustig *Adv.* 2 А
весёлый fröhlich, lustig 4 Б
весе́нний Frühjahrs-, Frühlings- 5 А
весна́ Frühling, Frühjahr 3 А
весь, вся, всё; все *hier:* ganz *Adj.* 1 А
ве́тер; *Pl.* ве́тры Wind 5 Б
вечери́нка *ugs.* Party 3 Б
ве́чером am Abend, abends 1
взять *v.* **с собо́й** mitnehmen 5 А
вид (спо́рта) Art 3 А
видеоди́ск Video-CD Wt 3 Б
видеокли́п Videoclip Wt 4 А
визажи́ст Visagist Wt 2 В
ви́лка Gabel 3 Б
виндсёрфинг Windsurfing Wt 4 А
вино́; *Pl.* ви́на Wein 1
висе́ть hängen 3 А
вку́сно; вку́сный schmackhaft, lecker *Adv.; Adj* 1
вме́сте gemeinsam, zusammen 1
вода́ *Akk.* во́ду Wasser 1
во́зраст Alter 3 А
(я) **возьму́** *mit Akk.* ich nehme 1
вокза́л Bahnhof 1
волейбо́л Volleyball 1
вопро́с Frage 1
воскресе́нье *s.* Sonntag 2 Б
восто́к Osten 1
вот da (ist, sind) 1
вот *ugs.* das ist … 1 В
Вот э́то да! *ugs.* Alle Achtung! *(als Ausdruck von Erstaunen, Bewunderung)* 1
вре́мя *s.* Zeit 1 А
все alle 1 Б
всё alles 1
всё бы́ло о́чень вку́сно es hat alles gut geschmeckt 1

всё ещё immer noch 5 Б
всё равно́ ganz egal, einerlei 1 Б
всегда́ immer 1
встре́тить/встреча́ть
1. begehen, feiern *(Neujahr)* 3 Б
2. jmdm. begegnen, *(zufällig)* treffen 5 Б
встре́ча 1. Feier (Neujahrsfeier); 2. Treffen 3 Б
встре́титься/встреча́ться sich treffen 4 А
вто́рник Dienstag 2 Б
вчера́ gestern 1
вы ihr; Sie *(Höflichkeitsform)* 1
вы́ставка Ausstellung 2 В
вы́учить/учи́ть (auswendig) lernen 2 А, 4 Б

Г

га́зовая плита́ Gasherd 1
га́мбургер Hamburger *(Fastfood-Essen)* 1
гандбо́л Handball 1
гара́ж; *Pl.* гаражи́ Garage 1
где? wo? 1
геогра́фия Geografie 2 А
гео́лог Geologe Wt 2 В
геоме́трия Geometrie Wt 2 А
Герма́ния Deutschland 1
гимна́зия Gymnasium 2 А
гимна́стика Gymnastik 4 А
гирля́нда Girlande Wt 3 Б
гита́ра Gitarre 1
глаз, *Pl.* глаза́ Auge 4 В
гло́бус Globus 1
говори́ть *uv.* sprechen 1
говори́ть *uv.* **по телефо́ну** (mit jmdm.) telefonieren 1
год Jahr 3 А
голова́ Kopf 4 В
голубо́й hell-/ himmelblau 1 Б
гольф Golf 1
го́рка *ugs.* Anbauwand 1
го́рло Kehle 4 В
горнолы́жный alpin 5 В
го́рный Berg- 5 В
го́рные лы́жи *Pl.* Abfahrtski 5 В
го́род; *Pl.* города́ Stadt 1
го́род-куро́рт; *Pl.* города́-куро́рты Kurort 5 В
городско́й Stadt-, städtisch 2 В
го́ры Berge, Gebirge 5 В
го́сти *Pl.; Sg.* гость *m.* Gäste, Besuch 1 А
гости́ная *w.* Wohnzimmer 1
гости́ница Hotel 1
госуда́рственный Staats-, staatlich 3 В
гото́виться *uv.* к *mit Dat.* sich *(auf etwas)* vorbereiten 2 В
гра́дус Grad 5 Б
грани́ца *hier:* (Land)Grenze 5 В
гроза́ Gewitter 5 Б
гру́ппа Band 4 Б
гуля́ть ↗ погуля́ть
ГУМ *Abk. für* Гла́вный универса́льный магази́н GUM – das bekannteste und größte Kaufhaus in Moskau 1

Д

да ja 1
дава́й(те) *mit Inf. uv. Aufforderung, Vorschlag:* Los, …! Lass uns … ! Lasst uns (Lassen Sie) uns … ! 1
да́же *hier:* sogar 5 Б
дай мне *mit Akk.* gib mir 1
да́йте мне *mit Akk.* gebt, geben Sie mir 1
далеко́ от *mit Gen.* weit von 1
да́ча Wochenendhaus(häuschen), Datsche 3 Б
дверь *w.* Tür 1
двойка *ugs. hier:* Zwei *(Zensur)* 2 Б
де́вочка (kleines) Mädchen *(bis ca. 14–15 J.)* 1 Б
де́вушка junge Frau, Fräulein; Mädchen *(ab ca. 14 J.)* 4 Б
Дед Моро́з Väterchen Frost 3 Б
де́душка *m.* Opa, Großvater 1
дека́брь *m.* Dezember 3 А
де́лать *uv.* machen, tun 1
де́лать *uv.* **уро́ки** Hausaufgaben machen 1
день *m.; Pl.* дни Tag 1 А
день *m.* **рожде́ния** Geburtstag 3 А
День свя́того Валенти́на Valentinstag 3 В
де́ньги *Pl.* Geld 1
депо́ *unveränd.* Depot *(für Schienenfahrzeuge)* Wt 1 А
дере́вня *w.* Dorf, Land 1
детекти́в Detektivgeschichte, Kriminalroman Wt 4 А
де́тская *w.* Kinderzimmer 1
джаз Jazz *(Musikrichtung)* 1
джи́нсы *nur Pl.* Jeans 1 Б
джо́ггинг Jogging 1
дзюдо́ *unveränd.* Judo 1
дива́н Sofa, Couch, Diwan 1
дива́н-крова́ть *m. und w.* Schlafcouch 1
дипло́м Diplom, Urkunde Wt 2 В
ди́ско-му́зыка Discomusik Wt 4 А
дискоте́ка Diskothek 1
для *mit Gen. hier:* für 1 В
дневни́к 1. Hausaufgabenheft; 2. Tagebuch 2 Б; 3 А
днём am Tag, tagsüber 1
до *(örtl.) mit Gen.* bis (hin) 1
До свида́ния! Auf Wiedersehen! 1
Добро́ пожа́ловать! Herzlich willkommen! 1 А
До́брое у́тро! Guten Morgen! 1
До́брый ве́чер! Guten Abend! 1
До́брый день! Guten Tag! 1
Договори́лись! Abgemacht! 4 А
доéхать до *mit Gen.* fahren (bis) zum (zur) … 1
дождь *m.* Regen 5 Б
дойти до *mit Gen.* gehen (bis) zum (zur) …, zu Fuß erreichen, gelangen 1
до́лго lange *(Zeit)* 1 А
дом; *Pl.* дома́ Haus 1
до́ма zu Haus(e) 1
дома́шний кинотеа́тр Heimkino, Home-Cinema 1
домо́й nach Hause 1 А
дорого́й *hier:* lieb, teuer 3 В
доска́; *Pl.* до́ски Tafel 1
друг; *Pl.* **друзья́** Freund, Freunde 1, 1 Б
друго́й anderer 3 Б
ду́мать *uv.* denken, glauben 1 Б
дуть *uv.* wehen 5 Б
духово́й Blas- 4 Б
дя́дя *m.* Onkel 1
DVD-пле́ер DVD- Player 1

Е

е́вро *m. unveränd.* Euro 1
Евро́па Europa 5 В
европе́йский europäisch 5 В
Его́ зову́т… Er heißt … *(wörtlich: Man ruft, nennt ihn …)* 1
едини́ца *ugs. hier:* Eins *(Zensur)* 2 Б
Её зову́т… Sie heißt … *(wörtlich: Man ruft, nennt sie …)* 1
ёж; *Pl.* ежи́ Igel 1
е́здить *uv. nicht zielger.* fahren 5 А
ёлка Fichte, Tanne, Neujahrstanne, Weihnachtsbaum 1
есть *что? mit Akk.* essen 1
есть *что? mit Nom.* es gibt, es ist vorhanden 1
е́хать *uv. zielger.* (hin)fahren 1 А
ещё noch 1

Ж

жаль schade 1
жалюзи́ *s. und Pl. unveränd.* Jalousie 1
жа́рко (es ist) heiß 5 Б
жва́чка *ugs.* Kaugummi 4 В
ждать *uv.* warten, erwarten 4 А
же *ugs. hier:* ja, doch 3 Б
жева́ть *uv.* kauen 4 В
жела́ние *s.* Wunsch 3 В
жела́ть *uv.* wünschen 3 В
жёлтый gelb 1 Б
же́нский Frauen- 3 В
живо́т Bauch 4 В
жить wohnen, leben 1
журна́л Zeitschrift 1
журнали́ст Journalist Wt 2 В
журна́льный сто́лик Couchtisch 1

З

за *mit Akk.* 1. für; 2. innerhalb von, in 3 Б; 5 Б
забы́ть *v.* vergessen 5 Б
за́втра morgen 1 А
за́втрак Frühstück 1
за́втракать *uv.* frühstücken 1
занима́ть *uv. hier*: belegen (einen Platz) 2 В
занима́ться *uv. mit Instr.*
1. sich beschäftigen; *(Sport)* treiben;
2. lernen 2 А
за́пад Westen 1
звони́ть *uv. кому́? mit Dat.* anrufen 4 Б
здесь hier 1
Здо́рово! *ugs.* Prima! Toll! Großartig! 1 В
здоро́вье *s.* Gesundheit 3 В
Здра́вствуй! Guten Tag! 1
Здра́вствуйте! Guten Tag! 1
зелёный grün 1 Б

зе́ркало; *Pl.* зеркала́ Spiegel 1
зима́ Winter 3 А
зи́мний Winter-, winterlich 5 А
знать *uv.* wissen, kennen 1 А, 3 Б
зоо́лог Zoologe Wt 2 В
зоопа́рк Zoo, Zoologischer Garten 1
зуб Zahn 4 В

И

и und 1
игра́ть *uv.* в *mit Akk.*, на *mit Präp.* spielen 1
игра́ть в ка́рты Karten spielen 1
иде́я *w.* Idee, Einfall 1 В, Wt 3 Б
Иди́(те)! Geh! (Gehen Sie! Geht!) 1
идти́ *uv. zielger.* (hin)gehen 1 А, 4 А
из *mit Gen.* aus 1 А
из Герма́нии aus Deutschland 1
из Росси́и aus Russland 1
изве́стный bekannt 4 Б
Извини́(те)! Entschuldigung! (Entschuldige(n Sie)! Entschuldigt!) 1
изосту́дия Atelier für bildende Kunst Wt 2 В
и́ли oder 1
и́мя *s.; Pl.* имена́ Vorname 1
инжене́р Ingenieur Wt 2 В
иногда́ manchmal 5 А
иностра́нный fremd, Fremd- 2 А
институ́т Institut 1
интервью́ *s. unveränd.* Interview 1 В
интере́сный interessant 1
интересова́ться *uv. кем ? чем ? mit Instr.* sich interessieren 2 В
Интерне́т Internet 1
интерне́т-кафе́ *s. unveränd.* Internet-café Wt 2 В
информа́тика Informatik 2 А
испекла́ *von* испе́чь *v.* sie hat gebacken 3 А
исто́рик Historiker Wt 2 В
истори́ческий музе́й Historisches Museum Wt 5 В
исто́рия Geschichte 2 А
ию́ль *m.* Juli 3 А
ию́нь *m.* Juni 3 А

К

к *mit Dat.* *hier:* zu *(wem)* 1 В
к сожале́нию leider 1
кабине́т Arbeitszimmer
  кабине́т информа́тики Informatikkabinett *(in der Schule)* 1
Кавка́з Kaukasus 5 В
ка́ждый jeder 5 Б
Как вы дое́хали? Wie war die Reise? 1 А
Как дела́? Wie geht es? 1
Как по-неме́цки...? Wie heißt deutsch ...? 1
Как по-ру́сски...? Wie heißt russisch ...? 1
Как тебя́ зову́т? Wie heißt du? 1
как? wie? 1
кака́о *s. unveränd.* Kakao 1
како́й? welcher? was für ein? 1 Б
ка́ктус Kaktus 1
калейдоско́п Kaleidoskop 1
календа́рь *m.; Pl.* календари́ Kalender 1
канаре́йка Kanarienvogel 1
кани́кулы *nur Pl.* Ferien 5 А
каранда́ш; *Pl.* карандаши́ Bleistift 1
карао́ке *s. unveränd.* Karaoke 4 А
карате́ *s. unveränd.* Karate Wt 2 В
Каре́лия Karelien 5 В
карикату́ра Karikatur Wt 2 В
карнава́л Karneval Wt 3 Б
ка́рта (Land-)Karte 1
карти́на Bild, Gemälde 1
карто́фель *m. nur Sg.* **фри** *unveränd.* Pommes frites 1
ка́сса Kasse 1
касси́р Kassierer 4 В
ката́ться на *mit Präp.* fahren, laufen, sich auf etwas bewegen 1
ка́тер; *Pl.* катера́ Motor(schnell)boot, Kutter 5 Б
кафе́ *s., unveränd.* Café, Kaffeehaus, Konditorei 1
ка́ша Kascha (Brei) 1
кварти́ра Wohnung 1
квас Kwas(s) 1
кенгуру́ *m. und w. unveränd.* Känguru Wt 2 В
ки́борд Keyboard; Tastatur 1
киломе́тр Kilometer 5 Б
кино́ *unveränd. ugs.* 1. Kino; 2. Film 1
кинотеа́тр Filmtheater, Kino *(Gebäude)* 1
кио́ск Kiosk 1
кипято́к kochendes Wasser 1 А
кларне́т Klarinette 1
класс Klasse, Klassenraum 1
Класс! *ugs.* Klasse! 1 В
кла́ссик Klassiker Wt 4 Б
кла́ссика Klassik Wt 4 А
класси́ческая му́зыка klassische Musik Wt 4 Б
кла́ссный *ugs.* klasse, toll, großartig 1 В
клип Clip 4 Б
кли́псы *Pl.; Sg.* кли́пса (Ohr)Klips 1
кни́га Buch 1
ковёр; *Pl.* ковры́ Teppich 1
когда́ *hier:* als 5 Б
когда́? wann? 1
кого́? wen? 1 В
код Code, Kode, Vorwahlnummer 5 Б
ко́ла *ugs.* (ко́ка-ко́ла) (Coca-)Cola 1
ко́лли *m. und w. unveränd.* Collie *(schottischer Schäferhund)* 1
кольцо́; *Pl.* ко́льца Ring 1
кома́нда *hier:* Mannschaft, Team 2 В
командиро́вка Dienstreise 5 А
  быть в командиро́вке auf Dienstreise sein
  по-/е́хать в командиро́вку auf (eine) Dienstreise fahren
ко́микс Comics Wt 2 В
коммента́тор Kommentator Wt 2 В
ко́мната Zimmer 1
компа́кт-ди́ск CD Wt 3 Б
компа́ния *hier:* Gemeinschaft, Clique 4 А
компози́тор Komponist Wt 2 В
компо́т Kompott 1
компью́тер Computer 1
компью́терный стол Computertisch, PC-Tisch 1
кому́? wem? 1 В
конди́тер Konditor Wt 2 В
коне́чно *ugs.* natürlich, sicher 1
ко́нкурс *hier:* Wettbewerb 2 В
констру́ктор Konstrukteur Wt 2 В
конфере́нция Konferenz Wt 2 В
конфе́ты *Pl.; Sg.* конфе́та Konfekt, Pralinen 1
конце́рт Konzert 1
конча́ть *uv.* etw. beenden 2 Б
конча́ться *uv.* enden, beenden, zu Ende sein, ablaufen *1. und 2. P. ungebr.* 2 Б
коньки́ *Pl.; Sg.* конёк Schlittschuhe 4 А
копе́йка Kopeke 1
коридо́р Korridor, Flur 1
кори́чневый braun 1 Б
косме́тика Kosmetik Wt 4 А
космона́втика Astronautik, Kosmonautik Wt 1 В
ко́смос Kosmos, Weltall Wt 2 В
кот; *Pl.* коты́ Kater 1
котле́ты *Pl.; Sg.* котле́та Buletten, Klopse 1
Кото́рый час? Wie spät ist es? 1
ко́фе *m. unveränd.* Kaffee 1
ко́шка Katze 1
краси́вый schön 1
кра́сный rot 1 Б
красота́ Schönheit 3 В
Кремлёвский, кремлёвский Kreml- 1
Кремль *m.* Kreml in Moskau 1
кремль *m.; Pl.* кремли́ Stadtfestung *(in alten russischen Städten)* 1
кре́пко fest 3 В
кре́сло Sessel 1
кро́лик Kaninchen 1
кро́ме того́ außerdem 4 Б
кружо́к; *Pl.* кружки́ *hier:* Zirkel, Arbeitsgemeinschaft 2 А
кста́ти *hier:* übrigens, apropos 5 Б
кто? wer? 1
куда́? wohin? 1 А
куми́р Idol 4 Б
купе́ *s., unveränd.* Zugabteil 1 А
купи́ть *v.* kaufen 4 В
куро́рт Kurort, Bad 5 В
ку́рица Huhn, Hühnchen 1
ку́хня *w.* Küche 1
куше́тка Liege 1

Л

лабора́нтка Laborantin Wt 2 В
Ла́дно. *ugs.* (Nun) gut! Einverstanden! o.k. (okay) 1
ла́мпа Lampe 1
ландша́фт Landschaft Wt 2 В
ла́стик *ugs.* Radiergummi 1
лати́нский язы́к Latein Wt 2 А
лёгкая атле́тика Leichtathletik 2 В
лес; *Pl.* леса́ Wald 5 В
ле́стница Treppe 1
лет Jahre 1
лета́ть *uv. nicht zielger.* 5 А
лете́ть *uv. zielger.* fliegen 5 А
ле́тний Sommer-, sommerlich 5 А
ле́то Sommer 3 А

лимона́д Limo(nade) 1
лине́йка Lineal 1
литерату́ра Literatur 1, 2 A
лифт Lift, Fahrstuhl 1
лице́й; *Pl.* лице́и Lyzeum Wt 2 A
лицо́; *Pl.* ли́ца Gesicht 4 B
ло́жка Löffel 3 Б
лу́чше *hier:* lieber (*Komp.*) 1 B
лы́жи *Pl.* Ski 4K 1
люби́мый Lieblings-, beliebt 1
люби́ть *uv.* lieben, gern haben, mögen 1
любо́вь *w.* Liebe 3 B
лю́ди *Pl.* ↗ челове́к Leute, Menschen 4 Б

М

магази́н Geschäft, Laden 1
май Mai 3 A
макаро́ны *Pl.* Makkaroni 1
ма́клер Makler Wt 2 B
ма́ленький klein 1
ма́льчик Junge (*bis ca. 14–15 J.*) 1 Б
ма́ма Mama, Mutti 1
ма́рка *hier:* Briefmarke Wt 4 A
ма́ркер (Text-)Marker 1
март März 3 A
маршру́т Reiseroute, Marschroute 5 A
маршру́тка *ugs.* Kleinbus-Sammeltaxi 1
Ма́сленица *russische Fastnachtswoche* 3 Б
матема́тик Mathematiker Wt 2 B
матема́тика Mathematik 2 A
матрёшка Matrjoschka 1
маши́на *ugs.* Auto 1
ме́жду *mit Instr. hier:* zwischen 5 B
мел Kreide 1
ме́неджер Manager Wt 2 B
Меня́ зову́т… Ich heiße … (*wörtlich:* Man nennt oder ruft mich.) 1
ме́сто; *Pl.* места́ Ort, Platz, Sitzplatz 1, 4 B
ме́сяц Monat 3 A
метеоро́лог Meteorologe Wt 2 B
метро́ *unveränd.* Metro, U-Bahn 1
микроволно́вка *ugs.* Mikrowelle 1
ми́лый *hier:* lieb (geliebt …) 3 B
минера́льный Mineral- Wt 3 Б
минера́льная вода́ Mineralwasser
ми́нус minus, Minus 1
мину́та Minute 1
мир *hier:* Frieden 1
Мне… лет. Ich bin … Jahre alt. 1
мно́го *mit Verb oder Gen. Pl.* viel(e) 2 A
моби́льник *ugs.* Handy 1
мо́да Mode 4 A
мо́жно 1. man kann, es ist möglich, 2. man darf, es ist erlaubt 1, 4 B
мой mein 1
молоко́ Milch 1
моне́та Münze Wt 4 A
мо́ре; *Pl.* моря́ Meer, die See 5 B
моро́женое *s.* Speiseeis 1
морско́й Meeres- WT 5 B
Москва́ Moskau 1
москви́ч Moskauer; *Pl.* москвичи́ 1
москви́чка *w.* Moskauerin 1
мочь *uv.* können (*imstande sein*) 4 A
моя́ фами́лия mein Familienname 1
музе́й *m.*; *Pl.* музе́и Museum 1
музе́й-запове́дник *wörtlich:* Museum-Naturschutzgebiet 5 B
му́зыка Musik 1, 2 A
музыка́льный Musik- Wt 4 Б
~ инструме́нт Musikinstrument
~ центр Hi-Fi-Anlage 1
музыка́нт Musiker, Musikant Wt 4 Б
мы wir 1
мышь *w.* Maus 1
мю́сли *s. und Pl. unveränd.* Müsli 1
мя́со Fleisch 1

Н

на 1
1. ~ второ́м этаже́, ~ стене́, ~ у́лице; auf, an, in; 1
2. ~ за́втрак, ~ обе́д, ~ у́жин; zum (*z. B. zum Frühstück*) 1
3. ~ авто́бусе, ~ велосипе́де; mit (*Transportmittel*) 1, 1 A
4. ~ за́втра, ~ пя́тницу; für (*in Verbindung mit Terminen*) 1 B
5. ~ футбо́л (*Zeit, Geld …*) für 5 A
6. ~ се́вере im (*Himmelsrichtung*) 1
На, возьми́! *ugs.* Da! Nimm. Da hast du. 1
наве́рно *ugs.* wahrscheinlich, sicher 5 Б
на́до *ugs.* man muss, soll 4 B
нале́во nach links 1
написа́ть/писа́ть schreiben 2 A, 4 Б
напра́во nach rechts 1
наприме́р zum Beispiel 2 A
нарисова́ть/рисова́ть (auf)zeichnen, malen 1, 3 A
(он, она́, оно́) **нахо́дится** (er, sie, es) befindet sich 1
(они́) **нахо́дятся** (sie) befinden sich (wo?) 1
нача́ло Beginn, Anfang 1 B
нача́льный *hier:* Grund- 2 A
начина́ть *uv.* *etw.* beginnen, *mit etw.* anfangen 2 Б
начина́ться *uv.* beginnen, anfangen, losgehen *1. und 2. P. ungebr.* 2 Б
наш unser 1
не nicht 1
(я) **не по́нял(а́)** Ich habe nicht (richtig) verstanden. 1
небольшо́й nicht groß, klein 1
недалеко́ от *mit Gen.* nicht weit von 1
неде́ля Woche 2 Б
Не́ за что. *ugs.* Bitte schön. Keine Ursache. 1
Незна́йка *m.* Nesnaika 1
неинтере́сно uninteressant 5 Б
нельзя́ man darf nicht, es ist nicht erlaubt 4 B
неме́цкий deutsch 1
немно́го etwas, ein wenig 1
не́сколько *mit Gen. Pl.* einige 5 B
неску́чно nicht langweilig 2 B
нет nein 1
нет *mit Gen.* es gibt nicht; keinen, kein(e) haben; etw. oder jmd. ist nicht (da) 1
нет *mit Gen. Pl. ugs.* kein(e) …! 1 B
неуже́ли ist es möglich, wirklich 3 Б
ни́жнее бельё Unterwäsche 1 Б
ничего́ *ugs. hier:* es geht, ganz gut 1
но …, aber … 1
нового́дний Neujahrs- 3 Б
но́вый neu 1
Но́вый год (*пра́здник*) Neujahr (*Feiertag*) 3 Б
нога́; *Pl.* но́ги Bein 4 B
нож Messer 3 Б
но́жницы *nur Pl.* Schere 1
ноль *m.* null, Null 1
но́мер телефо́на; *Pl.* номера́ телефо́нов Telefonnummer 1
норма́льно *ugs.* normal, nichts Besonderes, es geht 1
нос Nase 4 B
носки́ Socken 1 Б
но́чью nachts, in der Nacht 5 Б
ноя́брь *m.* November 3 A
(он, она́, оно́) мне **нра́вится** (er, sie, es) gefällt mir 1
(они́) мне **нра́вятся** (sie) gefallen mir 1
Ну что́ ты! *ugs.* Ach was! I wo! 1

О

о *mit Präp.* über, von 1 Б
о ком? über wen? von wem? 1 B
о чём? worüber? wovon? 1 A
обе́д Mittagessen 1
обе́дать *uv.* zu Mittag essen 1
обеща́ть *uv./v.* versprechen 5 A
о́бщая шко́ла Gesamtschule 2 A
обще́тельный mitteilsam, gesprächig, kontaktfreudig 4 Б
объе́кт Objekt 1
обы́чно gewöhnlich, normalerweise, meistens 1
обяза́тельно unbedingt, bestimmt 3 Б
одноклассник, однокла́ссница Mitschüler(in), Klassenkamerad(in) 3 Б
о́зеро; *Pl.* озёра der See 1
Ой, как бо́льно! Oh (Au), wie tut das weh! 4 B
о´ке́й o.k. (okay) 1
окно́; *Pl.* о́кна Fenster 1 A
октя́брь *m.* Oktober 3 A
олимпиа́да Olympiade Wt 2 B
он er 1
она́ sie (*Sg.*) 1
они́ sie (*Pl.*) 1
оно́ es 1
о́пера Oper 1
оптимисти́чный optimistisch Wt 4 Б
ора́нжевый orange Wt 1 Б
организова́ть *uv.* organisieren 2 B
осе́нний Herbst-, herbstlich 5 A
о́сень *w.* Herbst 3 A
осо́бенно besonders 1
остано́вка Haltestelle 1
оста́ться *v.* bleiben 5 A
о́стров; *Pl.* острова́ Insel 5 B
от *mit Gen. hier:* von 1 A

отве́т Antwort 1
откры́тка Ansichtskarte; Postkarte 1
откры́тый *hier:* offen(herzig) 4 Б
отку́да? woher? 1
отли́чно *hier:* ausgezeichnet 2 Б
отме́тка *hier:* Note, Zensur 2 Б
отправля́ться *uv.* abfahren 1 A
отпра́здновать/
пра́здновать feiern 3 Б
отсю́да von hier aus 1
о́тчество Vatersname 3 A
о́фис Büro 1
о́чень sehr 1

П

па́лец, *Pl.* **па́льцы** Finger 4 B
па́льцы ноги́ *Pl.*
Sg. па́лец ноги́ Fußzehen 4 B
панк-ро́к Punk Rock (*Musikrichtung*) 1
па́па *m.* Papa, Vati 1
па́пка Hefter, Ordner 1
па́рень *m. ugs.; Pl.* па́рни junger Mann, Kerl 4 Б
парк Park 1
Па́сха Ostern 3 Б
пасха́льный Oster- 3 Б
певе́ц, певи́ца Sänger(in) 4 A
пельме́ни *Pl.* Pelmeni (*typisches russisches Gericht*) 1
пе́ние Gesang 4 Б
первокла́ссник, первокла́ссница Erstklässler(in) 2 Б
переда́й приве́т *mit Dat.* übermittle, richte einen Gruß aus 1
переда́м (приве́т) ich übermittle, richte (*einen Gruß*) *aus* (*werde es tun*) 1
переме́на *hier:* Pause 2 B
пе́сенка *ugs.* Liedchen 3 A
пе́сни *Pl.* Lieder 1
пе́сня Lied 4 A
петь *uv.* singen 2 B
пешко́м zu Fuß 1
пиани́но *unveränd.* Piano, Klavier 1
пирожки́ *Pl.; Sg.* пирожо́к Piroggen 1
писа́ть ↗ написа́ть
писа́тель(ница) Schriftsteller(in) 2 Б
пи́сьменный стол Schreibtisch 1
письмо́; *Pl.* пи́сьма Brief 1
пить *mit Akk.* trinken 1
пи́цца Pizza 1
пла́вание Schwimmen 4 A
пла́вать *uv. nicht zielger.* schwimmen 5 Б
план Plan WT 2 Б
пла́ны *Pl. hier:* Pläne, Vorhaben 1 B
плато́к; *Pl.* платки́ Tuch 1
платфо́рма *hier:* Bahnsteig 1 A
пла́тье *n.* Kleid 1 Б
пле́ер (MP3-)Player 1
пло́хо schlecht 1
плохо́й schlecht 5 Б
пло́щадь *w.* Platz 1
плыть *uv. zielger.* schwimmen 5 Б
плюс plus, Plus 1
по *mit Dat.* 1. in (*im Fach*); 2. durch, in, entlang 2 Б, 4 A
по телеви́зору *ugs.* im Fernsehen 1
по-англи́йски englisch, auf Englisch 1
побыва́ть/быть sein, verweilen 5 A
повезло́ *кому́? mit Dat. ugs. jmd.* hatte Glück 4 B
Повтори́(те), пожа́луйста! Wiederhole (Wiederholt, Wiederholen Sie) bitte. 1
пого́да Wetter 5 Б
погуля́ть/гуля́ть *hier: (eine Weile)* spazieren gehen, bummeln 4 Б, 3 Б
под *mit Akk. hier:* zu *(zum Musikinstrument)*; mit *(Musikinstrument)* … -begleitung 4 A
подари́ть *v.* schenken 3 A
пода́рок; *Pl.* пода́рки Geschenk 3 A
подва́л Keller 1
подно́с Tablett 1
подру́га Freundin 1
по́езд; *Pl.* поезда́ Zug 1 A
пое́здка Reise, Fahrt 4 A
пое́хать *v. zielger.* (los)fahren, (hin)fahren 1 A
пожа́луйста bitte 1
позвони́ть *v. кому́? mit Dat.* anrufen 4 A
поздрави́тельный Glückwunsch- 3 B
поздравле́ние Gratulation, Glückwunsch 3 B
поздра́вить/поздравля́ть gratulieren 3 B
познако́мить *v.* bekannt machen, vorstellen 3 Б
познако́миться *v.* sich bekannt machen, kennen lernen 3 Б
Познако́мьтесь! Macht euch (machen Sie sich) bekannt 3 Б
поигра́ть/игра́ть *(eine Weile)* spielen 4 Б
по-италья́нски italienisch, auf Italienisch 1
пойти́ *v. zielger.* (los)gehen, hingehen 1 B, 4 A
Пока́! *ugs.* Tschüss! Mach's gut! Bis später! 1
Покажи́(те)! Zeige! Zeigen Sie! Zeigt! 1
показа́ть/пока́зывать zeigen 5 A; 2 B
поли́тик Politiker Wt 2 B
полито́лог Politologe Wt 2 B
по́лка Regal 1
получи́ть/получа́ть 1. erhalten, bekommen; 2. bekommen *(Noten in der Schule)* 1 A; 2 Б
помо́чь/помога́ть helfen 4 B
понеде́льник Montag 2 Б
по-неме́цки deutsch, auf Deutsch 1
Поня́тно. *ugs.* (Alles) klar. 1
поп-звёзды *Pl. ugs.*
Sg.: поп-звезда́ Popstars 4 Б
поп-му́зыка Popmusik 1
по-по́льски polnisch, auf Polnisch 1
попро́буй *mit Akk.* koste (noch) 1
попуга́й Papagei 1
популя́рный populär, beliebt Wt 4 Б
портре́т Porträt, Bild Wt 2 B
по-ру́сски russisch, auf Russisch 1
посети́ть *v.* besuchen 5 B
по́сле *mit Gen.* nach 1
по́сле э́того danach, nachher, anschließend 4 Б
после́дний *hier:* der letzte 4 B
послеза́втра übermorgen 1 B
послу́шать/слу́шать (sich) anhören, zuhören, hören 4 Б; 1
посмотре́ть/смотре́ть sich etw. ansehen, anschauen 1 A; 1
по́стер Poster 1
посудомо́йка *ugs.* (посудомо́ечная маши́на) Geschirrspüler 1
пото́м dann, danach, anschließend 1
потому́ что weil, da 2 B
поу́жинать/у́жинать Abendbrot essen, zu Abend essen 4 Б
по-францу́зски französisch, auf Französisch 1
похо́д Wanderung 4 A
походи́ть – ходи́ть (durch etw. eine Zeitlang) bummeln, spazieren gehen, schlendern 4 A, 5 A
почему́? warum? 2 B
по́чта Post, Postamt 1
поэ́тому deshalb, deswegen 2 B
по-япо́нски japanisch, auf Japanisch 1
пра́вда *hier:* nicht wahr, stimmt's 3 Б
пра́вильно richtig 1
пра́здник 1. Fest 2. Feiertag 1 B; 3 A
пра́здничный festlich, feierlich 3 Б
пра́здновать ↗ отпра́здновать
предлага́ть *uv.* anbieten, vorschlagen 5 B
предме́т *hier:* Schulfach 2 A
президе́нт Präsident 1
прекра́сный wunderschön, herrlich 3 A
прибыва́ть *uv. hier:* ankommen, eintreffen 1 A
Приве́т! Grüß dich! Hallo! 1
пригласи́ть/приглаша́ть einladen 3 Б
приглаше́ние Einladung 3 Б
прие́хать *v. zielger.* (an)kommen, anreisen 1 A
приз Preis *(für einen Sieg in einem Wettbewerb)* 2 B
призово́й Preis- 2 B
прийти́/приходи́ть (an)kommen, eintreffen 3 Б
принести́ *v.* (mit)bringen 3 Б
приходи́ komm 3 Б
приходи́ть ↗ **прийти́**
прихо́жая *w.* Flur, Diele 1
прия́тно angenehm 3 Б
Прия́тного аппети́та! Guten Appetit! 1
пробле́ма Problem 1 A
провести́/проводи́ть *hier:* verbringen 4 B, 5 A
проводи́ть ↗ провести́
проводни́к, проводни́ца *w. hier:* Zugbegleiter(in) 1 A
програ́мма Programm Wt 5 Б
программи́ст Programmierer Wt 2 B
продаве́ц; *Pl.* продавцы́ Verkäufer 1
продавщи́ца Verkäuferin 1
проспе́кт Prospekt *(breite gerade Straße)*, Avenue 1

про́сто einfach 1
про́сьба Bitte 3Б
про́тив *hier:* dagegen 3Б
профе́ссия Beruf Wt 4Б
профе́ссор; *Pl.* профессора́ Professor 1
прочита́ть/чита́ть lesen 4Б, 1
пря́мо gerade; geradeaus 1
путеше́ствие Reise 5В
путеше́ствовать *uv.* reisen 4А
пюре́ *s. unveränd.* Püree, Brei 1
пятёрка *ugs. hier:* Fünf *(Zensur)* 2Б
пя́тница Freitag 2Б

Р

рабо́та 1. Arbeit, Werk; 2. Arbeit *(Tätigkeit)* 2В, 3В
рабо́тать *uv.* arbeiten 2В
ра́дио *unveränd.* Radio 1
радиослу́шатель *m.* Radiohörer Wt 4Б
ра́дость *w.* Freude 3В
раз *hier:* Mal, mal 2Б
ра́зве denn, etwa 3Б
разгова́ривать *uv.* sich unterhalten, sprechen 1А
разгово́р Gespräch 3В
ра́зный verschieden 2А
разреши́ erlaube 3Б
разреши́ть/разреша́ть *hier:* erlauben, gestatten 3Б
расписа́ние (Fahr)Plan 1А
расска́зывать *uv.* erzählen 2В
реа́льный Real- 2А
ребя́та *Pl.* 1. Kinder, Jugendliche; *2. wird auch in der Anrede Jugendlicher untereinander im Sinne von „Leute" verwendet* 1
регио́н Region 5В
регистра́ция *hier:* Abfertigung *(im Flughafen)* Wt 1В
результа́т Resulat, Ergebnis Wt 5Б
река́; *Pl.* ре́ки Fluss 1
рели́гия Religion Wt 2Б
ремо́нт *hier:* Renovierung 5А
реставра́тор Restaurator Wt 2В
рестора́н Restaurant, Gaststätte 1
реши́тельный *hier:* entschlossen 4Б
рис Reis 1
рисова́ть ↗ нарисовать zeichnen, malen 1, 3А
рису́нок *hier:* Zeichnung, Bild 3А
ро́вно genau, Punkt (… Uhr) 1
роди́тели *Pl.* Eltern 1
роди́ться *v./uv.* geboren werden 3А
родно́й Heimat-, heimatlich 1
ро́дственники *Pl.* Verwandte 3А
Рождество́ Weihnachten 3Б
рожде́ственский Weihnachts-
ро́зовый rosa Wt 1Б
ро́кер Rocker Wt 4Б
рок-му́зыка Rockmusik 1
ро́лики *Pl. ugs.* Rollschuhe, Inliner 1
рома́нтика Romantik Wt 5А
росси́йский russisch *(bezogen auf den Staat und die Wirtschaft)* 2А
Росси́я Russland 1
рот Mund 4В
руба́шка Herren(ober)hemd 1Б
рубль *m.; Pl.* рубли́ Rubel 1
рука́; *Pl.* ру́ки Hand/Arm 4В
руководи́тель *m.*, **руководи́тельница** Leiter(in) 2В
ру́сский russisch 1
ру́чка Kugelschreiber, Füller 1
ры́ба Fisch 1
рэп Rap *(Musikrichtung)* 1
рэ́пер Rapper Wt 4Б
рюкза́к; *Pl.* рюкзаки́ Rucksack 1

С

с 1. *mit Instr.* mit; 2. *mit Gen.* ab, seit 1; 2А
с кем? mit wem? 1
С удово́льствием! Mit Vergnügen! Gern. 1
сала́т Salat 1
салфе́тка Serviette 3Б
самова́р Samowar 1
самолёт Flugzeug 5А
свети́ть *uv. hier:* scheinen, strahlen 5Б
све́тлый *hier:* hell 2А
сви́тер Pullover 1Б
свобо́дный *hier:* frei, Frei-, verfügbar *(Zeit)* 2А
свято́й heilig 3В
сде́лать/де́лать machen, tun 4Б
се́вер Norden 1
сего́дня heute 1
сейча́с jetzt 1
семикла́ссник, семикла́ссница Siebtklässler(in) 2Б
семья́ Familie 1
сентя́брь *m.* September 3А
се́рый grau 1Б
Серьёзно? *ugs.* Ernsthaft? Wirklich? Echt? 1
сестра́; *Pl.* сёстры Schwester 1
Сиби́рь *w.* Sibirien 5А
сиде́ть *uv.* **в Интерне́те** *ugs.* im Internet sein, surfen 1
сиде́ть *uv.* **в ча́те** *ugs.* sich im Internet mit jmdn. unterhalten, im Chat sein, chatten *ugs.* 1
си́льный stark, kräftig, heftig 5Б
симпати́чный sympathisch 4Б
си́ний blau, dunkelblau 1Б
Скажи́(те)! Sage … (Sagen Sie …/ Sagt …) 1
сказа́ть/говори́ть sagen, mitteilen, sprechen 4Б/1
ска́зка Märchen 3А
скейтбо́рд Skateboard 1
ско́лько? wie viel? 1
Ско́лько бу́дет…? Wie viel sind …? 1
Ско́лько (сейча́с) вре́мени? Wie spät ist es? 1
Ско́лько тебе́ лет? Wie alt bist du? 1
ско́ро bald 1А
скри́пка Geige 1
скро́мный bescheiden, zurückhaltend 4Б
ску́чно langweilig *Adv.* 1
ску́чный langweilig 2В
сла́бый schwach 5Б
сло́во; *Pl.* слова́ Wort, Vokabel 2А
слу́шать *uv.* hören, zuhören 1
смея́ться *uv.* lachen 3А
смотре́ть *uv.* sehen, schauen 1
снача́ла zuerst, zunächst 1
снег Schnee 5Б
Снегу́рочка Schneemädchen, Schneeflöckchen 3Б
сноубо́рд Snowboard Wt 4А
соба́ка Hund 1
соба́чка *ugs.* @ 5Б
собира́ть *uv.* sammeln 4А
собо́р Dom, Kathedrale 1
со́бственный eigen, Eigen- (heim) 1
совреме́нный modern 4Б
согла́сен *m.* (er ist) einverstanden 3Б
сок Saft 1
со́лнце Sonne 5Б
соля́нка Soljanka 1
соревнова́ние *hier:* Wettkampf, Wettspiel 2В
со́рок vierzig 1
сосе́д, сосе́дка Nachbar(in) 3Б
сосе́дний Nachbar- 3Б
соси́ски *Pl. Sg.* соси́ска Würstchen 1
спаге́тти *s. und Pl. unveränd.* Spagetti 1
спа́льный Schlaf- 1А
спа́льня *w.* Schlafzimmer 1
спаси́бо danke; Dank 1; 3Б
спина́ Rücken 4В
спорт Sport 1В
спортза́л Sporthalle, Turnhalle 1
спорти́вный Sport-, sportlich 1В, Wt 2В
спорти́вные кружки́ *Pl.*; *Sg.* спорти́вный кружо́к Sport-AG's Wt 2А
спортплоща́дка Sportplatz 1В
спортсме́н, спортсме́нка Sportler(in) Wt 2В, Wt 4Б
среда́ *hier:* Mittwoch 2Б
сре́дний *hier:* Mittel- *(entspricht im deutschen Schulwesen:* Ober-*)* 2А
с собо́й mit sich 5А
стадио́н Stadion 1
стака́н Trinkglas 3Б
ста́нция Station 1
старт Start 1
ста́рый alt 1
стать *v. mit Instr. hier:* werden 2В
стена́; *Pl.* сте́ны Wand 4А
сте́нка *ugs.* Schrankwand 1
сте́реоаппарату́ра Stereoanlage 1
стили́ст Stylist Wt 2В
стира́льная маши́на Waschmaschine 1
(он, она́, оно́) **сто́ит** (er, sie, es) kostet (они́) **сто́ят** (sie) kosten 1
стол; *Pl.* столы́ Tisch 1
сто́лик *ugs.* kleiner Tisch 1
столи́ца Hauptstadt 5В
столо́вая *w.* Esszimmer 1
стомато́лог Zahnarzt Wt 2В
стоя́нка такси́ Taxistand 1
стоя́ть *uv.* stehen 3Б
стоя́чий Steh-, stehend … 4В
страна́; *Pl.* стра́ны Land *(Staat)* 5В
страни́ца *hier:* Seite *(im Buch, Heft …)* 3А

стритбо́л Streetball 1
студе́нт Student 1
студе́нтка Studentin 1
сту́дия Studio, Werkstatt WT 2 A
стул; *Pl.* сту́лья Stuhl 1
суббо́та Samstag 2 Б
субъе́кт Subjekt 1
сувени́р Souvenir 1
су́мка Tasche 1
суп; *Pl.* супы́ Suppe 1
Су́пер! *ugs.* Super! 1
суперма́ркет Supermarkt 1
сча́стье *s.* Glück 3 В
(я) **сыт** (сыта́) Ich bin satt. 1
сюрпри́з Überraschung 3 Б

Т

табуре́т(ка) Hocker 1
так so 1 A
тако́й solcher, so(lch) ein 5 Б
такси́ *s., unveränd.* Taxi 1
такт Takt 1
тала́нтливый talentiert, begabt 4 Б
там dort 1
танцева́льный Tanz- Wt 2 A
~ анса́мбль Tanzensemble Wt 4 A
~ клуб Tanzklub
танцева́ть *uv.* tanzen 1
таре́лка Teller 3 Б
твой dein 1
твоя́ фами́лия dein Familienname 1
теа́тр Theater 1
театра́льная сту́дия Theaterstudio Wt 2 A
текст(ма́ркер) (Text)Marker 1
телеба́шня *w* Fernsehturm 1
телеви́зор Fernseher 1
телефо́н Telefon 1
те́ма Thema 1
темпера́ментный temperamentvoll Wt 4 Б
температу́ра (Luft)Temperatur 5 Б
те́ннис Tennis 1
тепло́ (es ist) warm 5 Б
тёплый warm 1 Б
термина́л Terminal (*im Flughafen)* Wt 1 В
терра́са Terrasse 1
тетра́дь *w.* Heft 1
тётя Tante 1
те́хника Technik 1
те́хно *unveränd.* Techno *(Musikrichtung)* Wt 4 Б
техно́лог Technologe Wt 2 В
тигр Tiger 1
тип (Schul)Typ Wt 2 В
то́же auch 1
то́лько nur 1
торт Torte 1
то́чно *hier:* genau, exakt 1 A
то́чка Punkt *(Satzzeichen)* 5 Б
трамва́й *m.* Straßenbahn 1
тре́нер Trainer(in) 1
тренирова́ться *uv.* trainieren 4 A
Третьяко́вская галере́я
Третьяко́вка *ugs.* Tretjakow-Galerie 1
Тро́ица *(пра́здник)* Pfingsten 3 Б

тро́йка *ugs. hier:* Drei *(Zensur)* 2 Б
тролле́йбус Obus 1
труба́; *Pl.* тру́бы Trompete 1
туале́т Toilette, WC 1
туда́ dorthin 1
тур *hier:* Tour, Reise 5 A
турба́за *ugs.* Touristenherberge 5 В
турбюро́ *ugs.* Reisebüro Wt 5 Б
тури́ст Tourist 1
туристи́ческий Touristen-, touristisch 5 В
ты du 1
ты **говори́шь** du sprichst 1
ты **лю́бишь** du magst, hast gern, liebst 1

У

у *кого́? mit Gen.* 1. jmd. hat etw. oder jmdn. 2. bei … (sein); 1
убира́ть *uv.* aufräumen 4 В
уви́деть *v.* sehen, erblicken 5 Б
уда́рный *hier:* Schlag- 4 Б
уда́ча Erfolg, Glück, Gelingen 3 В
уже́ schon, bereits 1
у́жин Abendbrot 1
у́жинать *uv.* Abendbrot essen 1
узна́ть *v. hier:* erfahren 5 Б
у́лица Straße 1
уме́ть *uv.* können *(eine Fähigkeit besitzen, etwas beherrschen)* 4 A
универма́г Warenhaus, Kaufhaus 1 Б
университе́т Universität 1
уника́льный einzigartig, einmalig 5 В
Ура́! Hurra! Wt 3 Б
уро́к Lektion, Unterrichtseinheit *(im Lehrbuch)* 1
уро́ки *Pl. hier:* Hausaufgaben 1
уро́ки *Pl. Sg.* уро́к *hier:* Unterrichtsstunde(n) 2 Б
успе́х *hier:* Erfolg, Gelingen 3 В
уста́ть *v.* müde werden 1 A
у́тром am Morgen, morgens 1
у́хо; *Pl.* у́ши Ohr 4 В
уча́ствовать *uv.* teilnehmen 2 В
учёба Ausbildung, Lehre, Studium, Lernen, Schule 3 В
уче́бник Lehrbuch 1
учени́к Schüler 1
учени́ца Schülerin 1
учи́тель *m.*, **учи́тельница** *w.* Lehrer(in) 2 Б
учи́ть ↗ вы́учить
учи́ться *uv.* lernen, studieren *(eine Lehre oder Ausbildung machen)* 2 A
ую́тно gemütlich *Adv.* 2 В
ую́тный gemütlich 1

Ф

факт Fakt, Tatsache 1, Wt 4 Б
фами́лия Familien-, Zu-, Nachname 1
фа́нта Fanta 1
февра́ль *m.* Februar 3 A
фейерве́рк Feuerwerk Wt 3 Б
фестива́ль *m.* Festival 1
фигу́рное ката́ние Eiskunstlauf 4 A
фи́зик Physiker Wt 2 В

фи́зика Physik 2 A
физио́лог Physiologe Wt 2 В
физкульту́ра *hier:* Sport *(Schulfach)* 2 A
фиоле́товый violett Wt 1 Б
фи́рма Firma 1
фле́йта Flöte 1
флома́стер Filzstift 1
фолькло́р Folklore Wt 4 Б
фонта́н Fontäne, Springbrunnen Wt 5 Б
фо́тка *ugs.* Foto, Bild Wt 5 Б
фотографи́ровать *uv.* fotografieren 1
фотогра́фия Fotografie, Foto, Bild 1 A
францу́зский französisch 2 A
фру́кты *Pl.; Sg.* фрукт Früchte, Obst 1
футбо́л *(Spiel)* Fußball 1
футбо́лка T-Shirt 1 Б
футбо́льный Fußball- 2 В
фэ́нтези *s., unveränd.* Fantasy 1

Х

хард-ро́к Hard Rock *(Musikrichtung)* 1
(хе́ви-)ме́тал *m. unveränd.* Heavy Metal *(Musikrichtung)* 1
хи́мик Chemiker Wt 2 В
хи́мия Chemie 2 A
хип-хо́п Hip Hop *(Musikrichtung)* 1
хлеб Brot 1
хо́бби *s., unveränd.* Hobby 1
ходи́ть ↗ походи́ть
ходи́ть в *чём? ugs.* tragen, anhaben *(ein Kleidungsstück)* 1 Б
хокке́й (Eis-)Hockey 1
холоди́льник Kühlschrank 1
хо́лодно kalt 5 Б
хомя́к, *Pl.* хомяки́ Hamster 1
хор Chor Wt 2 A
хоро́шее *s.* das Gute 3 В
хоро́ший gut 4 Б
хорошо́ gut *Adv.* 1
хоте́ть *uv. mit Inf.* wollen, mögen 1

Ц

цвет; *Pl.* цвета́ Farbe, Farbton 1 Б
цветы́ *Pl.; Sg.* цвето́к Blumen, Grünpflanzen 1
целова́ть *uv.* küssen 3 В
цент Cent 1
центр Zentrum, (Stadt-)Mitte 1
центра́льный zentral, Zentral- 1
цепо́чка *hier:* (Schmuck) Halskette 3 A
церко́вный Kirchen-, kirchlich 3 В
цирк Zirkus 1

Ч

чай *m.* Tee 1
час Stunde; *Pl.* часы́ Uhr 1
ча́сто *Adv.* oft 1
часть *w.* Teil 5 В
чат Chat Wt 2 В
ча́шка Tasse 3 Б
челове́к; *Pl.* лю́ди Mensch 4 Б
чемпио́н Champion 1

черда́к; *Pl.* чердаки́ Dachboden 1
черепа́ха Schildkröte 1
чёрный schwarz 1 Б
четве́рг Donnerstag 2 Б
че́тверть *w.* Viertel 2 Б
четвёрка *ugs.* *hier:* Vier (*Zensur*) 2 Б
число́ *ugs.* *hier:* Datum 3 А
чи́стый *hier:* sauber 2 А
чита́льный Lese- 2 Б
чита́тель Leser 2 Б
чита́ть *uv.* lesen 1
что *hier:* dass 5 А
что? was? 1
чу́вствовать себя́ *uv.* sich fühlen 4 В
чуде́сный wunderbar 3 А
чуть не *mit v. Verb im Prät.* fast, beinahe *mit konjugiertem Verb* 5 Б
чуть-чу́ть *ugs.* ein bisschen 1 А

Ш

шампа́нское *s.* Champagner, Sekt Wt 3 Б
ша́пка Pelzmütze 1
ша́хматы *nur Pl.* Schach 1
шестёрка *ugs.* *hier:* Sechs (*Zensur*) 2 Б
шеф Chef 1
ше́я *w.* Hals 4 В
шкату́лка Schatulle, Lackdose, (*Schmuckkästchen*) 1
шкаф; *Pl.* шкафы́ Schrank 1
шко́ла Schule 1
шко́льник, шко́льница Schüler(in) 2 А
шко́льный Schul- ; 2 А
~ анса́мбль Schulensemble Wt 2 В
~ пра́здник Schulfest;
шля́гер Schlager Wt 4 Б
шокола́д Schokolade 1

Щ

щётка Bürste 1
щи *nur Pl.* Schtschi (Weißkohl- oder Sauerampfersuppe) 1

Э

экономи́ст Betriebswirt Wt 2 В
экску́рсия Exkursion Wt 2 В, 4 А
экспериме́нт Experiment, Versuch Wt 2 В
э́кспорт Export, Ausfuhr 1
экспре́сс Expresszug Wt 1 А
эле́ктрик Elektriker Wt 2 В
электри́чка *ugs.* Elektritschka (*elektrisch betriebener Vorortzug*) 1 А
электрогита́ра E-Gitarre Wt 4 Б
электро́нный а́дрес; *Pl.* электро́нные адреса́ E-Mail-Adresse 5 Б
электроплита́ *Pl.* электропли́ты Elektroherd 1
энерге́тик Energetiker Wt 2 В
эта́ж; *Pl.* этажи́ Etage, Stock 1
э́тика Ethik Wt 2 Б
э́то das (ist, sind) 1
э́тот dieser 1

Ю

ю́бка Rock (*Kleiderstück*) 1 Б
юг Süden 1
юри́ст Jurist Wt 2 В

Я

я ich 1
Я бо́льше не могу́. Ich kann nicht mehr. 1
язы́к, *Pl.* языки́ *hier:* Sprache 2 А
яйцо́; *Pl.* я́йца, *Gen.* яи́ц Ei 3 Б
янва́рь *m.* Januar 3 А
я́рмарка Jahrmarkt, Messe Wt 1 В

Diese Grundzahlwörter kennst du schon.

0	ноль	11	оди́ннадцать	20	два́дцать	21	два́дцать оди́н	100	сто
1	оди́н	12	двена́дцать	30	три́дцать	32	три́дцать два	200	две́сти
2	два	13	трина́дцать	40	со́рок	43	со́рок три	300	три́ста
3	три	14	четы́рнадцать	50	пятьдеся́т	54	пятьдеся́т четы́ре	400	четы́реста
4	четы́ре	15	пятна́дцать	60	шестьдеся́т	65	шестьдеся́т пять	500	пятьсо́т
5	пять	16	шестна́дцать	70	се́мьдесят	76	семьдеся́т шесть	600	шестьсо́т
6	шесть	17	семна́дцать	80	во́семьдесят	87	во́семьдесят семь	700	семьсо́т
7	семь	18	восемна́дцать	90	девяно́сто	98	девяно́сто во́семь	800	восемьсо́т
8	во́семь	19	девятна́дцать	100	сто			900	девятьсо́т
9	де́вять							1000	ты́сяча
10	де́сять								

Diese Ordnungszahlwörter hast du in *Диалог 2* kennengelernt.

1.	пе́рвый	11.	оди́ннадцатый	20.	двадца́тый	21.	два́дцать пе́рвый
2.	второ́й	12.	двена́дцатый	30.	тридца́тый	32.	три́дцать второ́й
3.	тре́тий	13.	трина́дцатый	40.	сороково́й	43.	со́рок тре́тий
4.	четвёртый	14.	четы́рнадцатый	50.	пятидеся́тый	54.	пятьдеся́т четвёртый
5.	пя́тый	15.	пятна́дцатый	60.	шестидеся́тый	65.	шестьдеся́т пя́тый
6.	шесто́й	16.	шестна́дцатый	70.	семидеся́тый	76.	се́мьдесят шесто́й
7.	седьмо́й	17.	семна́дцатый	80.	восьмидеся́тый	87.	во́семьдесят седьмо́й
8.	восьмо́й	18.	восемна́дцатый	90.	девяно́стый	98.	девяно́сто восьмо́й
9.	девя́тый	19.	девятна́дцатый	100.	со́тый	109.	сто девя́тый
10.	деся́тый					121.	сто два́дцать пе́рвый

Алфави́тный слова́рь (Deutsch-Russisch)

A

ab с *mit Gen.* 2 A
Abendbrot у́жин 1
Abendbrot essen поу́жинать/у́жинать 1, 4 Б
abends ве́чером 1
aber а 1
…, aber … но 1
abfahren отправля́ться *uv.* 1 A
Abfertigung *(im Flughafen)* регистра́ция Wt 1 B
Abgemacht! Договори́лись! 4 A
ablaufen, enden **конча́ться** *uv.* 2 Б
Ach was! I wo! Ну что ты! *ugs.* 1
Aerobic аэро́бика Wt 2 B
Akkordeon аккордео́н 1
aktiv акти́вный Wt 4 Б
Album *(Musik)* **альбо́м** 4 Б
Algebra а́лгебра Wt 2 A
alle все 1 B
Alle Achtung! *(als Ausdruck von Erstaunen, Bewunderung)* **Вот э́то да!** *ugs.* 1
alles всё 1
(Alles) klar. Поня́тно. *ugs.* 1
Alphabet алфави́т 1
alpin горнолы́жный 5 B
Alpinismus альпини́зм Wt 4 A
als когда́ 5 Б
alt ста́рый 1
Alter во́зраст 3 A
am *(Wochentag)* **в** *mit Akk.* 2 Б
am Abend ве́чером 1
am Morgen у́тром 1
am Tag днём 1
an *(örtlich)* **на** *mit Präp.* 1
Ananas анана́с 1
Anbauwand го́рка *ugs.* 1
anbieten предлага́ть *uv.* 5 B
Anfang нача́ло 1 B
anderer друго́й 3 Б
anfangen, beginnen *1. und 2. P. ungebr.* **начина́ться** *uv.* 2 Б
mit etw. **anfangen,** *etw.* beginnen **начина́ть** *uv.* 2 Б
angenehm прия́тно 3 Б
anhaben *(ein Kleiderstück)* **ходи́ть в** *чём? ugs.* 1 Б
(sich) **anhören послу́шать/слу́шать** 1, 4 Б;
ankommen, anreisen прие́хать *v. zielger.* **прибыва́ть** *uv. nicht zielger.* 1 A
ankommen, eintreffen прийти́/ приходи́ть 3 Б
anrufen позвони́ть/звони́ть *кому́? mit Dat.* 4 Б
anschließend пото́м, по́сле э́того 1, 4 Б
Ansichtskarte откры́тка 1
Antwort отве́т 1
Apotheke апте́ка 1
April апре́ль *m.* 3 A
apropos кста́ти 5 Б
Aquagymnastik аквагимна́стика Wt 2 B
Aquarium аква́риум 1
Arbeit *(Tätigkeit, Werk)* **рабо́та** 2 B; 3 B
arbeiten рабо́тать *uv.* 2 B
Arbeitsgemeinschaft кружо́к; *Pl.* кружки́ 2 A
Arbeitszimmer кабине́т 1
Archäologe архео́лог Wt 2 B
Architekt архите́ктор Wt 2 B
Architektur архитекту́ра Wt 5 B
Arm рука́; *Pl.* ру́ки 4 B
Art вид (спо́рта) 3 A
Asien А́зия 5 B
Astronautik космона́втика Wt 1 B
Atelier für bildende Kunst изосту́дия Wt 2 B
Athlet атле́т 1
Attraktionen *(auf dem Rummelplatz)* аттракцио́ны *Pl.* Wt 1 B
auch то́же 1
auf, an, in *(örtlich)* **на** *mit Präp.* 1
auf Deutsch по-неме́цки 1
auf Englisch по-англи́йски 1
auf Französisch по-францу́зски 1
auf Italienisch по-италья́нски 1
auf Japanisch по-япо́нски 1
auf Polnisch по-по́льски 1
auf Russisch по-ру́сски 1
Auf Wiedersehen! До свида́ния! 1
aufräumen убира́ть *uv.* 4 B
Auge глаз, *Pl.* глаза́ 4 B
August а́вгуст 3 A
Aula а́ктовый зал 2 A
aus из *mit Gen.* 1 A
aus Deutschland из Герма́нии 1
aus Russland из Росси́и 1
Ausbildung, Lehre учёба 3 B
ausgezeichnet отли́чно 2 Б
außerdem кро́ме того́ 4 Б
Ausstellung вы́ставка 2 B
Auto маши́на *ugs.* 1
Autobus авто́бус 1
Automechaniker автомеха́ник Wt 2 B

B

Bad, Kurort куро́рт 5 B
Badezimmer ва́нная 1
Badminton бадминто́н 1
Baguette баге́т 1
Bahnhof вокза́л 1
Bahnsteig платфо́рма 1 A
Baikal(see) Байка́л 5 A
bald ско́ро 1 A
Balkon балко́н 1
Banane бана́н 1
Band гру́ппа 4 Б
Bank *(Geldinstitution)* **банк** 1
Bankautomat банкома́т 1
Bar бар 1
Baseball бейсбо́л 1
Basketball баскетбо́л 1
Bauch живо́т 4 B
etw. **beenden конча́ть** *uv.* 2 Б
beenden, enden, zu Ende sein, ablaufen *1. und 2. P. ungebr.* **конча́ться** *uv.* 2 Б
(er, sie, es) **befindet sich** (он, она́, оно́) **нахо́дится**
(sie) **befinden sich** *(wo?)* (они́) **нахо́дятся** в *mit Präp.* 1
begabt тала́нтливый 4 Б
begegnen встре́тить/встреча́ть 5 Б
begehen, feiern *(Neujahr)* **встре́тить/встреча́ть** 3 Б
Beginn нача́ло 1 B
beginnen, anfangen *1. und 2. P. ungebr.* **начина́ться** *uv.* 2 Б
etw. **beginnen,** *mit etw.* **anfangen начина́ть** *uv.* 2 Б
bei …(sein) **у** *кого́? mit Gen.* 1
beige бе́жевый Wt 1 Б
Bein нога́; *Pl.* но́ги 4 B
beinahe *mit konjugiertem Verb* **чуть не** *mit v. Verb im Prät.* 5 Б
bekannt изве́стный 4 Б
bekannt machen познако́мить *v. кого́? с кем?* 3 Б
bekommen получи́ть/получа́ть 1 A; 2 Б
belegen *(einen Platz)* **занима́ть** *uv. mit Akk.* 2 B
belegtes Brot (Brötchen), belegte Schnitte бутербро́д 1
beliebt люби́мый 1
bereits, schon **уже́** 1
Berg-, го́рный 5 B
Abfahrt-Ski го́рные лы́жи *Pl.*
Berge го́ры 5 B
Bergsteigen альпини́зм Wt 4 A
Beruf профе́ссия Wt 4 Б
bescheiden скро́мный 4 Б
bestimmt, unbedingt **обяза́тельно** 3 Б
Besuch го́сти *Pl.; Sg.* гость *m.* 1 A
zu Besuch *(gehen)* **в го́сти** 1 B
zu Besuch *(sein)* **в гостя́х** 3 A
besuchen посети́ть *v.* 5 B
Betriebswirt экономи́ст Wt 2 B
Bibliothek библиоте́ка 1
Bild *(Gemälde)* **карти́на** 1
(Foto) **фотогра́фия,** фо́тка *ugs.* 1 A
(Zeichnung) **рису́нок**; *Pl.* рису́нки 3 A
Bildband альбо́м Wt 1 B
Biografie биогра́фия Wt 4 Б
Biologe био́лог Wt 2 B
Biologie биоло́гия 2 A
Biophysiker биофи́зик Wt 2 B
bis (hin) **до** *(örtl.) mit Gen.* 1
Bis später! Пока́! *ugs.* 1
Bistro бистро́ *unveränd.*; **буфе́т** 1
bitte пожа́луйста 1
Bitte про́сьба 3 Б
Bitte schön. Keine Ursache. **Не́ за что.** 1
Blas- духово́й 4 Б
blau си́ний 1 Б
bleiben оста́ться *v.* 5 A
Bleistift каранда́ш; *Pl.* карандаши́ 1
Blues *(Musikrichtung)* блюз 1
Blumen цветы́ *Pl.; Sg.* цвето́к 1

Bluse блу́зка 1 Б
Bolschoi-Theater Большо́й теа́тр 1
Borschtsch *(Suppe aus Weißkohl und roten Rüben)* борщ 1
Botanischer Garten Ботани́ческий сад 1
Boxen, Boxsport бокс 1
(mit)**bringen принести́** *v.* 3 Б
braun кори́чневый 1 Б
Brei ка́ша, пюре́ *s. unveränd.* 1
Brief письмо́; *Pl.* пи́сьма 1
Briefmarke ма́рка Wt 4 A
Brot хлеб 1
Brötchen бу́лочки *Pl.; Sg.* бу́лочка 1
Bruder брат; *Pl.* бра́тья 1
Brüderchen, Brüderlein бра́тик *ugs.* 3 A
Buch кни́га 1
Buchhalter, Buchführer бухга́лтер Wt 2 B
Buletten котле́ты *Pl.; Sg.* котле́та 1
(durch etw. eine Zeitlang) **bummeln**, spazieren gehen, schlendern **походи́ть/ходи́ть** 4 A, 5 A
(eine Weile) **bummeln, spazieren gehen погуля́ть/гуля́ть** 4 Б, 3 Б
Büro бюро́ *unveränd.*, о́фис 1
Bürste щётка 1
Bus авто́бус 1
Bus- авто́бусный 5 A
Busfahrkarte, Busfahrschein биле́т на авто́бус 1 A,
Busreise авто́бусный тур Wt 5 Б

C

Café кафе́ *s., unveränd.* 1
CD компа́кт-диск Wt 3 Б
Cent цент 1
Champagner шампа́нское Wt 3 Б
Champion чемпио́н 1
Chat чат Wt 2 B
chatten *(ugs.)*, im Chat sein **сиде́ть** *uv.* **в ча́те** *ugs.* 1
Chef шеф 1
Chemie хи́мия 2 A
Chemiker хи́мик Wt 2 B
Chor хор Wt 2 A
Clip клип 4 Б
Clique компа́ния 4 A
(Coca-)Cola ко́ла *ugs.*, ко́ка-ко́ла 1
Code, Kode код 5 Б
Collie *(schottischer Schäferhund)* ко́лли *m. und w. unveränd.* 1
Comics ко́микс Wt 2 B
Computer компью́тер 1
Computertisch компью́терный стол 1
Couch дива́н 1
Couchtisch журна́льный сто́лик 1

D

da, weil **потому́ что** 2 B
da (ist, sind) **вот** *ugs.* 1
Da hast du. Da! Nimm. На, возьми́! *ugs.* 1
Dachboden черда́к; *Pl.* чердаки́ 1
dagegen про́тив 3 Б
Damespiel ша́шки *nur Pl.* 2 B
danach, dann, anschließend **по́сле э́того, пото́м** 4 Б, 1
Dank; danke спаси́бо 1; 3 Б
dann, danach **пото́м, по́сле э́того** 1, 4 Б
das (ist, sind) **э́то** 1
das ist … вот *ugs.* 1 B
dass что 5 A
Datsche да́ча 3 Б
Datum число́ *ugs.* 3 A
dein твой 1
denken ду́мать *uv.* 1 Б
denn ра́зве 3 Б
Depot *(für Schienenfahrzeuge)* депо́ *unveränd.* Wt 1 A
deshalb, deswegen поэ́тому 2 B
Detektivgeschichte детекти́в Wt 4 A
deutsch неме́цкий 1
deutsch, auf Deutsch по-неме́цки 1
Deutschland Герма́ния 1
Dezember дека́брь *m.* 3 A
Diele прихо́жая 1
Dienstag вто́рник 2 Б
Dienstreise командиро́вка 5 A
auf Dienstreise sein быть в командиро́вке
auf (eine) Dienstreise fahren по-/е́хать в командиро́вку
dieser э́тот 1
Diplom дипло́м Wt 2 B
Discomusik ди́ско-му́зыка Wt 4 A
Diskothek дискоте́ка 1
Dom собо́р 1
Donnerstag четве́рг 2 Б
Dorf дере́вня *w.* 1
dort там 1
dorthin туда́ 1
Drei *(Zensur)* **тро́йка** *ugs.* 2 Б
du ты 1
dunkelblau си́ний 1 Б
durch, in по *mit Dat.* 4 A
DVD-Player DVD-пле́ер 1

E

E-Gitarre электрогита́ра Wt 4 Б
E-Mail-Adresse электро́нный а́дрес; *Pl.* электро́нные адреса́ 5 Б
Ei яйцо́; *Pl.* я́йца, *Gen.* яи́ц 3 Б
eigen, Eigen- со́бственный 1
ein bisschen чуть-чуть *ugs.* 1 A
ein wenig немно́го 1
einerlei всё равно́ 1 Б
einfach про́сто 1
Einfall иде́я *w.* 1 B, Wt 3 Б
einige не́сколько *mit Gen. Pl.* 5 B
einladen пригласи́ть/приглаша́ть 3 Б
Einladung приглаше́ние 3 Б
einmalig уника́льный 5 B
Eins *(Zensur)* **едини́ца** *ugs.* 2 Б
eintreffen прибыва́ть *uv. nicht zielger.* 1 A
Eintrittskarte биле́т 3 A
Einverstanden! Ла́дно. *ugs.* 1
(er ist) **einverstanden согла́сен** *m.* 3 Б
einzigartig уника́льный 5 B
Eisenbahnwagen ваго́н 1 A
Eishockey хокке́й 1
Eiskunstlauf фигу́рное ката́ние 4 A
Elektriker эле́ктрик Wt 2 B
Elektritschka электри́чка *ugs.* 1 A
Elektroherd электроплита́, *Pl.* электропли́ты 1
Eltern роди́тели *Pl.* 1
enden *(die Handlung geht nicht von einer Person aus)* **конча́ться** *uv.* 2 Б
enden *(die Handlung geht von einer Person aus)* **конча́ть** *uv.* 2 Б
Energetiker энерге́тик Wt 2 B
englisch англи́йский 2 A
englisch, auf Englisch по-англи́йски 1
Ensemble анса́мбль *m.* Wt 4 Б
entlang по *mit Dat.* 4 A
entschlossen реши́тельный 4 Б
Entschuldigung! Entschuldige(n Sie)! Entschuldigt! Извини́(те)! 1
er он 1
Er heißt … Его́ зову́т… 1
erblicken уви́деть *v.* 5 Б
erfahren узна́ть *v.* 5 Б
Erfolg, Gelingen **уда́ча** 3 B
Erfolg успе́х 3 B
Ergebnis результа́т Wt 5 Б
erhalten получи́ть/получа́ть 1 A
erlaube разреши́ *mit Inf.* 3 Б
erlauben, gestatten разреши́ть/разреша́ть 3 Б
ermüden уста́ть *v.* 1 A
Ernsthaft? Wirklich? Echt? Серьёзно? *ugs.* 1
Erstklässler(in) первокла́ссник, первокла́ссница *w.* 2 Б
erwarten ждать *uv.* 4 A
erzählen расска́зывать *uv.* 2 B
es оно́ 1
es geht норма́льно *ugs.* 1
es geht, ganz gut ничего́ *ugs.* 1
es gibt, es ist vorhanden **есть** *mit Nom.* 1
es gibt nicht нет *mit Gen.* 1
es ist möglich (erlaubt) мо́жно 1
es ist nicht erlaubt нельзя́ 4 B
essen есть *что? mit Akk.* 1
Esszimmer столо́вая *w.* 1
Etage, Stock **эта́ж**; *Pl.* этажи́ 1
Ethik э́тика Wt 2 Б
etw. oder jmd. ist nicht (da) нет *mit Gen.* 1
etwa ра́зве 3 Б
etwas (nicht viel) **немно́го** 1
euer ваш 1
Euro е́вро *m. unveränd.* 1
Europa Евро́па 5 B
europäisch европе́йский 5 B
exakt то́чно 1 A
Exkursion экску́рсия Wt 2 B, 4 A
Experiment экспериме́нт Wt 2 B
Export, Ausfuhr э́кспорт 1
Expresszug экспре́сс Wt 1 A

F

fahren (Rad, Inliner…) **ката́ться** *uv.* **на** *mit Präp.* 1
fahren е́хать *uv. zielger.* 1 A
е́здить *uv. nicht zielger.* 5 A
(los)**fahren**, hinfahren **пое́хать** *v. zielger.* 1 A

fahren (bis) zum (zur) … **дое́хать** *v.* **до** *mit Gen. zielger.* 1
Fahrplan расписа́ние 1 А
Fahrrad велосипе́д 1
Fahrstuhl лифт 1
Fakt, Tatsache факт 1
Familie семья́ 1
Familienname фами́лия 1
Fanta фа́нта 1
Fantasy фэ́нтези *s., unveränd.* 1
Farbe, Farbton **цвет**; *Pl.* цвета́ 1 Б
fast *mit konjugiertem Verb* **чуть не** *mit v. Verb im Prät.* 5 Б
Februar февра́ль *m.* 3 А
Federball бадминто́н 1
(Neujahrs-)**Feier встре́ча (Но́вого го́да)** 3 Б
feierlich пра́здничный 3 Б
feiern отпра́здновать/ пра́здновать 3 Б
Feiertag пра́здник 3 А
Fenster окно́; *Pl.* о́кна 1 А
Ferien кани́кулы *nur Pl.* 5 А
Fernseher телеви́зор 1
fernsehen **смотре́ть** *uv.* **телеви́зор** 1
im Fernsehen по телеви́зору *ugs.* 1
Fernsehturm телеба́шня *w.* 1
fest кре́пко 3 В
Fest *(z. B. Sportfest)* **пра́здник** 1 В
Festival фестива́ль *m.* 1
festlich пра́здничный 3 Б
Feuerwerk фейерве́рк Wt 3 Б
Fichte, Tanne, Neujahrstanne ёлка 1
Film кино́ *unveränd. ugs.* 1
Filmtheater кинотеа́тр 1
Filzstift флома́стер 1
Finger па́лец; *Pl.* па́льцы 4 В
Firma фи́рма 1
Fisch ры́ба 1
Fleisch мя́со 1
fliegen лета́ть *uv. nicht zielger.*; **лете́ть** *uv. zielger.* 5 А
Flöte фле́йта 1
Fluggast авиапасса́жир Wt 1 В
Flughafen аэропо́рт Wt 1 В
Flugzeug самолёт 5 А
Flur коридо́р, прихо́жая *w.* 1
Fluss река́; *Pl.* ре́ки 1
Folklore фолькло́р Wt 4 Б
Fontäne фонта́н Wt 5 Б
Foto(grafie) фотогра́фия 1 А
фо́тка *ugs.* Wt 5 Б
fotografieren фотографи́ровать *uv.* 1
Frage вопро́с 1
Fragebogen анке́та 3 А
französisch францу́зский 2 А
französisch, auf Französisch по-францу́зски 1
junge **Frau, Fräulein де́вушка** 4 Б
Frauen- же́нский 3 В
frei, Frei- свобо́дный 2 А
Freitag пя́тница 2 Б
fremd, Fremd- иностра́нный 2 А
Freude ра́дость *w.* 3 В
Freund друг; *Pl.* **друзья́** 1, 1 Б
Freundin подру́га 1
Frieden мир 1
fröhlich весёлый 4 Б
Früchte фру́кты *Pl.*; *Sg.* фрукт 1
Frühjahrs-, Frühlings- весе́нний 5 А
Frühling, Frühjahr весна́ 3 А
Frühstück за́втрак 1
frühstücken за́втракать *uv.* 1
Füller ру́чка 1
Fünf *(Zensur)* **пятёрка** *ugs.* 2 Б
für 1. **за** *mit Akk.* 3 Б
2. **для** *mit Gen.* 1 В
3. **на** *mit Akk. (in Verbindung mit Terminen)* 1 В
4. *(Zeit, Geld …)* **на** *mit Akk.* 5 А
Fußball *(Spiel)* **футбо́л** 1
Fußball- футбо́льный 2 В
Fußzehen па́льцы ноги́ *Pl.* *Sg.* па́лец ноги́ 4 В

G

Gabel ви́лка 3 Б
ganz *Adj.* **весь** 1 А
ganz egal, einerlei всё равно́ 1 Б
Garage гара́ж; *Pl.* гаражи́ 1
Gasherd га́зовая плита́ 1
Gäste го́сти *Pl.*; *Sg.* гость *m.* 1 А
Gaststätte рестора́н 1
Gebirge го́ры *Pl.* 5 В
geboren werden роди́ться *v./uv.* 3 А
gebt, geben Sie mir да́йте мне *mit Akk.* 1
Geburtstag день *m.* **рожде́ния** 3 А
(er, sie, es) **gefällt mir** (он, она́, оно́) мне **нра́вится** 1
(sie) **gefallen mir** (они́) мне **нра́вятся** 1
gehen идти́ *uv. zielger.*; **ходи́ть** *nicht zielger.* 1 А, 4 А
gehen (bis) zum (zur)… **дойти́ до** *mit Gen. zielger.* 1
(herum)**gehen, bummeln, schlendern походи́ть/ходи́ть** 4 А, 5 А
(los)**gehen, hingehen пойти́** *v. zielger.* 1 В, 4 А
Geige скри́пка 1
gelb жёлтый 1 Б
Geld де́ньги *Pl.* 1
Gelingen успе́х 3 В
gemeinsam вме́сте 1
Gemeinschaft компа́ния 4 А
gemütlich ую́тный; ую́тно 1; 2 В
genau то́чно 1 А
genau, Punkt (… Uhr) **ро́вно** 1
Geografie геогра́фия 2 А
Geologe гео́лог Wt 2 В
Geometrie геоме́трия Wt 2 А
gerade; geradeaus пря́мо 1
gern haben люби́ть *что? mit Akk. oder mit Inf.* 1
Gern. Mit Vergnügen! **С удово́льствием!** 1
Gesamtschule о́бщая шко́ла 2 А
Gesang пе́ние 4 Б
Geschäft, Laden **магази́н** 1
Geschenk пода́рок 3 А
Geschichte исто́рия 2 А
Geschirrspüler посудомо́йка *ugs.* 1
Gesicht лицо́; *Pl.* ли́ца 4 В
Gespräch разгово́р 3 В
gesprächig общи́тельный 4 Б
gestatte (erlaube) **разреши́** *mit Inf.* 3 Б
gestatten, erlauben разреши́ть/ разреша́ть 3 Б
gestern вчера́ 1
Gesundheit здоро́вье *s.* 3 В
Gewitter гроза́ 5 Б
gewöhnlich обы́чно 1
gib mir дай мне *mit Akk.* 1
Girlande гирля́нда Wt 3 Б
Gitarre гита́ра 1
glauben, denken **ду́мать** *uv.* 1 Б
Globus гло́бус 1
Glück 1. **сча́стье** *(Gelingen)*; 2. **уда́ча** *s.* 3 В
Glückwunsch поздравле́ние 3 В
Glückwunsch- поздрави́тельный 3 В
Golf гольф 1
Grad гра́дус 5 Б
Gratulation поздравле́ние 3 В
gratulieren поздра́вить/ поздравля́ть *кого? с чем?* 3 В
grau се́рый 1 Б
(Land)**Grenze грани́ца** 5 В
groß большо́й 1
großartig кла́ссный *ugs.* 1 В
Großartig! Здо́рово! *ugs.* 1 В
Großmutter ба́бушка 1
Großvater де́душка *m.* 1
grün зелёный 1 Б
Grund- нача́льный 2 А
Grünpflanzen, Blumen цветы́ *Pl.*; *Sg.* цвето́к 1
Grüß dich! Приве́т! 1
GUM ГУМ (Гла́вный универса́льный магази́н) 1
gut хоро́ший; **хорошо́** 4 Б; 1
(Nun) **gut! Ла́дно.** *ugs.* 1
das **Gute хоро́шее** *s.* 3 В
Guten Abend! До́брый ве́чер! 1
Guten Appetit! Прия́тного аппети́та! 1
Guten Morgen! До́брое у́тро! 1
Guten Tag! Здра́вствуй! Здра́вствуйте! До́брый день! 1
Gymnasium гимна́зия 2 А
Gymnastik гимна́стика 4 А

H

haben (ich habe, du hast, wir haben, ihr habt) **у меня́, у тебя́, у нас, у вас** (есть) 1
Hallo! Приве́т! Алло́! *(nur beim Telefonieren)* 1
Hals ше́я *w.* 4 В
Halskette *(Schmuck)* цепо́чка 3 А
Haltestelle остано́вка 1
Hamburger *(Fastfood-Essen)* га́мбургер 1
Hamster хомя́к, *Pl.* хомяки́ 1
Hand рука́; *Pl.* ру́ки 4 В
Handball гандбо́л 1
Handy моби́льник *ugs.* 1
hängen висе́ть *uv.* 3 А
Hard Rock *(Musikrichtung)* хард-ро́к 1
Hauptstadt столи́ца 5 В
Haus дом; *Pl.* дома́ 1

Hausaufgaben уро́ки 1
Hausaufgaben machen де́лать *uv.* уро́ки
Hausaufgabenheft дневни́к 2Б
Heavy Metal *(Musikrichtung)* (хеви-) ме́тал *m. unveränd.* 1
Heft тетра́дь *w.* 1
Hefter па́пка 1
heftig си́льный 5Б
heilig свято́й 3В
Heimat-, heimatlich родно́й 1
Heimkino дома́шний кинотеа́тр 1
(es ist) heiß жа́рко 5Б
helfen помо́чь/помога́ть 4В
hell све́тлый 2А
hell-/himmelblau голубо́й 1Б
Herbst о́сень *w.* 3А
Herbst-, herbstlich осе́нний 5А
Herren(ober)hemd руба́шка 1Б
herrlich прекра́сный 3А
Herzlich willkommen! Добро́ пожа́ловать! 1А
heute сего́дня 1
hier здесь 1
hinfahren е́хать *uv. zielger.* 1А
hingehen пойти́ *uv. zielger.* 1А, 4А
Hi-Fi-Anlage музыка́льный центр 1
Hip Hop *(Musikrichtung)* хип-хоп 1
Historiker исто́рик Wt 2В
Historisches Museum истори́ческий музе́й Wt 5В
Hobby хо́бби *s., unveränd.* 1
Hocker табуре́т(ка) 1
Hockey хокке́й 1
Home-Cinema дома́шний кинотеа́тр 1
hören послу́шать/слу́шать *mit Akk.* 4Б; 1
Hose брю́ки *nur Pl.* 1Б
Hotel гости́ница 1
Huhn, Hühnchen ку́рица 1
Hund соба́ка 1
Hurra! Ура́! Wt 3Б

I

ich я 1
Ich bin … Jahre alt. Мне … лет. 1
Ich bin satt. (я) сыт (сыта́) 1
Ich habe nicht (richtig) verstanden. (я) не по́нял(а́) 1
Ich heiße … Меня́ зову́т … 1
Ich kann nicht mehr. Я бо́льше не могу́! 1
ich nehme (я) возьму́ *mit Akk.* 1
ich nehme (es) (я) беру́ *mit Akk.* 1
ich übermittle, richte (einen Gruß) aus (werde es tun) переда́м (приве́т) 1
Idee иде́я *w.* 1В
Idol куми́р 4Б
Igel ёж; *Pl.* ежи 1
Ihr ваш 1
ihr вы 1
im (in dem) в *(räumlich) mit Präp.* 1
Imbiss буфе́т 1
immer всегда́ 5А
immer noch всё ещё 5Б
in в, на *(räumlich) mit Präp.* 1
in *(im Fach)* по *mit Dat.* 2Б
in, pro в *mit Akk.* 2Б

Informatik информа́тика 2А
Informatikkabinett *(in der Schule)* кабине́т информа́тики 1
Ingenieur инжене́р Wt 2В
Inliner ро́лики *Pl. ugs.* 1
innerhalb von, in за *mit Akk.* 5Б
Insel о́стров; *Pl.* острова́ 5В
Institut институ́т 1
interessant интере́сный 1
Internet Интерне́т 1
Internetcafé интерне́т-кафе́ *s. unveränd.* Wt 2В
Interview интервью́ *s. unveränd.* 1В
ist es möglich неуже́ли 3Б
etw. oder jmd. ist nicht (da) нет *mit Gen.* 1
italienisch, auf Italienisch по-италья́нски 1

J

ja да 1
ja, doch же *ugs.* 3Б
Jahr год 3А
Jahreszeit вре́мя *s.* го́да; *Pl.* времена́ го́да 3А
Jahrmarkt я́рмарка Wt 1В
Jalousie жалюзи́ *s. und Pl. unveränd.* 1
Januar янва́рь *m.* 3А
japanisch, auf Japanisch по-япо́нски 1
Jazz *(Musikrichtung)* джаз 1
Jeans джи́нсы *nur Pl.* 1Б
jeder ка́ждый 5Б
jetzt сейча́с 1
jmd. hat etw. oder jmdn. у *mit Gen.* 1
jmd. hatte Glück *кому́? mit Dat.* повезло́ *ugs.* 4В
jmd. trägt etwas, jmd. hat etwas an в *mit Präp. ugs.* 1Б
jmdm. begegnen, *(zufällig)* treffen встре́тить/встреча́ть 5Б
jmdm. tut etw. weh; jmd. hat (…) schmerzen у *mit Gen.* боли́т (боля́т) 4В
Jogging джо́ггинг 1
Journalist журнали́ст Wt 2В
Judo дзюдо́ *unveränd.* 1
Jugendliche ребя́та *Pl.* 1
Juli ию́ль *m.* 3А
Junge *(bis ca. 14-15 J.)* ма́льчик 1Б
junge Frau де́вушка 4Б
junger Mann па́рень *m. ugs.* 4Б
Juni ию́нь *m.* 3А
Jurist юри́ст Wt 2В

K

Kaffee ко́фе *m. unveränd.* 1
Kakao кака́о *unveränd.* 1
Kaktus ка́ктус 1
Kaleidoskop калейдоско́п 1
Kalender календа́рь *m.; Pl.* календари́ 1
kalt хо́лодно 5Б
Kanarienvogel канаре́йка 1
Känguru кенгуру́ *m. und w. unveränd.* Wt 2В
Kaninchen кро́лик 1
Karaoke карао́ке *s. unveränd.* 4А
Karate карате́ *s. unveränd.* Wt 2В

Karelien Каре́лия 5В
Karikatur карикату́ра Wt 2В
Karneval карнава́л Wt 3Б
Karte, Landkarte ка́рта 1
Karten spielen игра́ть *uv.* в ка́рты 1
Kasse ка́сса 1
Kassierer касси́р 4В
Kater кот; *Pl.* коты́ 1
Kathedrale собо́р 1
Katze ко́шка 1
kauen жева́ть *uv.* 4В
kaufen купи́ть *v.* 4В
Kaufhaus универма́г 1Б
Kaugummi жва́чка *ugs.* 4В
Kaukasus Кавка́з 5В
Kehle го́рло 4В
kein(e) …! нет… *mit Gen. Pl. ugs.* 1В
Keine Ursache. Bitte schön. Не́ за что. 1
keinen, kein(e) haben нет *mit Gen.* 1
Keller подва́л 1
(junger) Kerl па́рень *m. ugs.* 4Б
kennen знать 1А
Kette, Halskette (Schmuck) цепо́чка 3А
Keyboard ки́борд 1
Kilometer киломе́тр 5Б
Kinder ребя́та *Pl.* 1
Kinderzimmer де́тская *w. где?* в де́тской (ко́мнате) 1
Kino кино́ *unveränd. ugs.,* кинотеа́тр *(Gebäude)* 1
Kiosk кио́ск 1
Kirchen-, kirchlich церко́вный 3В
Klarinette кларне́т 1
klasse, großartig кла́ссный *ugs.* 1В
Klasse! Класс! *ugs.* 1В
Klasse; Klassenraum класс 1
Klassenkamerad(in) одноклассник, однокла́ссница 2Б, 3Б
Klassik кла́ссика Wt 4А
Klassiker кла́ссик Wt 4Б
klassische Musik класси́ческая му́зыка Wt 4Б
Klavier пиани́но *unveränd.* 1
Kleid пла́тье 1Б
klein ма́ленький 1
klein, nicht groß небольшо́й 1
Kleinbus-Sammeltaxi маршру́тка *ugs.* 1
kleiner Tisch сто́лик *ugs.* 1
(Ohr-)Klips кли́псы *Pl.; Sg.* кли́пса 1
Klopse котле́ты *Pl.; Sg.* котле́та 1
kochendes Wasser кипято́к 1А
komm приходи́ 3Б
Kommentator коммента́тор Wt 2В
Komponist компози́тор Wt 2В
Kompott компо́т 1
Konditor конди́тер Wt 2В
Konditorei кафе́ *s., unveränd.* 1
Konfekt конфе́ты *Pl.; Sg.* конфе́та 1
Konferenz конфере́нция Wt 2В
eine Art Konfitüre варе́нье *s.* 1
können *(imstande sein)* мочь *uv.* 4А
können *(eine Fähigkeit besitzen, etwas beherrschen)* уме́ть *uv.* 4А
Konstrukteur констру́ктор Wt 2В
kontaktfreudig общи́тельный 4Б

Konzert концéрт 1
Kopeke копéйка 1
Kopf головá 4 В
Korridor коридóр 1
Kosmetik космéтика Wt 4 А
Kosmos кóсмос Wt 2 В
Kosmonautik космонáвтика Wt 1 В
koste (noch) попрóбуй *что? mit Akk.* 1
(er, sie, es) kostet *(Preis)* (он, онá, онó) стóит 1
(sie) kosten (они́) стóят
kräftig, stark си́льный 5 Б
Kreide мел 1
Kreml- Кремлёвский кремлёвский 1
Kreml in Moskau Кремль *m.* 1
Kriminalroman детекти́в Wt 4 А
Küche кýхня *w.* 1
Kugelschreiber рýчка 1
Kühlschrank холоди́льник 1
Kurort гóрод-курóрт; *Pl.* городá-курóрты; курóрт 5 В
küssen целовáть *uv.* 3 В
Küste бéрег; *Pl.* берегá 5 Б
Kutter кáтер; *Pl.* катерá 5 Б
Kwas(s) квас 1

L

Laborantin лаборáнтка Wt 2 В
lachen смея́ться *uv.* 3 А
Lackdose *(Schmuckkästchen)* шкатýлка 1
Laden магази́н 1
Lampe лáмпа 1
Land *(Staat)* странá; *Pl.* стрáны 5 В
Land *(Dorf)* дерéвня 1
Landkarte кáрта 1
Landschaft ландшáфт Wt 2 В
lange *(Zeit)* дóлго 1 А
langweilig скýчный, скýчно *Adv.* 2 В, 1
Lass uns …! Lasst uns (Lassen Sie) uns …! *(Aufforderung, Vorschlag)* давáй(те) *mit Inf. uv.* 1
Latein лати́нский язы́к Wt 2 А
laufen катáться *uv.* на *mit Präp.* 1
leben жить *uv.* 1
Lebenslauf (авто)биогрáфия 3 А
lecker, schmackhaft вкýсный, вкýсно 3 А, 1
Lehre учёба 3 В
Lehrer(in) учи́тель *m.*, учи́тельница 2 Б
Leichtathletik лёгкая атлéтика 2 В
leider к сожалéнию 1
Leiter(in) руководи́тель *m.*, руководи́тельница 2 В
Lektion *(Unterrichtseinheit)* урóк 1
lernen занимáться *uv. mit Instr.* 2 А
auswendig lernen, einstudieren вы́учить/учи́ть 4 Б
lernen, studieren *(eine Lehre oder Ausbildung machen)* учи́ться *uv.* 2 А
das Lernen учёба 3 В
Lese- читáльный 2 Б
lesen прочитáть/читáть 4 Б, 1
Leser читáтель 2 Б
der letzte … послéдний 4 В
Leute лю́ди *Pl.* ↗ человек 4 Б
Leute *(in der Anrede Jugendlicher untereinander)* ребя́та *Pl.* 1
lieb (geliebt…) ми́лый 3 В
lieb, teuer дорогóй 3 В
Liebe любóвь *w.* 3 В
lieben люби́ть *uv.* 1, 1 Б
lieber *(Komp.)* лýчше 1 В
Lieblings- люби́мый 1
Lied пéсня 4 А
Liedchen пéсенка *ugs.* 3 А
Lieder пéсни *Pl.* 1
Liege кушéтка 1
Lift, Fahrstuhl лифт 1
Limo(nade) лимонáд 1
Lineal линéйка 1
Literatur литератýра 1, 2 А
Löffel лóжка 3 Б
Los, …! *(Aufforderung, Vorschlag)* давáй(те) *mit Inf. uv.* 1
lustig весёлый; вéсело *Adv.* 4 Б; 2 А
Lyzeum лицéй Wt 2 А

M

Mach's gut! Покá! *ugs.* 1
machen сдéлать/дéлать 1, 4 Б
Machen Sie sich (macht euch) bekannt! Познакóмьтесь! 3 Б
Mädchen дéвочка *(bis ca. 14–15 J.)* 1 Б, дéвушка *(ab ca. 14 J.)* 4 Б
Mai май 3 А
Makkaroni макарóны 1
Makler мáклер Wt 2 В
Mal, mal раз 2 Б
malen, (auf)zeichnen нарисовáть/рисовáть 1, 3 А
Mama мáма 1
man darf nicht, es ist nicht erlaubt нельзя́ 4 В
man kann, man darf, es ist erlaubt мóжно 1, 4 В
man muss, man soll нáдо *ugs.* 4 В
Manager мéнеджер Wt 2 В
manchmal иногдá 5 А
junger Mann, Kerl пáрень *m. ugs.; Pl.* пáрни 4 Б
Mannschaft комáнда 2 В
Märchen скáзка 3 А
Marschroute маршрýт 5 А
März март 3 А
Mathematik математика 2 А
Mathematiker матемáтик Wt 2 В
Matrjoschka матрёшка 1
Maus мышь *w.* 1
Meer мóре; *Pl.* моря́ 5 В
Meeres- морскóй Wt 5 В
mehr gefallen, näher бли́же 4 Б
mein мой 1
meistens, gewöhnlich обы́чно 1
Mensch человéк; *Pl.* лю́ди 4 Б
Menschen лю́ди *Pl.* ↗ человéк 4 Б
Messe я́рмарка Wt 1 В
Messer нож 3 Б
Meteorologe метеорóлог Wt 2 В
Metro метрó *unveränd.* 1
Mikrowelle микроволнóвка *ugs.* 1
Milch молокó 1
Mineral- минерáльный Wt 3 Б
Mineralwasser минерáльная водá
minus, Minus ми́нус 1
Minute минýта 1
mit 1. с *mit Instr.* mit sich с собóй 1
2. на *mit Präp. (Transportmittel)* 1 А
3. под *mit Akk. (Begleitung)* 4 А
Mit Vergnügen! Gern. С удовóльствием! 1
mit wem? с кем? 1
mitbringen принести́ *v.* 3 Б
mitnehmen взять *v.* с собóй 5 А
Mitschüler(in) однокла́ссник, однокла́ссница 2 Б, 3 Б
Mittagessen обéд 1
Mitte, Zentrum центр 1
mitteilen сказáть/говори́ть 4 Б
mitteilsam общи́тельный 4 Б
Mittel- *(entspricht im deutschen Schulwesen: Ober-)* срéдний 2 А
Mittwoch средá 2 Б
Möchtest du noch …? Бýдешь ещё…? *ugs.* 1
Mode мóда 4 А
modern совремéнный 4 Б
mögen, gern haben люби́ть *что? mit Akk. oder mit Inf.* 1
mögen, wollen хотéть *mit Inf.* 1, 1 Б
Monat мéсяц 3 А
Montag понедéльник 2 Б
morgen зáвтра 1 А
morgens ýтром 1
Moskauer(in) москви́ч; *Pl.* москвичи́, москви́чка 1
Motor(schnell)boot кáтер; *Pl.* катерá 5 Б
MP3-Player MP3-плéер 1, 4 В
müde werden устáть *v.* 1 А
Mund рот 4 В
Münze монéта Wt 4 А
Museum музéй *m.; Pl.* музéи 1
Museum-Naturschutzgebiet *wörtlich* музéй-заповéдник 5 В
Musik мýзыка 1, 2 А
Musiker, Musikant музыкáнт Wt 4 Б
Musikinstrument музыкáльный инструмéнт Wt 4 Б
Müsli мю́сли *unveränd.* 1
Mutti мáма 1

N

nach пóсле *mit Gen.* 1
nach Hause домóй 1 А
nach links налéво 1
nach rechts напрáво 1
Nachbar- сосéдний 3 Б
Nachbar(in) сосéд, сосéдка 3 Б
Nachname фами́лия 1
nachts, in der Nacht нóчью 5 Б
Nase нос 4 В
natürlich конéчно *ugs.* 1
Naturschutzgebiet музéй-заповéдник 5 В
ich nehme (я) возьмý *mit Akk.* 1
ich nehme (es) (я) берý *mit Akk.* 1
nein нет 1
Nesnaika Незнáйка 1
neu нóвый 1
Neujahrsfeier встрéча Нóвого гóда 3 Б
nicht не 1
nicht groß, klein небольшóй 1
nicht langweilig нескýчно 2 В

nicht wahr, stimmt's правда 3 Б
nicht weit von недалеко́ от *mit Gen.* 1
Nimm noch! Бери́ ещё! 1
noch ещё 1
Norden се́вер 1
normal норма́льно *ugs.* 1
normalerweise обы́чно 1
Note отме́тка 2 Б
November ноя́брь *m.* 3 А
null, Null ноль *m.* 1
(Nun) gut! Ла́дно. *ugs.* 1
nur то́лько 1

O

o.k. (okay) **Ла́дно.** *ugs.*, о'ке́й 1
Objekt объе́кт 1
Obst фру́кты *Pl.; Sg.* фрукт 1
Obus тролле́йбус 1
oder и́ли 1
offen(herzig) откры́тый 4 Б
oft ча́сто *Adv.* 1
Oh (Au), wie tut das weh! Ой, как бо́льно! 4 В
Ohr у́хо; *Pl.* у́ши 4 В
Oktober октя́брь *m.* 3 А
Olympiade олимпиа́да Wt 2 В
Oma ба́бушка 1
Onkel дя́дя *m.* 1
Opa де́душка *m.* 1
Oper о́пера 1
optimistisch оптимисти́чный Wt 4 Б
orange ора́нжевый Wt 1 Б
Ordner, Hefter **па́пка** 1
organisieren организова́ть *uv./v.* 2 В
Ort ме́сто; *Pl.* места́ 1
Osten восто́к 1
Ostern Па́сха 3 Б
Oster- пасха́льный 3 Б
Ostsee Балти́йское мо́ре 5 В

P

Papa па́па *m.* 1
Papagei попуга́й 1
Park парк 1
Party вечери́нка *ugs.* 3 Б
Pause переме́на 2 В
PC-Tisch компью́терный стол 1
Pelmeni пельме́ни *Pl.; Sg.* пельме́нь *m.* 1
Pelzmütze ша́пка 1
Pfingsten Тро́ица 3 Б
Physik фи́зика 2 А
Physiker фи́зик Wt 2 В
Physiologe физио́лог Wt 2 В
Piano пиани́но *unveränd.* 1
Piroggen пирожки́ *Pl.; Sg.* пирожо́к 1
Pizza пи́цца 1
(Fahr- Stunden-)**Plan расписа́ние** (поездо́в, уро́ков) 1 А
Plan план Wt 2 Б
Pläne пла́ны *Pl.* 1 В
Platz
1. **пло́щадь** *w. (ein großer Platz)* 1
2. **ме́сто** *Pl.* места́ 4 В
Player плеер 1
Plinsen (Crêpes) блины́ *Pl.* 1

plus, Plus плюс 1
Politiker поли́тик Wt 2 В
Politologe полито́лог Wt 2 В
polnisch, auf Polnisch по-по́льски 1
Pommes frites карто́фель *m. nur Sg.* **фри** *unveränd.* 1
Popmusik поп-му́зыка 1
Popstars поп-звёзды *Pl. ugs.* 4 Б *Sg.* поп-звезда́
populär популя́рный Wt 4 Б
Porträt, Bild портре́т Wt 2 В
Post, Postamt по́чта 1
Poster по́стер 1
Postkarte откры́тка 1
Pralinen конфе́ты *Pl.; Sg.* конфе́та 1
Präsident президе́нт 1
Preis *(für einen Sieg in einem Wettbewerb)* **приз** 2 В
Preis- призово́й 2 В
Prima! Здо́рово! *ugs.* 1 В
Problem пробле́ма 1 А
Professor профе́ссор; *Pl.* профессора́ 1
Programm програ́мма Wt 5 Б
Programmierer программи́ст Wt 2 В
Prospekt *(breite gerade Straße)* **проспе́кт** 1
Pullover сви́тер 1 Б
Punk Rock *(Musikrichtung)* панк-ро́к 1
Punkt *(Satzzeichen)* то́чка 5 Б
Püree пюре́ *s. unveränd.* 1

R

Radiergummi ла́стик *ugs.* 1
Radio ра́дио *unveränd.* 1
Radiohörer радиослу́шатель *m.* Wt 4 Б
Radsport велоспо́рт 4 А
Rap *(Musikrichtung)* рэп 1
Rapper рэ́пер Wt 4 Б
Real- реа́льный 2 А
Regal по́лка 1
Regen дождь *m.* 5 Б
Region регио́н 5 В
Reis рис 1
Reise 1. **пое́здка** *(Fahrt);* 2. **путеше́ствие** 4 А; 5 В
Reisebüro турбюро́ *ugs.* Wt 5 Б
reisen путеше́ствовать *uv.* 4 А
Reiseroute маршру́т 5 А
Religion рели́гия Wt 2 Б
Renovierung ремо́нт 5 А
Restaurant рестора́н 1
Restaurator реставра́тор Wt 2 В
Resultat результа́т Wt 5 Б
richte einen Gruß aus переда́й приве́т *кому́? mit Dat.* 1
richtig пра́вильно 1
Ring кольцо́; *Pl.* ко́льца 1
Rock *(Kleidungsstück)* **ю́бка** 1 Б
Rocker ро́кер Wt 4 Б
Rockmusik рок-му́зыка 1
Rollschuhe ро́лики *Pl. ugs.* 1
Romantik рома́нтика Wt 5 А
rosa ро́зовый Wt 1 Б
rot кра́сный 1 Б

Rubel рубль *m.; Pl.* рубли́ 1
Rücken спина́ 4 В
Rucksack рюкза́к; *Pl.* рюкзаки́ 1
russisch ру́сский 1
russisch *(bezogen auf den Staat und die Wirtschaft)* **росси́йский** 2 А
russisch, auf Russisch по-ру́сски 1
Russland Росси́я 1

S

Saft сок 1
Sage ...; Sagen Sie ..., sagt ... Скажи́(те)! 1
sagen сказа́ть/говори́ть 4 Б
Salat сала́т 1
sammeln собира́ть *uv.* 4 А
Samowar самова́р 1
Samstag суббо́та 2 Б
Sänger(in) пев́ец, певи́ца 4 А
sauber чи́стый 2 А
Schach ша́хматы *nur Pl.* 1
schade жаль 1
Schatulle *(Schmuckkästchen)* **шкату́лка** 1
schauen смотре́ть *uv. что? mit Akk.* 1
Schauspieler(in) актёр, актри́са 4 Б
scheinen свети́ть *uv.* 5 Б
schenken подари́ть *v.* 3 А
Schere но́жницы *nur Pl.* 1
Schildkröte черепа́ха 1
Schlaf- спа́льный 1 А
Schlafcouch дива́н-крова́ть *m. und w.* 1
Schlafzimmer спа́льня *w.* 1
Schlag- уда́рный 4 Б
Schlager шля́гер Wt 4 Б
schlecht плохо́й, пло́хо 5 Б, 1
Schlittschuhe коньки́ *Pl.* 4 А
schmackhaft, lecker вку́сный; **вку́сно** 3 А, 1
schmerzen, wehtun, **боле́ть** *uv.* у *mit Gen.* 4 В
jmd. hat (...)-schmerzen **боли́т** (боля́т) **у** *mit Gen.*
Schnee снег; *Pl.* снега́ 5 Б
Schneemädchen, Schneeflöckchen Снегу́рочка 3 Б
Schokolade шокола́д 1
schön краси́вый 1
schon, bereits **уже́** 1
Schönheit красота́ 3 В
Schrank шкаф; *Pl.* шкафы́ 1
Schrankwand сте́нка *ugs.* 1
schreiben написа́ть/писа́ть 2 А, 4 Б
Schreibtisch пи́сьменный стол 1
Schriftsteller(in) писа́тель(ница) 2 Б
Schtschi *(Weißkohl- oder Sauerampfersuppe)* щи *nur Pl.* 1
Schul- шко́льный 2 А
Schulensemble ~ анса́мбль Wt 2 В
Schulfest ~ пра́здник
Schule шко́ла 1
Schüler(in) 1. **учени́к, учени́ца** 1
2. **шко́льник, шко́льница** 2 А
Schulfach предме́т 2 А
schwach сла́бый 5 Б

schwarz чёрный 1Б
Schwester сестра́; *Pl.* сёстры 1
Schwimmbad, Schwimmhalle бассе́йн 1
Schwimmen пла́вание 4А
schwimmen плыть *uv. zielger.;* **пла́вать** *uv. nicht zielger.* 5Б
Sechs *(Zensur)* **шестёрка** *ugs.* 2Б
der **See о́зеро**; *Pl.* озёра 1
die **See мо́ре**; *Pl.* моря́ 5В
sehen смотре́ть *uv. что? mit Akk.* 1
sehen, erblicken уви́деть *v.* 5Б
sehr о́чень 1
sein побыва́ть/быть 5А
seit с *mit Gen.* 2А
Seite *(im Buch, Heft …)* **страни́ца** 3А
Sekt шампа́нское Wt 3Б
September сентя́брь *m.* 3А
Serviette салфе́тка 3Б
Sessel кре́сло 1
Sibirien Сиби́рь *w.* 5А
sich bekannt machen, kennen lernen познако́миться *v.* **с** *mit Instr.* 3Б
sich beschäftigen, *(Sport)* **treiben занима́ться** *uv. mit Instr.* 2А
sich auf etw. bewegen ката́ться *uv.* **на** *mit Präp.* 1
sich etw. ansehen, anschauen посмотре́ть/смотре́ть 1, 1А
sich fühlen чу́вствовать себя́ *uv.* 4В
sich interessieren интересова́ться *uv. mit Instr.* 2В
sich treffen встре́титься/встреча́ться *uv.* 4А
sich unterhalten разгова́ривать *uv.* 1А
sich vorbereiten гото́виться *uv.* к *mit Dat.* 2В
sicher коне́чно *ugs.*, **наве́рно** *ugs.* 1, 5Б
sie *(Sg.)* **она́** 1
Sie *(Höflichkeitsform)* **вы** 1
sie *(Pl.)* **они́** 1
Sie heißt … Её зову́т … 1
Siebtklässler(in) семикла́ссник, семикла́ссница 2Б
singen петь *uv.* 2В
Sitzplatz ме́сто; *Pl.* места́ 4В
Skateboard скейтбо́рд 1
Ski лы́жи *Pl.* 4К1
Snowboard сноубо́рд Wt 4А
so так 1А
Sofa дива́н 1
sogar да́же 5Б
Socken носки́ 1Б
solcher, so(lch) ein тако́й 5Б
Soljanka соля́нка 1
sollen на́до *ugs.* 4В
Sommer ле́то 3А
Sommer-, sommerlich ле́тний 5А
Sonne со́лнце 5Б
Sonntag воскресе́нье *s.* 2Б
Souvenir сувени́р 1
Spaghetti спаге́тти *s. und Pl. unveränd.* 1
(durch etw. eine Zeitlang) **spazieren gehen, schlendern, bummeln, походи́ть/ходи́ть** 4А, 5А
(eine Weile) **spazieren gehen**, bummeln **погуля́ть/гуля́ть** 4Б, 3Б
Speiseeis моро́женое *s.* 1
Spiegel зе́ркало; *Pl.* зеркала́ 1
(eine Weile) **spielen поигра́ть/игра́ть** 1, 4Б
Sport спорт 1, 1В
Sport-, sportlich спорти́вный 1В
Sport *(Schulfach)* **физкульту́ра** 2А
Sport-AGs спорти́вные кружки́ *Pl.; Sg.* спорти́вный кружо́к Wt 2А
Sporthalle спортза́л 1
Sportler(in) спортсме́н, спортсме́нка Wt 2В, Wt 4Б
Sportplatz спортплоща́дка 1В
Sprache язы́к, *Pl.* языки́ 2А
sprechen говори́ть *uv.;* **разгова́ривать** *uv.* 1; 1А
Springbrunnen фонта́н Wt 5Б
Staats-, staatlich госуда́рственный 3В
Stadion стадио́н 1
Stadt го́род; *Pl.* города́ 1
Stadt-, städtisch городско́й 2В
Stadtfestung *(in alten russischen Städten)* **кремль** *m.; Pl.* кремли́ 1
Stadtmitte центр 1
Standardtänze ба́льные та́нцы *Pl.* Wt 4А
stark си́льный 5Б
Start старт 1
Station ста́нция 1
Steh-, stehend … стоя́чий 4В
stehen стоя́ть *uv.* 3Б
Stereoanlage стереоаппарату́ра 1
Stock, Etage **эта́ж**; *Pl.* этажи́ 1
strahlen свети́ть *uv.* 5Б
Straße у́лица 1
Straßenbahn трамва́й 1
Streetball стритбо́л 1
Student(in) студе́нт, студе́нтка *w.* 1
studieren учи́ться *uv.* 2А
Studio сту́дия Wt 2А
Studium учёба 3В
Stuhl стул; *Pl.* сту́лья 1
Stunde час; *Pl.* часы́ 1
Stundenplan расписа́ние 2Б
Stylist стили́ст Wt 2В
Subjekt субъе́кт 1
Süden юг; на ю́ге 1
Super! Су́пер! *ugs.* 1
Supermarkt суперма́ркет 1
Suppe суп; *Pl.* супы́ 1
surfen *(im Internet)* **сиде́ть** *uv.* **в Интерне́те** *ugs.* 1
sympathisch симпати́чный 4Б

T

Tablett подно́с 1
Tafel доска́; *Pl.* до́ски 1
Tag день *m.; Pl.* дни 1А
Tagebuch дневни́к 3А
tagsüber днём 1
Takt такт 1
talentiert тала́нтливый 4Б
Tante тётя 1
tanzen танцева́ть *uv.*
Tanzensemble танцева́льный анса́мбль Wt 2А
Tanzklub танцева́льный клуб Wt 4А
Tasche су́мка 1
Tasse ча́шка 3Б
Tastatur кибо́рд 1
Tatsache, Fakt факт 1, Wt 4Б
Taxi такси́ *s., unveränd.* 1
Taxistand стоя́нка такси́ 1
Team кома́нда 2В
Technik те́хника 1
Techno *(Musikrichtung)* те́хно *unveränd.* Wt 4Б
Technologe техно́лог Wt 2В
Tee чай *m.* 1
Teil часть *w.* 5В
teilnehmen уча́ствовать *uv.* в *mit Präp.* 2В
Telefon телефо́н 1
(mit jmdm.) **telefonieren говори́ть** *uv.* **по телефо́ну с** *mit Instr.* 1
Telefonnummer но́мер телефо́на; *Pl.* номера́ телефо́нов 1
Teller таре́лка 3Б
(Luft)**Temperatur температу́ра** 5Б
temperamentvoll темпера́ментный Wt 4Б
Tennis те́ннис 1
Teppich ковёр; *Pl.* ковры́ 1
Terminal *(im Flughafen)* термина́л Wt 1В
Terrasse терра́са 1
(Text-)Marker ма́ркер 1
Theater теа́тр 1
Theaterstudio театра́льная сту́дия Wt 2А
Thema те́ма 1
Tiger тигр 1
Tisch стол; *Pl.* столы́ 1
kleiner **Tisch** сто́лик *umg.* 1
Toilette, WC **туале́т** 1
toll кла́ссный *ugs.* 1В
Toll! Здо́рово! *ugs.* 1В
Torte торт 1
Tour, Reise тур 5А
Tourist тури́ст 1
Touristen-, touristisch туристи́ческий 5В
Touristenherberge турба́за *ugs.* 5В
tragen, anhaben *(ein Kleidungsstück)* **ходи́ть в** *чём? ugs.* 1Б
Trainer(in) тре́нер 1
trainieren тренирова́ться *uv.* 4А
(zufällig) **treffen встре́тить/встреча́ть** 5Б
Treffen встре́ча 3Б
Treppe ле́стница 1
Tretjakow-Galerie Третьяко́вская галере́я, Третьяко́вка *ugs.* 1
trinken пить *uv.* 1
Trinkglas стака́н 3Б
Trompete труба́; *Pl.* тру́бы 1
Tschüs! Пока́! *ugs.* 1
T-Shirt футбо́лка 1Б
Tuch плато́к; *Pl.* платки́ 1
tun сде́лать/де́лать 1, 4Б
Tür дверь *w.* 1
Turnhalle спортза́л 1
Typ тип Wt 2В

U

U-Bahn метро́ *unveränd.* 1
über, von о *mit Präp.* 1 Б
über wen? von wem? о ком? 1 В
worüber? wovon? о чём? 1 А
übermittle einen Gruß передáй привéт *mit Dat.* 1
Ich **übermittle, richte** (einen Gruß) **aus** (werde es tun) **передáм** (привéт) 1
übermorgen пóслезáвтра 1 В
Überraschung сюрпри́з 3 Б
übrigens кстáти 5 Б
Ufer бéрег; *Pl.* берегá 5 Б
Uhr часы́, час 1
um в *zeitl. mit Akk.* 1
unbedingt, bestimmt обязáтельно 3 Б
und 1. **и;** 2. **а** *(am Anfang des Satzes)* 1
uninteressant неинтерéсно 5 Б
Universität университéт 1
unser наш 1
Unterrichtseinheit *(im Lehrbuch)* урóк 1
Unterrichtsstunde урóк 2 Б
Unterwäsche ни́жнее бельё 1 Б

V

Valentinskarte валенти́нка 3 В
Valentinstag День святóго Валенти́на 3 В
Vatersname óтчество 3 А
Väterchen Frost *(analog zu Weihnachtsmann)* Дед Морóз 3 Б
Vati пáпа *m.* 1
verbringen провести́/проводи́ть 4 В, 5 А
vergessen забы́ть *v.* 5 Б
Verkäufer продавéц; *Pl.* продавцы́ 1
Verkäuferin продавщи́ца 1
verschieden рáзный 2 А
versprechen обещáть *uv./v.* 5 А
Versuch экспериме́нт Wt 2 В
Verwandte рóдственники *Pl.* 3 А
verweilen побывáть/быть 5 А
Video-CD видеоди́ск Wt 3 Б
Videoclip видеокли́п Wt 4 А
viel/(e) мнóго *mit Verb oder Gen. Pl.* 2 А
viele Grüße большóй привéт 1 Б
Vier *(Zensur)* **четвёрка** *ugs.* 2 Б
Viertel чéтверть *w.* 2 Б
violett фиолéтовый Wt 1 Б
Visagist визажи́ст Wt 2 В
Vokabel слóво; *Pl.* словá 2 А
Volleyball волейбóл 1
von от *mit Gen.* 1 А
von hier aus отсю́да 1
Vorhaben, Pläne плáны *Pl.* 1 В
vorhanden sein есть 1
Vorname и́мя *s.; Pl.* именá 1
vorschlagen предлагáть *uv.* 5 В
vorstellen познакóмить *v.* 3 Б
Vorwahlnummer код 5 Б

W

Waggon вагóн 1 А
während во врéмя 1 А
wahrscheinlich навéрно *ugs.* 5 Б
Wald лес; *Pl.* лесá 5 В
Waldorfschule вальдóрфская шкóла Wt 2 А
Wand стенá; *Pl.* стéны 4 А
Wanderung похóд 4 А
wann? когдá? 1
Warenhaus универмáг 1 Б
warm тёплый 1 Б
(es ist) **warm теплó** 5 Б
(auf jmdn.) **warten ждать** *uv. mit Akk.* 4 А
warum? почемý? 2 В
was für ein? какóй? 1 Б
was trägt jmd.? was hat jmd. an? в чём? *ugs.* 1 Б
was? что? 1
Waschmaschine стирáльная маши́на 1
Wasser водá, *Akk.* вóду 1
WC, Toilette **туалéт** 1
Web-Designer веб-дизáйнер Wt 2 В
wehen дуть *uv.* 5 Б
wehtun, schmerzen **у … болéть** *uv. mit Nom.* 4 В
jmdm. tut (tun) etw. **weh у … боли́т** (болят) *mit Nom.* 4 В
Weihnachten Рождествó 3 Б
Weihnachts- рождéственский
Weihnachtsbaum ёлка 1
weil потомý что 2 В
Wein винó *s.; Pl.* ви́на 1
weiß бéлый 1 Б
Weißkohlsuppe, Schtschi щи *nur Pl.* 1
weit von далекó от *mit Gen.* 1
welcher? какóй? 1 Б
Weltall кóсмос Wt 2 В
wem? комý? 1 В
wen? когó? 1 В
wer? кто? 1
werden
1. **быть** *mit Inf. uv. Futur* 1 В
2. **стать** *v. mit Instr.* 2 В
Werkstatt стýдия WT 2 А
Westen зáпад 1
Wettbewerb кóнкурс 2 В
Wetter погóда 5 Б
Wettkampf соревновáние 2 В
Wie alt bist du? Скóлько тебé лет? 1
Wie geht es? Как делá? 1
Wie heißt deutsch …? Как по-немéцки …? 1
Wie heißt du? Как тебя́ зовýт? 1
Wie heißt russisch …? Как по-рýсски …? 1
Wie spät ist es? Котóрый час? Скóлько врéмени? 1
wie viel? скóлько? 1
Wie viel sind …? Скóлько бýдет…? 1
Wie war die Reise? Как вы доéхали? 1 А
wie? как? 1
Wiederhole (Wiederholt, Wiederholen Sie), bitte. Повтори́(те), пожáлуйста. 1
Wind вéтер; *Pl.* вéтры 5 Б
Windsurfing виндсёрфинг Wt 4 А
Winter зимá 3 А
Winter-, winterlich зи́мний 5 А
wir мы 1
wirklich неужéли 3 Б
Wirklich? Echt? **Серьёзно?** *ugs.* 1
wissen знать *uv.* 1 А
wo? где? 1
Woche недéля 2 Б
Wochenendhaus/-häuschen дáча 3 Б
woher? откýда? 1
wohin? кудá? 1 А
wohnen жить *uv.* 1
Wohnung квартúра 1
Wohnzimmer гости́ная *w.* 1
wollen, mögen хотéть *uv. mit Inf.* 1
Wort слóво; *Pl.* словá 2 А
wunderbar чудéсный 3 А
wunderschön прекрáсный 3 А
Wunsch желáние *s.* 3 В
wünschen желáть *uv. чегó? mit Gen.* 3 В
Würstchen соси́ски *Pl.; Sg.* соси́ска 1

Z

Zahn зуб 4 В
Zahnarzt стоматóлог Wt 2 В
Zeichnung рисýнок; *Pl.* рисýнки 3 А
(auf)**zeichnen, malen** нарисовáть/**рисовáть** 1, 3 А
zeigen показáть/покáзывать 5 А; 2 В
Zeit врéмя *s.* 1 А
Zeitschrift журнáл 1
Zensur отмéтка 2 Б
zentral, Zentral- центрáльный 1
Zentrum центр 1
Zimmer кóмната 1
Zirkel, Arbeitsgemeinschaft **кружóк**; *Pl.* кружки́ 2 А
Zirkus цирк 1
Zoo, Zoologischer Garten зоопáрк 1
Zoologe зоóлог Wt 2 В
zu *(wem)* **к** *mit Dat.* 1 В
zu Abend essen поýжинать/ýжинать 1, 4 Б
zu Besuch *(gehen)* **в гóсти** 1 В
zu Besuch *(sein)* **в гостя́х** 3 А
zu Fuß пешкóм 1
zu Haus(e) дóма 1
zu Mittag essen обéдать *uv.* 1
zu *(zum Musikinstrument)*; **mit** *(Musikinstrument)* …**-begleitung под** *mit Akk.* 4 А
zuerst сначáла 1
Zug пóезд; *Pl.* поездá 1 А
Zugabteil купé *s., unveränd.* 1 А
Zugbegleiter(in) проводни́к, проводни́ца 1 А
Zugfahrkarte билéт на пóезд 1 А
zuhören послýшать/слýшать *mit Akk.* 4 Б; 1
zum Abendbrot, Frühstück, Mittagessen на ýжин, зáвтрак, обéд 1
zum Beispiel напримéр 2 А
Zuname фами́лия 1
zunächst сначáла 1
zurückhaltend скрóмный 4 Б
zusammen вмéсте 1
Zwei *(Zensur)* **двóйка** *ugs.* 2 Б
zwischen мéжду *mit Instr.* 5 В

Verben

➤ Diese Verben werden nach der *е*-**Konjugation** konjugiert.

встреча́ть *uv.*	3 Б, 5 Б	**начина́ть** *uv.*	2 Б	**прибыва́ть** *uv.*	1 А
встреча́ться *uv.*	4 А	**начина́ться** *uv.*	2 Б	**приглаша́ть** *uv.*	3 Б
гуля́ть *uv.*	4 А	**обе́дать** *uv.*	1	**прочита́ть** *v.*	4 Б
де́лать *uv.*	1	**обеща́ть** *uv./v.*	5 А	**рабо́тать** *uv.*	2 В
ду́мать *uv.*	1 Б	**отправля́ться** *uv.*	1 А	**разгова́ривать** *uv.*	1 А
дуть *uv.*	5 Б	**пла́вать** *uv.*	5 Б	**разреша́ть** *uv.*	3 Б
жела́ть *uv.*	3 В	**побыва́ть** *v.*	5 А	**расска́зывать** *uv.*	2 В
за́втракать *uv.*	1	**погуля́ть** *v.*	4 Б	**сде́лать** *v.*	4 Б
занима́ть *uv.*	2 В	**поздравля́ть** *uv.*	3 В	**слу́шать** *uv.*	1
занима́ться *uv.*	2 А	**поигра́ть** *v.*	4 Б	смея́ться *uv.*	3 А
знать *uv.*	1 А	**пока́зывать** *uv.*	2 В	**собира́ть** *uv.*	4 А
игра́ть *uv.*	1	**получа́ть** *uv.*	2 Б	**убира́ть** *uv.*	4 В
ката́ться *uv.*	1	**помога́ть** *uv.*	4 В	**у́жинать** *uv.*	1
конча́ть *uv.*	2 Б	**послу́шать** *v.*	4 Б	**узна́ть** *v.*	5 Б
конча́ться *uv.*	2 Б	**поу́жинать** *v.*	4 Б	**уме́ть** *uv.*	4 А
лета́ть *uv.*	5 А	**предлага́ть** *uv.*	5 В	**чита́ть** *uv.*	1

➤ Diese Verben auf *-ова/-ева* hast du kennengelernt. ↗ G 16

жева́ть *uv.*	4 В	**пра́здновать** *uv.*	3 Б	**уча́ствовать** *uv.*	2 В
интересова́ться *uv.*	2 В	**путеше́ствовать** *uv.*	4 А	**фотографи́ровать** *uv.*	1
нарисова́ть *v.*	3 А	**рисова́ть** *uv.*	1	**целова́ть** *uv.*	3 В
организова́ть *uv.*	2 В	**танцева́ть** *uv.*	1	**чу́вствовать себя́** *uv.*	4 В
отпра́здновать *v.*	3 Б	**тренирова́ться** *uv.*	4 А		

➤ Diese Verben werden nach der *и*-**Konjugation** konjugiert.
Bei Stammauslaut auf einen Zischlaut musst du auf *-у* in der 1. Person Sg. und *-ат* in der 3. Person Pl. achten.

боле́ть (боли́т, боля́т) *uv.*	4В	**позвони́ть** *v.*	4 А	**сто́ить** *uv.*	1
вы́учить *v.*	4 Б	**получи́ть** *v.*	1 А	**стоя́ть** *uv.*	3 Б
говори́ть *uv.*	1	**посмотре́ть** *v.*	1 А	**учи́ть** *uv.*	2 А
звони́ть *uv.*	4 Б	**разреши́ть** *v.*	3 Б	**учи́ться** *uv.*	2 А
подари́ть *v.*	3 А	**смотре́ть** *uv.*	1		

➤ Auch diese Verben werden nach der *и*-**Konjugation** konjugiert.
Du musst hier den Konsonantenwechsel in der 1. Person Sg. beachten.

висе́ть *uv.*	я вишу́ (на телефо́не), ты виси́шь, они́ вися́т	3 А
встре́тить *v.*	я встре́чу, ты встре́тишь, они́ встре́тят	5 Б
гото́виться *uv.*	я гото́влюсь, ты гото́вишься, они́ гото́вятся	2 В
е́здить *uv.*	я е́зжу, ты е́здишь, они́ е́здят	5 А
купи́ть *v.*	я куплю́, ты ку́пишь, они́ ку́пят	4 В
лете́ть *uv.*	я лечу́, ты лети́шь, они́ летя́т	5 А
люби́ть *uv.*	я люблю́, ты лю́бишь, они́ лю́бят	1
находи́ться *uv.*	я нахожу́сь, ты нахо́дишься, они́ нахо́дятся	1
нра́виться *uv.*	я нра́влюсь, ты нра́вишься, они́ нра́вятся	1
познако́мить *v.*	я познако́млю, ты познако́мишь, они́ познако́мят	3 Б
познако́миться *v.*	я познако́млюсь, ты познако́мишься, они́ познако́мятся	3 Б
посети́ть *v.*	я посещу́, ты посети́шь, они́ посетя́т	5 В

походи́ть *v.*	я похожу́, ты похо́дишь, они́ похо́дят	5 А
пригласи́ть *v.*	я приглашу́, ты пригласи́шь, они приглася́т	3 Б
приходи́ть *uv.*	я прихожу́, ты прихо́дишь, они́ прихо́дят	3 Б
проводи́ть *uv.*	я провожу́, ты прово́дишь, они́ прово́дят	5 А
свети́ть *uv.*	я свечу́, ты све́тишь, они́ све́тят	5 Б
сиде́ть *uv.*	я сижу́, ты сиди́шь, они́ сидя́т	1
уви́деть *v.*	я уви́жу, ты уви́дишь, они́ уви́дят	5 Б
ходи́ть *uv.*	я хожу́, ты хо́дишь, они́ хо́дят	1 Б, 4 А

➤ Diese Verben werden unregelmäßig konjugiert.

быть *mit Inf. uv.*	я бу́ду, ты бу́дешь, они́ бу́дут	1 В
взять *v.* **с собо́й**	я возьму́ с собо́й, ты возьмёшь с собо́й, они́ возьму́т с собо́й	1, 5 А
дое́хать *v.*	я дое́ду, ты дое́дешь, они́ дое́дут	1
дойти́ *v.*	я дойду́, ты дойдёшь, они́ дойду́т *Prät.:* он дошёл, она́ дошла́, они́ дошли́	1
есть *uv.*	я ем, ты ешь, он(á) ест, мы еди́м, вы еди́те, они́ едя́т *Prät.:* он ел, она́ е́ла, они́ е́ли	1
е́хать *uv.*	я е́ду, ты е́дешь, они́ е́дут	1 А
жить *uv.*	я живу́, ты живёшь, они́ живу́т	1
ждать *uv.*	я жду, ты ждёшь, они́ ждут	4 А
забы́ть *v.*	я забу́ду, ты забу́дешь, они́ забу́дут	5 Б
звать *uv.*	я зову́, ты зовёшь, они́ зову́т	1
идти́ *uv.*	я иду́, ты идёшь, они́ иду́т *Prät.:* он шёл, она́ шла, они́ шли	1 А
мочь *uv.*	я могу́, ты мо́жешь, они́ мо́гут *Prät.:* он мог, она́ могла́, они́ могли́	4 А
написа́ть *v.*	я напишу́, ты напи́шешь, они́ напи́шут	4 Б
оста́ться *v.*	я оста́нусь, ты оста́нешься, они́ оста́нутся	5 А
переда́ть *v.*	я переда́м, ты переда́шь, он(á) переда́ст, мы передади́м, вы передади́те, они́ передаду́т	1
петь *uv.*	я пою́, ты поёшь, они пою́т	4 А
писа́ть *uv.*	я пишу́, ты пи́шешь, они́ пи́шут	2 А
пить *uv.*	я пью, ты пьёшь, они́ пьют	1
плыть *uv.*	я плыву́, ты плывёшь, они́ плыву́т	5 Б
пое́хать *v.*	я пое́ду, ты пое́дешь, они́ пое́дут	1 А
пойти́ *v.*	я пойду́, ты пойдёшь, они пойду́т *Prät.:* он пошёл, она́ пошла́, они́ пошли́	1 В, 4 А
показа́ть *v.*	я покажу́, ты пока́жешь, они́ пока́жут	5 А
помо́чь *v.*	я помогу́, ты помо́жешь, они помо́гут *Prät.:* он помо́г, она́ помогла́, они́ помогли́	4 В
прие́хать *v.*	я прие́ду, ты прие́дешь, они́ прие́дут	1 А
прийти́ *v.*	я приду́, ты придёшь, они приду́т *Prät.:* я пришёл, она́ пришла́, они́ пришли́	3 Б
принести́ *v.*	я принесу́, ты принесёшь, они принесу́т *Prät.* он принёс, она́ принесла́, они́ принесли́	3 Б
провести́ *v.*	я проведу́, ты проведёшь, они́ проведу́т *Prät.:* он провёл, она́ провела́, они́ провели́	4 В
роди́ться *v.*	Prät.: он роди́лся, она́ родила́сь, они́ родили́сь	3 А
сказа́ть *v.*	я скажу́, ты ска́жешь, они́ ска́жут	4 Б
стать *v.*	я ста́ну, ты ста́нешь, они́ ста́нут	2 В
уста́ть *v.*	я уста́ну, ты уста́нешь, они́ уста́нут *Prät.:* уста́л, уста́ла, уста́ли	1 А
хоте́ть *uv.*	я хочу́, ты хо́чешь, он(á) хо́чет, мы хоти́м, вы хоти́те, они́ хотя́т	1

Возьми́(те) интервью.	Führe (Führt) ein Interview.
Вы́бери(те) ~ пра́вильный отве́т ~ (пра́вильные отве́ты).	Wähle (Wählt) ~ die richtige(n) Antwort(en).
Вы́учи(те) ~ пе́сню. ~ стишо́к.	Lerne (Lernt) ... auswendig. ~ das Lied ~ den Reim
Говори́(те) пра́вильно.	Sprich (Sprecht) es richtig aus.
Дава́йте ~ **поговори́м о на́ших кумі́рах.** ~ **поигра́ем.**	Lasst uns ~ über unsere Idole sprechen. ~ spielen.
Да́й(те) сове́т.	Gib (Gebt) einen Rat.
Допо́лни(те) ~ вопро́сы и отве́ты. ~ предложе́ния.	Ergänze (Ergänzt) ~ die Fragen und die Antworten. ~ die Sätze.
Задава́й(те) вопро́сы.	Stelle (Stellt) Fragen.
Запо́мни(те) ~ но́вые слова́. ~ предложе́ния.	Präge dir ... ein (Prägt euch ... ein). ~ neue Wörter ~ die Sätze
Испо́льзуй(те) ~ вопро́сы и отве́ты по образцу́.	Benutze (Benutzt) die Fragen und Antworten nach Muster.
Напиши́(те) ~ e-mail. ~ приглаше́ние. ~ поздрави́тельную откры́тку. ~ пра́вильный отве́т. ~ предложе́ния.	Schreibe (Schreibt) ~ eine E-Mail. ~ eine Einladung. ~ eine Glückwunschkarte. ~ die richtige Antwort auf. ~ (die) Sätze auf.
Опиши́ ~ пого́ду.	Beschreibe (Beschreibt) ~ das Wetter.
Отве́ть(те) ~ на вопро́сы (по-неме́цки). ~ на предложе́ния.	Antworte (Antwortet) auf ~ die Fragen (auf Deutsch). ~ die Vorschläge.
Переведи́(те) ~ анекдо́ты. ~ стишо́к.	Übersetze (Übersetzt) ~ die Witze. ~ den Reim.
Повтори́.	Sprich nach.
Подгото́вь моноло́г на те́му «...».	Bereite einen Monolog zum Thema „...“ vor.
Поздра́вь(те) ~ Ба́бу-ягу́ с днём рожде́ния. ~ ро́дственников и друзе́й.	Gratuliere (Gratuliert) ~ Baba-Jaga zum Geburtstag. ~ deinen (euren) Verwandten und Freunden.
Познако́мься ~ с автобиогра́фией.	Lerne ... kennen (Mache dich mit ... vertraut). ~ einen Lebenslauf
Поигра́йте ~ *в сне́жный ком.*	Spielt das Gedächtnisspiel *Ich packe einen Koffer.*
Поня́тно и́ли непоня́тно?	Verständlich oder unverständlich?
Посмотри́(те) ~ в окно́. ~ на карти́нку (карти́нки). ~ на схе́му. ~ расписа́ние (уро́ков).	Schaue (Schaut) ~ aus dem Fenster. ~ auf das Bild (die Bilder). ~ auf das Schema, die Übersicht. ~ auf den (Stunden)Plan.
Пра́вильно и́ли непра́вильно?	Richtig oder falsch?
Прослу́шай(те) ~ диало́г. ~ и повтори́(те). ~ пе́сню. ~ разгово́р (по телефо́ну). ~ стихи́.	Höre (Hört) ~ den Dialog. ~ und sprich (sprecht) nach. ~ das Lied. ~ das (Telefon-)Gespräch. ~ die Gedichte.
Прочита́й(те) ~ e-mail. ~ анекдо́ты. ~ биогра́фию. ~ вопро́сы. ~ вслух. ~ диало́г. ~ ещё раз. ~ интерне́т-сайт Ба́бы-яги́ и помоги́ ей. ~ кра́ткую информа́цию о Росси́и. ~ поздравле́ния. ~ предложе́ния. ~ разгово́р (по телефо́ну). ~ стихи́. ~ стихотворе́ние. ~ стишо́к. ~ страни́цу из дневника́. ~ текст.	Lies (Lest) ~ die E-Mail. ~ die Witze. ~ den Lebenslauf. ~ die Fragen. ~ laut. ~ den Dialog. ~ noch einmal. ~ die Website von Baba-Jaga und hilf ihr. ~ eine kurze Information über Russland. ~ die Glückwünsche. ~ die Sätze. ~ das (Telefon)Gespräch. ~ die Gedichte. ~ das Gedicht. ~ den Reim. ~ die Tagebuchseite. ~ den Text.
Разыгра́йте ~ (ми́ни-)диало́ги.	Inszeniert/Spielt ~ die (Mini)Dialoge.
Расскажи́(те) ~ по-неме́цки. ~ по-ру́сски. ~ о ва́ших музыка́льных кумі́рах. ~ о пого́де. ~ о спорти́вном пра́зднике. ~ об интере́сном кружке́. ~ об интере́сных места́х в Росси́и и Герма́нии.	Erzähle (Erzählt) ~ auf Deutsch. ~ auf Russisch. ~ über eure Musikidole. ~ über das Wetter. ~ über ein Sportfest. ~ über einen interessanten Zirkel. ~ über interessante Orte in Russland und Deutschland.
Скажи́(те) ~ по-неме́цки. ~ по-ру́сски. ~ когда́ у кого́ день рожде́ния.	Sage (Sagt) ~ auf Deutsch. ~ auf Russisch. ~ wer wann Geburtstag hat.
Слу́шай и говори́ пра́вильно.	Höre zu und sprich richtig nach.
Соста́вь(те) ~ предложе́ния. ~ календа́рь дней рожде́ния. ~ Mindmap.	Stelle (Stellt) ... zusammen. ~ Sätze ~ einen Geburtstagskalender ~ eine Mindmap
Споёмте вме́сте ~ пе́сенку (крокоди́ла Ге́ны).	Lasst uns zusammen ... singen. ~ das Lied (von Krokodil Gena)
Спроси́(те) и отве́ть(те).	Stelle (Stellt) Fragen und beantworte (beantwortet) sie.
Сравни́(те) ~ отме́тки. ~ и запо́мни(те).	Vergleiche (Vergleicht) ~ die Zensuren. ~ und präge dir (prägt euch) ein.
упр. (упражне́ние)	Übung

Географи́ческие назва́ния (Диало́г 1 и 2)

Регио́ны Росси́и	Центра́льная Росси́я (Европе́йская часть), Ура́л, Сиби́рь (За́падная Сиби́рь, Восто́чная Сиби́рь), Да́льний Восто́к, Се́верный Кавказ
Города́	Алекса́ндров, Ана́дырь, Барнау́л, Владивосто́к, Влади́мир, Владикавка́з, Во́логда, Волгогра́д, Екатеринбу́рг, Запоро́жье, Ирку́тск, Калинингра́д, Комсомо́льск-на-Аму́ре, Каза́нь, Калу́га, Кострома́, Кра́сная Поля́на, Краснода́р, Красноя́рск, Курск, Магада́н, Мичу́рино, Москва́, Му́рманск, Ни́жний Но́вгород, Новосиби́рск, Омск, Оренбу́рг, Пересла́вль-Зале́сский, Пермь, Петропа́вловск-Камча́тский, Па́лех, Псков, Росто́в Вели́кий, Сама́ра, Санкт-Петербу́рг, Сара́тов, Се́ргиев Поса́д, Симферо́поль, Смоле́нск, Со́чи, Су́здаль, Томск, Ту́ла, Ула́н-Удэ́, Хаба́ровск, Ха́рьков, Черни́гов, Чита́, Яку́тск, Яросла́вль
Моря́ и озёра	Азо́вское мо́ре, Байка́л, Балти́йское мо́ре, Каспи́йское мо́ре, Чёрное мо́ре, Ла́дожское о́зеро, Оне́жское о́зеро, Фи́нский за́лив
Ре́ки	Аму́р, Во́лга, Во́логда, Дон, Енисе́й, Иртъ́ш, Ле́на, Нева́, Обь
Острова́	о́стров Ольхо́н, о́стров Валаа́м, о́стров Кижи́, о́стров Соловки́
Го́ры	Алта́й, Кавка́з, Сая́ны, Ура́л

Bildnachweis

2. US 1 R. Heilig, Berlin; 2 H. Walter, Greifswald; 3 H. Walter, Greifswald; 4 R. Heilig, Berlin; 5 H. Walter, Greifswald; 6 R. Heilig, Berlin | **7** Hintergrund © dpa; 1 © dpa – Bildarchiv; 2 U. Sawall-Losensky; Werchow; 3 © dpa – Report; 4 U. Sawall-Losensky; Werchow; 5 © dpa – Report; 6 U. Sawall-Losensky; Werchow | **9** 1 Kaufhaus „Moskwa" am Leninski Prospekt M. Kisseljow Russian Picture Service (RPS) 2 Hotel „East-West" am Twerskoj-Boulevard M. Kisseljow, RPS; 3 Leningrader Bahnhof © dpa – Report; 4 R. Heilig, Berlin | **10** Kiewer Bahnhof in Moskau © dpa - Report | **11** 1 und 2 N. Götz, Guhrow | **19** R. Heilig, Berlin | **20** 1 und 2 R. Heilig, Berlin | **21** Kasaner Bahnhof in Moskau picture-alliance / Imagno | **23** Hintergrund © dpa – Bildarchiv; 1 M. Kisseljow, RPS; 2 U. Sawall-Losensky, Werchow; 3 U. Sawall-Losensky; Werchow; 4 © dpa – Bildarchiv; 5 H. Walter, Greifswald; 6 R. Stahr, Roßleben | **24** H. Walter, Greifswald | **25** H. Walter, Greifswald | **27** 1 H. Walter, Greifswald; 2 U. Sawall-Losensky; Werchow | **37** Moskauer Stadtpalast für Kinder- und Jugendschaffen auf den Sperlingsbergen. M. Kisseljow, RPS | **38** E. Kolodzy, Gera | **39** Hintergrund ullstein bild – Nowosti; 1 www.f1online.de; 2 © dpa – Report; 3 © imago / Xinhua; 4 ullstein bild – Nowosti; 5 © dpa-Report; 6 © imago / UPI Photo; 7 ullstein bild – Nowosti | **45** 1 © dpa; 2 © Russian Look | **48** www.postcard.ru | **55** Hintergrund © dpa Bilderdienste; 1 © Picture-Alliance / ASA; 2 © contrasto/laif; 3 © Photoexpress / VISUM; 4 R. Heilig, Berlin; 5 © Andreas Herzau/laif; 6 © dpa – Report; 7 © dpa - Bildarchiv | **56** © dpa – Report | **58** © Russian Look | **60** www.kasta.ru/photo | **63** R. Heilig, Berlin | **65** 1 H. Walter Greifswald; 2 H. Walter, Greifswald | **66** © picture-alliance/chromorange | **67** © dpa | **69** © dpa - Report | **70** © dpa | **71** Hintergrund © dpa – Report; 1 © dpa – Report ; 2 pixelio.de / Carola Langer ; 3 © dpa – Report; 4 www.f1online.de; 5 R. Heilig, Berlin; 6 © dpa – Report | **72** R. Heilig, Berlin | **76** 1 R. Heilig, Berlin; 2 R. Heilig, Berlin; 3 R. Heilig, Berlin; 4 R. Heilig, Berlin | **80** © dpa - Report | **81** 1 © dpa – Report; 2 picture-alliance / Bildagentur Huber | **82** © dpa – Report | **86** 1 © dpa – Report; 2 © ILYA NAYMUSHIN / Reuters / Corbis | **88** Peter Wirtz. Fotografie, Dormagen | **3. US** 1 picture-alliance; Bildagentur Huber; 2 © Bjoern Steinz; 3 © dpa – Report; 4 © dpa – Report; 5 (d) dpa – Report

Herausgeberinnen
Dr. Heike Wapenhans
Dr. Ursula Behr

Autorinnen
Dr. Ursula Behr *Jena*
Dr. Rima Breitsprecher *Greifswald*
Natalja Götz *Guhrow*
Elke Kolodzy *Gera*
Antje Meschke *Heidenau*
Jana Pessozki *Berlin*
Roswitha Stahr *Roßleben*
Dr. Heike Wapenhans *Berlin*

Beratung Monika Schuster *Grimma*
Dr. Gudrun Seemann *Luckenwalde*

Redaktion Regina Riemann

Illustrationen Cleo-Petra Kurze, Katharina Knebel
Umschlaggestaltung groenland.berlin
Layoutkonzept Wladimir Perlin
Layout und technische Umsetzung Marina Goldberg
Bildrecherche Susanne Scheffer

Zum Lehrwerk Dialog 2 gehören außerdem folgende Titel:

Arbeitsheft mit Hör-CD	ISBN 978-3-06-120056-5
Arbeitsheft mit Lösungen	ISBN 978-3-06-120027-5
Vokabeltaschenbuch	ISBN 978-3-06-021281-1
Audio-CD für Lehrer	ISBN 978-3-06-120041-1
Handreichungen für den Unterricht	ISBN 978-3-06-120038-1
Vorschläge zur Leistungsmessung	ISBN 978-3-06-023325-0
Interaktive Tafelbilder für Whiteboard und Beamer	ISBN 978-3-06-023368-8

www.cornelsen.de

1. Auflage, 4. Druck 2015

Alle Drucke dieser Auflage sind inhaltlich unverändert
und können im Unterricht nebeneinander verwendet werden.

Druck: Firmengruppe APPL, aprinta Druck, Wemding

ISBN 978-3-06-120053-4

PEFC zertifiziert
Dieses Produkt stammt aus nachhaltig bewirtschafteten Wäldern und kontrollierten Quellen
PEFC/04-32-0928
www.pefc.de